名师工程 名校系列 | 新课程·新理念·新教学
丛书编委会主任：马立 宋乃庆

世界视野与现代意识

校本课程开发的二元思维

广州市广外附设外语学校 著

西南师范大学出版社
全国百佳图书出版单位 国家一级出版社

图书在版编目（CIP）数据

世界视野与现代意识：校本课程开发的二元思维/广州市广外附设外语学校著. —重庆：西南师范大学出版社，2013.10
（名师工程系列丛书）
ISBN 978-7-5621-6472-2

Ⅰ.①世… Ⅱ.①广… Ⅲ.①课程－教学研究－中学 Ⅳ.①G632.3

中国版本图书馆CIP数据核字（2013）第233943号

名师工程系列丛书

编委会主任：马　立　宋乃庆
总策划：周安平
策　划：李远毅　卢　旭　郑持军　郭德军

世界视野与现代意识：校本课程开发的二元思维
广州市广外附设外语学校　著

责任编辑：	任志林　陈冬梅
封面设计：	红十月工作室
出版发行：	西南师范大学出版社
	地址：重庆市北碚区天生路1号
	邮编：400715　市场营销部电话：023-68868624
	http://www.xscbs.com
经　　销：	新华书店
印　　刷：	九洲财鑫印刷有限公司
开　　本：	787mm×1092mm　1/16
印　　张：	17.5
字　　数：	295千字
版　　次：	2013年10月　第1版
印　　次：	2013年10月　第1次印刷
书　　号：	ISBN 978-7-5621-6472-2
定　　价：	30.00元

若有印装质量问题，请联系出版社调换

版权所有　翻印必究

《名师工程》系列丛书

学术指导委员会

主　任　顾明远

委　员　陶西平　李吉林　钱梦龙　朱永新　顾泠沅　马　立
　　　　朱小蔓　张兰春　宋乃庆　陈时见　魏书生　田正平
　　　　张斌贤　靳玉乐　石中英　钱理群

编撰委员会

主　任　马　立　宋乃庆

编　委　卞金祥　曹子建　陈　文　邓　涛　窦桂梅　冯增俊
（按姓氏拼音排序）　高万祥　郭元祥　贺　斌　侯一波　胡　涛　黄爱华
　　　　蓝耿忠　李韦遴　李淑华　李远毅　李镇西　李力加
　　　　李国汉　刘良华　刘海涛　刘世斌　刘扬云　刘正生
　　　　林高明　鲁忠义　马艳文　缪水娟　闵乐夫　齐　欣
　　　　沈　旎　施建平　石国兴　孙建锋　孙志毅　陶继新
　　　　田福安　王斌兴　魏　群　魏永田　吴　勇　肖　川
　　　　谢定兰　熊川武　徐　斌　徐　莉　徐　勇　徐学福
　　　　徐永新　严永金　杨连山　杨志军　余文森　袁卫星
　　　　张爱华　张化万　张瑾琳　张明礼　张文质　张晓明
　　　　张晓沛　赵　凯　赵青文　郑忠耀　周安平　周维强
　　　　周亚光　朱德全　朱乐平

《名师工程》系列丛书

征稿启事

《名师工程》系列丛书是西南师范大学出版社策划、组织出版的大型系列教育丛书。丛书以新课程下的新教学为背景，以促进施教者的教育能力为落脚点，以提高教育质量、提升教师水平为宗旨。

丛书首批推出的"名师讲述""教学提升""教学新突破""高中新课程""教师成长""大师讲坛""教育细节""创新语文教学""教育管理力""教师修炼""创新数学教学""教育通识""教育心理""创新课堂""思想者""名师名课""幼师提升""优化教学""教研提升""名校长核心思想系列""名校工程""高效课堂""创新班主任"等系列，共140多个品种，其余系列也将陆续出版。为了让广大教师有一个交流、借鉴的机会，同时也为了给广大教师提供更多、更好的图书，《名师工程》系列丛书编辑出版委员会特向全国教育工作者征集稿件。

稿件要求：

1.主题鲜明、新颖，有独创性。
2.主题以提升教育能力为主，也可适当外延。
3.主题要有一定规模、有典型案例支撑。
4.案例要贴近教育实际，操作性强。
5.文章、书稿结构清晰，语言精彩。

书稿作者在选题确定之后，请及时与我们做好沟通，具体事宜确定好之后再进行创作；也欢迎用已经完稿的稿件投稿。一线教师如希望参与图书案例的创作，可联系我社策划机构，由策划机构备案，在适合的图书中参与创作。

真诚欢迎各位教师踊跃投稿。

联系方式：
西南师范大学出版社高教分社
电话：023-68254356　　　E-mail：zcj@swu.cn
西南师范大学出版社高教分社北京策划部
电话：010-68403096
E-mail：guodejun1973@163.com

编者的话

当前，以人为本的教育理念正在逐步深化，素质教育以及基础教育课程改革不断推进。在这场深刻又艰苦的教育改革中，涌现了无数甘为人梯、乐于奉献的优秀教师。他们积极探索、更新观念、敢于创新、善于改革，在实践中创造性地发展、总结了很多先进的教育思想、教育理念；创造性地开发了很多新的教学模式、教学内容和教学方法。这些新思想、新模式、新方法在实践中极大地提高了教学质量，是教育改革实践中的新内涵和宝贵财富。这些优秀教师就是我们的名师，这些新内涵就是名师的核心教育力。整理、总结、发展、推广这些教育新内涵，是深化教育改革、完善教育体制、提高教育质量、提升教师水平的一件大事。

教育，是民族振兴的基石；教师，是教育发展的根基。

胡锦涛总书记在全国优秀教师代表座谈会上指出："教师是人类文明的传承者。推动教育事业又好又快发展，培养高素质人才，教师是关键。没有高水平的教师队伍，就没有高质量的教育。"十七大报告又进一步强调了必须加强教师队伍建设，不断提高教师的素质。当今世界，社会进步一日千里，科技发展日新月异，知识更新的周期越来越短。教师作为"文明的传承者"更要与时俱进，刻苦钻研、奋发进取，尽快提升自身素质和能力，为推动教育事业的健康发展贡献自己的力量。

基于以上，西南师范大学出版社策划、组织出版了大型系列教育丛书——《名师工程》。希望通过总结名师的创新经验、先进理念，宣传名师的核心教育力，为广大教师职业生涯提供精神源泉和实践动力，在教育实践层面切实推动从教者职业素养的提升。通过《名师工程》实现"打造名师的工程"。

丛书在策划、创作过程中力求实现以下特色：

一、理念创新，体现教育的人本精神

教师角色在以人为本的教育理念下发生了重大的变化，教师的素质和能力也面临更高的要求。如何弘扬、培植学生的主体性、增强学生的主体意识、发展学生的主体能力、塑造学生的主体人格等问题成为教师在目前教育中亟待解决的难题。丛书以教育管理者和教师为主要读者对象，通过教师综合素质的提高而将人本教育的思想落实到教育实践中，真正实现教育培养人、塑造人、发展人的本质要求。

二、全面构建，系统提升教师的教育能力

丛书选题的最大特点就是系统、全面地针对教师教育能力的提升而展开。施教者的能力决定教育的效果，教育改革的落实、教育效果的提高无不体现在教师身上。丛书针对不同教育能力、不同教学要求、不同教育对象，有针对性地设置选题。棘手学生、课堂切入、引导艺术、班主任的教导力、互动艺术、课堂效率、心灵教育等等，这些鲜明的主题从教育的细节出发，从教育实际情况出发，有针对性地解决问题，让教师在阅读中学有所指、读有所获。

三、科学权威，体现教育的时代前沿性

丛书邀请全国各地著名的教育工作者执笔，汇集在教育改革与实践中涌现的先进理念、成果和方法，经过专家认真遴选、评点总结而成，代表了目前教育实践中先进的教育生产力，具有时代前沿性，是广大一线教师学习、借鉴的好素材。

四、注重实践，突出施教的实用价值

丛书采用了通俗的创作方法，把死板的道理鲜活化，把教条的写法改变为以案例为主，分析、评点为辅，把最先进的教育理念和方法融入有趣的情境中。经典的案例，情境式的叙述，流畅的语言，充满感情的评述，发人深省的剖析，娓娓道来、深入浅出，让教师更充分地领会先进、有效的教育方法。

在诸多教育、出版界同仁的支持与努力下，《名师工程》陆续推出了《名师讲述系列》《教学提升系列》《教学新突破系列》《高中新课程系列》《教师成长系列》《大师讲坛系列》《教育细节系列》《创新语文教学系列》《教育管理力系列》《教师修炼系列》《创新数学教学系列》《教育通识系列》《教育心理系列》《创新课堂系列》《思想者系列》《名师名课系列》《幼师提升系列》《优化教学系列》《教研提升系列》《名校长核心思想系列》《名校工程系列》《高效课堂系列》《创新班主任系列》等系列，共140多个品种，后续图书也将陆续出版。

丛书在出版创作过程中得到各地、各级教育部门与教育工作者的大力支持与帮助，在此一并表示感谢！

教育事业是全社会共同的事业，本丛书的出版一方面希望能对广大教育工作者有所帮助，共飨先进成果；另一方面也是抛砖引玉，希望更多的教育工作者参与到出版创作中来，百家争鸣、百花齐放，为促进教育事业的发展共同努力！

目 录

第一辑　校本课程开发理论探索 1

开拓国际视野，培养现代意识
　　——广外外校校本课程建设实验报告 3
传承伦理道德，增强现代意识
　　——浅谈文化专题课的开发与实施 18
为学生推开这扇窗
　　——我的文化专题课 23
科学学科建设的思考 32
在小学低年级开展绘本阅读教学的实践研究 39
高中体育选项课实施的必要性及实施管理方案研究 56
中国画校本课程的开发与实践研究 61
我们的公民教育课 73
器乐教学的理论研究与实践探索 80
小学体育双语教学初探 88
品德学科开展公民教育的探索之路 93

第二辑　校本课程讲义选粹 99

EPD 课程：融入绿色浪潮
　　——环境与可持续发展课程系列讲义 101
大宪章：王权与民权的妥协
　　——国际理解课程讲义 112
支配现代世界的观念
　　——世界观与方法论课程讲义 119

诸子百家之走近孔子
　　——诸子百家课程系列讲义 ············ 126
伦理系列之修养的途径
　　——文化专题课之伦理系列 ············ 135
通俗哲学系列之木桶定律
　　——文化专题课之通俗哲学系列讲义 ············ 140
《楚门的世界》(The Truman Show) 电影赏析
　　——世界电影名片欣赏系列讲义 ············ 145
现代西方哲学思潮之人本观念
　　——文化专题课现代西方思潮专题讲义 ············ 153
从"9·11"到央视大楼火灾
　　——材料化学的探索专题讲义 ············ 158
两句话的艺术
　　——中国楹联的欣赏与创作（节选） ············ 164

第三辑　教师视角下的校本课程开发 ············ 175

学习哲学的理由 ············ 177
"形体与舞蹈"校本课程实施现状与思考 ············ 181
小学武术课堂教学随想 ············ 184
我的创作和我的教学 ············ 191
校本课程：疼痛的"拓展" ············ 198
快乐戏剧教育 ············ 205
国际理解课为学生开眼 ············ 210
我们呼吸原始音乐 ············ 214
像小孩学说话一样学"二外" ············ 220
技术怎样改变未来
　　——谈谈文化专题课"云计算、物联网：深刻改变未来" ············ 223
最是书香能致远
　　——关于引导小学生课外阅读的一些做法 ············ 229
让数学好玩起来 ············ 235

第四辑　校本课程教学手记 ………………………… 239

筱燕秋：亲娘啊
　　——语文拓展课"新生代小说"教学手记 …………… 241
穿上墨子的草鞋
　　——语文拓展课《墨子》教学手记 ………………… 245
谁给刺客们施了催眠术
　　——语文拓展课《史记·刺客列传》授课手记 …… 249
皇帝的私情与帝国的命运
　　——语文拓展课《史记·佞幸列传》授课手记 …… 253
给学生讲美国次贷危机
　　——经济与金融专题"美国次贷危机"教学手记 … 258
不可以被忘却的印第安人
　　——国际理解课"印第安人：美洲大陆本来的主人"
　　　教学手记 ……………………………………… 262

世界视野与现代意识
校本课程开发的二元思维

第一辑
校本课程开发理论探索

　　校本课程开发对于改变现行统编教材内容繁难偏旧的现实具有重要意义，是发展学生的独立思考能力、终身学习能力、职业规划能力、独立工作能力、实践创新能力的重要途径。本辑收录了广州市广外附设外语学校（以下简称"广外外校"）在校本课程开发方面的理论性探索文章，阐述了广外外校文化专题、绘本阅读、公民教育、中国画等特色校本课程的设计理念与理论依据。

开拓国际视野，培养现代意识
——广外外校校本课程建设实验报告

扈永进

本文试图全景呈现广外外校校本课程开发的历程与经验，但基于对篇幅的考量，以及对各校教学理念与教学资源差异的尊重，未能涉及课程内容等方面的分析与研究。我们之所以选择以实验报告的形式呈现该历程，是因为：其一，对本校自身而言，这种盘点与总结有助于今后更好地发展；其二，对兄弟学校而言，这是很好的旁证，合理借鉴可以避免走弯路。

一、校本课程的开发背景

广外外校校本课程开发始于1996年，当时还没有"校本课程"这个概念。与新世纪伊始在全国范围内轰轰烈烈展开的新课程运动相比，这只能算作一桩"自发"的学校行为。经全校师生共同努力，第一门契合新课程理念的校本课程——"高中文化专题课"于2000年秋天被列入学校正规课表（非第二课堂类），而在全校范围内大规模启动校本课程开发，则要推迟到2004年。

"校本课程"这个概念的发展并非完全源于广外外校"自上而下"的推动，新课程理念以及教育行政部门给予的理论、政策支持，也从客观上以"追认"的方式，肯定了我们此前工作的价值与意义。

作为中国教育最基本的行为主体，基础学校不仅仅是教育理念的执行主体，而且是具有独立精神的思考主体。在新的社会大背景下，让基础学校充分发挥自己的主体精神，观照学校的教学与研究，为校本课程开发提供必需的法理依据是非常有必要的。

在学习、实践和研究过程中，我们渐渐形成了自己对基础学校校本课程开发背景的认识。

1. 从时代精神维度解读

经济全球化和信息社会化成为新世纪最为鲜明的时代风貌，它给社会政

治、经济、文化等各方面带来了强有力的冲击，并逐步向教育领域全面渗透。时代精神的发展迫切需要教育领域进行相应的变革。如何以高质量的基础教育迎接新时代的挑战，已成为当今世界各国需要面对的共同问题。

2. 从教育现实维度解读

造成我国教育落后的因素是多方面的，包括政治、经济、社会、文化等各方面，但其根本原因在于教育自身发展的僵化。长期以来，我们的课程只强调体现"国家意志"，而未能有效调动千千万万所学校和教师个人的课程开发潜能；只强调对历史文明成果的机械传承，而未能积极回应变化了的时代的挑战；我们将学生被动地置于单一维度的"知识本位"的教育框架之中，而未试图去满足其多样化的成长需求；教育结构严重缺乏弹性和选择性，课程内容繁难偏旧，选修课形同虚设等。只有解决了这些问题，教育才能真正获得发展。

3. 从新课程理念维度解读

朱慕菊先生在其主编的《走进新课程》一书中提到，校本课程是以学校教师为主体，在具体实施国家课程和地方课程的前提下，通过对本校学生的需求进行科学的评估，充分利用当地社区和学校的课程资源，根据学校的办学思想而开发的多样性的、可供学生选择的课程。校本课程的开发主要依据国家教育方针、国家或地方课程计划、学校教育哲学、学生需求评估以及学校课程资源，强调以学校为主体和基地，充分尊重和满足学校师生的独特性和差异性，特别是使学生在国家课程和地方课程中难以满足的那部分发展需求得到满足。校本课程是国家课程计划中不可或缺的组成部分。

4. 从发达国家教育经验维度解读

发达国家之所以"发达"，原因是多方面的。从教育维度去研究发达国家的教育，并吸收其成功经验，不失为使中国基础学校乃至中国教育"走向世界"的途径之一。经过潜心学习和实地考察，我们发现，发达国家的教育同样是非常发达的，他们的基础学校在课程设置上，都有自己的独到之处。每个学校都非常尊重学生的自由，给学生选择的权利，并广泛拓展教育资源，为学生的个性发展提供充分的空间与支持。这些都是我们开发校本课程所要借鉴的宝贵经验。

二、校本课程的价值诠释

校本课程，由学校开发，在学校实施。因此，校本课程必须存在学校层面的教育价值。我们深知，学校的价值主体是学生和教师。世界上不存在任何剥离师生价值的单纯的学校价值。换而言之，学校的存在，就是要为师生"增值"。能够有效并高效地为师生成长服务的学校，就是好的学校；反之，则是不好的学校。

回答校本课程实施的必要性这个问题，其实就是要回答校本课程对学校发展和师生成长有什么价值的问题。

对于校本课程在学校层面的价值，我们的解读如下：

1. 作为践履学校办学理念的课程平台

广外外校的办学理念是"对每个学生的终身发展负责，培养走向世界的现代人"。要践履、落实这个办学理念，必须打造德育、教学、教师发展、学校文化等各种基本工作平台。校本课程是"课程平台"概念中不可或缺的一元。

国家课程体现的是基础性和普适性，而一个学校独具特色的办学理念，必须由自己独具特色的课程来体现、支撑、生成。学校"个性"的最终生成及其价值的诠释，一定得有课程层面的保障与支撑。

打造践行广外外校办学理念的课程平台，帮助学生拥有国际视野与现代意识，是我们设计、开发、实施校本课程的初衷与终极目标。

2. 作为促进教师专业化成长、培养学者化教师的生成平台

"造就一支具有现代意识的学者化教师队伍，使其在教书育人的神圣事业中实现个人成功与社会价值。"这是广外外校对教师发展目标的基本界定。

校本课程的开设，将给广外外校的教师提供一个发展自我、实现自我的广阔平台，为广大教师走向"学者化"之路提供了机遇，为实现教师队伍的持续优化提供了可能。在提升教师的职业能力、加深其学术底蕴的同时，校本课程的开设也将极大地丰富教师的生命体验，开拓其社会视野，进而帮助他们走上"全人"发展之路。

3. 作为服务于学生的终身发展、达成学校培养目标的生成平台

"对每个学生的终身发展负责，培养走向世界的现代人。使受教育者具备面向世界与未来的民族素质、智能水平、价值取向、人格追求和实践能力。"这是广外外校对学生发展目标的基本界定。除此之外，作为一所外语学校，我们还要做到：使学生具备国际视野，拥有与国际友人进行政治、经济、文化交流的语言能力和知识文化素养；使学生站在时代发展的前沿，拥有捕捉、分析、评价、取舍最新时代信息的能力。

这一切都具有一定的"个性化"色彩，全然依赖"国家课程"和"地方课程"是不可能完全实现的。校本课程恰好能独辟蹊径地为这种独具个性的教育实践提供一个实验平台。

综合以上分析，广外外校校本课程的基本定位为：在保证共同基础的前提下，使学生在课程方面获得尽可能多的选择机会；在保证学科学习的前提下，给学生提供能够"开拓国际视野，培养现代意识"的校本课程。同时，将学生学术课程的学习与生活经验和社会实践有机地结合起来，将知识技能的学习与多方面能力的发展结合起来，从而发展学生的独立思考能力、终身学习能力、生涯规划能力、独立工作能力、实践创新能力。

践履学校办学理念，促进教师专业化成长，服务于学生的终身发展，三者共同构成了广外外校开发、实施校本课程的基本依据。

三、对校本课程开发的领导和管理

校本课程建设关系到学校办学理念能否贯彻执行，以及学校特色能否形成。所以学校必须予以高度重视，指定特定部门负责开发设计，调动一切可以调动的资源，完成开发并付诸实施。

广外外校设有"校本课程开发领导小组"。校长任组长，副校长、教科室主任、中小学部主任、中小学部教学处主任等为基本成员。根据不同阶段的工作需要，也会吸纳相应的基层干部及相关骨干教师参加。校本课程的开发及运作，需要调动各方面、各层次及各学科的教育教学资源，因此，吸纳学校相关基层管理者及骨干教师参与开发工作，不仅是必要的，而且是必需的。如此，广外外校校本课程的开发和实施，便有了来自学校行政部门的制度保障。

教育科学研究室（以下简称"教科室"）为校本课程开发工作的责任单位，负责策划、组织课程开发，确定任课教师人选。教科室是全面负责学校科研、教研工作的常设部门，具备调动全校学术力量以及汇集校外学术资源的能力。因此，该部门堪当此重任。

中小学部负责课程实施、管理和评价工作。中小学部及其附属教学处是学校教学工作的基本组织，是具体的执行机构。因此，教科室提交开发规划之后，经校本课程开发领导小组审定，要下发给中小学部教学处执行。校本课程的日常实施及督导、评价，均由中小学部来完成。

中小学部将课程实施的结果反馈给教科室，由其整理后，汇报至领导小组。领导小组讨论后，给出指导性意见，交由教科室组织定向研讨，然后再将研讨成果应用到课程设计和课程教学中去。由此，便构成了校本课程不断研究、反馈、优化的全部流程。

四、校本课程的开发与实施

1. 校本课程工作的启动

（1）制订课程方案

通过学习、研究多方资源，学校制订《广外外校中学部校本课程设置与运行方案》。

对新课程与新课标的学习对我们启发最大。它使我们明白了国家在新时期对教育的新要求，坚定了我们的信念。除了对新课程与新课标的研究，我们研究较多的，是世界教育的新动向、新潮流。在对世界教育史进行研究的前提下，我们从欧美国家以及亚洲国家的教育新动向中汲取了丰富的营养，优化我们的课程设计。

（2）推出课程方案

向全校教师下发《广外外校中学部校本课程设置与运行方案》文本。尽管最后具体加入校本课程授课团队的教师只是少数，但为了遴选最佳教育资源，更为了传播新课程理念，我们依然觉得有必要将该方案下发给全校教师。即使是新聘教师，我们也会通过书面通知的形式告知他们，鼓励他们踊跃参与校本课程的开发工作。

（3）课程方案主要内容

课程目标、课程类型及细目、启动时间表、课程运行要点、课程报酬五个方面构成了《广外外校中学部校本课程设置与运行方案》的主要内容。

（4）课题生成

课题生成，需要调动设计者和实施者两个方面的积极性。因此，我们设定了"两条腿走路"的课题生成方案：一方面，由教科室命题，教师认领；另一方面，由教师申报，教科室认定。这样，既保障了工作的整体性和计划性，又激发了教师个人的想象力，能够充分调动起他们的积极性。

（5）任务分解

课程设计者并不能"包打天下"，因此，借助多方力量与智慧完成课程建设，便成为工作的应有之义。我们将一些课程的设计任务布置给相关科组，由他们提出具体的课程细目。实践证明，这种方法十分有效。比如，我们把"趣味物理"与"趣味化学"两门课的设计权下放至中学部物理组和化学组，让真正的内行设计出课程细目，课程实施后学生都反映很好。

2. 校本课程任课教师的遴选

(1) 在全校范围内公开遴选

对校本课程教师的遴选，容易陷入三个误区：其一，把课排给课时量不足的教师；其二，管理者凭自己的主观印象划出一个"任课者圈子"；其三，只要报名，便能入选。为避免陷入以上误区，必须公开课题任务，公开工作意图，通过自荐与选拔相结合的方式，在全校范围内选取合适的优秀教师，为学生提供最优秀的教育资源。

(2) 教学能力与个人兴趣相结合

"教学能力强"只能作为校本课程教师挑选的一个条件，但并非唯一条件。在保证教师拥有较强教学能力的前提下，我们还要求其对校本课程开发具有浓厚的兴趣。因为若不如此，我们很容易就会陷入另一个误区：将那些虽有很高的"依课本"进行教学的能力，却对"拓展性教学"毫无兴趣的人选入团队，影响整体教育效能的提升。综上所述，"教学能力"和"人个兴趣"将作为校本课程教师挑选不可或缺的两个条件，两者兼备才能入选。

(3) 非正式沟通

由于校本课程工作属于开创性工作，总体上处于"摸着石头过河"的局面。因此，为保障具体运作不偏离课程目标，或者说为了尽量减少两者之间的偏差，课程设计者与任课教师之间的沟通是必不可少的。之所以选择以非正式的方式进行沟通，是为了避免给任课教师带来过多的压力。在没有任何"官腔"的非正式沟通中，教师更愿意说真话，更能提出有价值的意见。

(4) 最终敲定

经过前面几个环节的筛选之后，我们将根据各位教师的具体表现，综合各方面条件，敲定校本课程任课教师的最终人选。几年来的实践已经充分证明，经由这个程序选出的课程实施者，均是非常优秀的教师。正是他们推动了广外外校校本课程的发展，也是他们通过不懈的努力竖起了广外外校校本课程这块巨大而有分量的招牌。

3. 校本课程任课教师的工作报酬

校本课程开发者所从事的是创造性劳动，理应获得相应的报酬。至于酬劳的具体金额，则要视每个人所付出的劳动量及其工作的学术含金量而定。

广外外校的具体经验是：校本课程的课时费向其他"主课"看齐，为普通课程课时的两倍。当然这只是一个基数，根据不同教师的表现，还会有金额不等的奖金酬劳。并且，在期末教师考评的时候，校本课程的任课教师还可以获得一项"科研加分"。这些加分对其评优评奖帮助非常大。

所有这些举措，都是校本课程得以顺利实施的基本保障，也体现了对那些为校本课程付出辛劳与汗水的教师们的认可。

4. 校本课程的运行

（1）讲义生成

校本课程属于学校和教师自主开发的课程，没有现成的教材。因此，教师上课前必须要有讲义，而且要把讲义文本分发给学生，使其充任课本的职能。一般而言，我们会在寒暑假之前确定具体的课程内容，并与相关教师商定，让他们利用假期时间准备教材。开学以后，由教科室负责检查教师的讲义文本，讲义不全者，不能开课。这是校本课程顺利开设的一个基本保障。该环节的工作，不可省略。

（2）教案要求

对于校本课程，我们要求必须有教案，但不必是详案。原因有二：其一，校本课程大都是一些拓展型课程，教师只要能够对课堂的基本流程进行把握即可，不必设置太多的条条框框，以免造成"备课过度"，倘若那样，反而会限制教师的发挥；其二，校本课程的参与者，大都是学校各个学科的资深教师和骨干教师，他们把握课堂的能力是很强的，所以可以让他们把主要精力放在资料收集和整理上面，而不必过分拘泥于具体的教案文本。

（3）教学模式

校本课程的教学模式大致可分为五种：专题讲座、案例剖析、话题讨论、实验主体、项目运作。

（4）选课制度

由于课程本身的局限性以及各方面条件的制约，校本课程选课制度并未全面铺开。目前，只在高中文化专题课以及体育、艺术课程中试行。广外外校的体育课和艺术课选课制度，实际上属于"国家课程校本化"这一范畴。基于"发展兴趣、培养特长"的目标考量，我们对这两门课的组织形式与课程内容作了较大的调整。比如，在一节体育课上，我们会同时开展几个体育项目的学习与训练，学生可根据自己对不同体育项目的喜好程度来选择，并

报名参加该项目的学习与训练。

（5）学生作业与检测

在"项目运作"类校本课程中，学生学习的内容主体就是作业，检测方法就是演出评奖。在"实验主体"类校本课程中，学生全员参与实验，实验完成即意味着作业完成，教师评价即意味着学业检测完成。在"话题讨论"类校本课程中，讨论本身就是在完成作业，现场的论辩本身就是对学生学习情况最好、最及时的反馈与检测。在"专题讲座"类校本课程中，虽说教师讲得多些，但还是可以通过"思考题"等形式来布置作业。另外，根据不同课程的定位与要求，我们还设计了考试以及小论文写作等检测手段，用以考查学生的学习情况。

（6）教学效果反馈

与其他学科的任课教师一样，每一位校本课程任课教师在期末都要接受学生的期中、期末打分考评，以检测其授课情况是否理想。学校会及时地把反馈结果通知相关任课教师。学生的打分情况，将作为学校考察校本课程任课教师的重要指标。

五、校本课程的教学模式

教学模式是组织化了的教学方法和教学策略。教学模式包括教学过程和教学方法的描述，还应考量对学习者所要完成的学习内容、学习活动和学习结果。我们秉持"因课施教"的原则，依据教学内容和目标来设计相应的教学模式。

1. 专题讲座型

顾名思义，指用"讲座"的形式，以教师的"讲"为主要教学手段所进行的教学活动。近些年来，"讲"字在中国普教界似乎有些声名狼藉。一提起"讲"，人们的第一反应就是把它和"满堂灌"联系起来，似乎谁一说"讲"，谁就一定会背离"学生主体"的原则，谁就是教育界的"老顽固"，谁就和这个时代格格不入，更别提"以讲为主"了。但我们认为，"学生主体"原则并非一种形式，它的要义乃是对学生发展需求的深层关注与尊重。也就是说，"讲"并不一定都是错误的，问题在于讲什么，怎么讲；所讲的是否能够激发学生的情感，引起他们的强烈共鸣；"讲"是否具有思维上的启发性和发散性等。

讲座的形式可以使知识结构有相对的完整性和较大的容量。另外，我们还特别针对"讲座"中学生活动相对较少等局限性，设计了"专题讨论"等课型予以补充和修正。因此，对于"讲"，我们大可"义无反顾"。

我们认为，讲座成功与否，除了取决于教师的情感、智慧和教学技巧，关键还在于所讲课题的内容。只要你的内容具有强烈的时代感，只要你的话题能够触动学生心中潜在的"兴奋点"，只要你能够打开新知的窗户，那么可以说，你已经成功在望了。

2. 案例剖析型

案例教学是一种古老而又不乏新意的教学模式。说其"老"，是因为它可以上溯至孔子与亚里士多德时代；言其"新"，是因为直到今天，哈佛商学院等世界知名学府仍在使用并不断创新这种教学模式。以"全息论"的观念来看，每一个细胞上都悬挂着整个生命体的遗传密码，所以作为携带整个教育的奥秘因子的案例教学受到越来越多的重视，也是意料之中的。

广外外校的教师在文化专题课的教学中，逐步摸索出了一套行之有效的案例教学方法。比如，在"广告的奥秘：品牌定位"一课中，如何让学生明白"品牌定位"这个抽象概念背后生动而丰富的社会文化内涵呢？授课教师拿出一个广告学上的经典案例来让学生讨论——可口可乐公司与百事可乐公司的广告大战。可口可乐公司的广告词为："可口可乐，真正的可乐！"而百事可乐公司的广告词是："百事可乐，新一代的可乐！"两家公司的产品和市场份额呈高度重合状态，此消则彼长，所以说这是一场没有硝烟的战争一点也不为过。通过讨论和教师的点拨，学生渐渐发现了其中的奥秘：可口可乐公司是可乐类饮料的开创者，一向以名门正派自居，其广告词的潜台词是说其他可乐（当然包括百事可乐）都是不正宗的赝品，而只有自己才是唯一值得信赖的可乐品牌；而百事可乐的广告定位也有其独到之处，它的广告词暗指可口可乐是"老头饮料"，把自己的消费群体定位为年轻人，而年轻人肯定是可乐饮料的最大消费群体。其实，百事公司在利用青年人迫切需要认同的这一心理特征来达到自己的商业目的。两大巨头棋逢对手，杀得难解难分。孰胜孰负并不重要，重要的是学生通过案例领悟了广告品牌定位的奥秘。

案例教学成功与否，主要取决于案例的选择。课程的设计者必须要独具慧眼，善于发现并及时呈现最新最典型的案例，方可达到较好的教学效果。比如，"国际金融"在一般社会大众的眼里，无疑是一个陌生而神秘的概念，它与学生的距离就更加遥远了。为了让学生具体可感地认识现代资本市场竞争的残酷性,进而体会国家金融安全问题的迫切性,理解现存国际政治秩序的本质等,我们开设了"索罗斯打败英格兰银行"一讲。因为索罗斯事件中包含着诸如"汇市""股市""债券""交易""投机""汇率""利率",以及相关的"消费""投资""宏观经济""国家利益"等几乎所有的国际金融学要素,非常有助于学生对各种金融理念进行全面的、深层次的分析和解剖。在这一讲里,国际金融大鳄索罗斯在国际金融市场翻云覆雨,轻而易举地击败经济实力雄厚的世界老牌帝国——英国,豪夺数10亿美元这一案例的展示与剖析,深深地震撼了学生的心灵。自此,在学生眼里"金融"一词便不再是一个与己无关的遥远而陌生的词汇,而是与国计民生乃至每一位国民的钱袋紧密相连的事物了。

怎样才能提高案例的使用效率呢?答案是要以发散、联系的眼光去看问题,引导学生分析和把握案例发生的背景、存在的"合理性"以及发展的趋向,使他们"窥一斑而见全豹"。如此一来,学生从课堂上所收获的将不再是死的知识和信息,而是能够激发情感、强化责任、构建思维网络的活的东西。

3. 话题讨论型

在课堂上展开话题讨论是文化专题课的另一种模式,可由教师预先规定范畴,学生在课前进行各种准备,然后在课堂上发言交流;亦可由学生提出问题,教师汇总后,下发给全体同学进行课堂讨论;还可以结合每一专题的内容安排随堂讨论。

比如,在"现代化对人类生活方式的影响"一课中,我们设计了以下讨论题目:北京的四合院为什么会消失,跟随北京四合院一起消失的还有什么;本世纪女性崛起的经济学背景是什么;牛郎织女传说的经济学分析和伦理学分析;互联网会改变什么;今天为什么没有望夫石的传说了;看电视与读书的优劣长短;发达国家(地区)的人口出生率为什么会下降;传媒业趋向垄断的弊端;我们要活到120岁吗;人类基因图谱被发现以后可能发生人道主义灾难;是谁给了宗教以致命一击;生物技术的隐忧;给手机找出三条罪状。这些主题学科背景广阔,社会内涵丰富。通过对这些问题的思考和讨论,学生头脑中会自然而然地形成多元化的思维模式。

帮助学生用所学的理论去解释世界,是我们设计讨论题的一个初衷。为此,我们在"从热力学第二定律到耗散结构理论"一讲之后,给学生布置如下作业：(1)用耗散结构理论解释一棵树的生长；(2)用耗散结构理论说明学习对人的重要性；(3)用耗散结构理论说明我国改革开放的合理性；(4)用耗散结构理论说明城市垃圾的再利用问题。

一些对比性的题目，对于培养学生的思辨能力同样具有不可忽视的作用。因此，在"全球化时代的战争与战法：超限战"一课结束之后，我们让学生从"超限战，新战争原则宣言""痴人说梦，超限战批判"选择一个观点。这样的题目，在课堂上很容易引起辩论，促使学生进行思想层面上的交锋。

从教材的内容出发，进行智谋的延展，也是我们设计讨论题目的思路之一。比如，在"海湾战争透视"一讲中，我们曾引导学生探究美国在海湾地区大动干戈的原因以及多国部队各自不同的参战动机，分析20世纪90年代以来国际话语中出现频率相当高的一个词汇——"国家利益"。为了让学生就此做一些"文章"，我们精心设计了如下几个思考题：(1)美国为什么偏袒以色列？(2)美国为何奉行"不独不统"的两岸政策？(3)在克林顿"新干涉主义"背景下，我国怎样定位自己的外交政策？(4)"两伊战争"中美国为何支持伊拉克？

讨论课的设计，关键是要充分体现开放性——从内容到情感再到思维的全方位的真正的开放。

4. 实验主体型

有些课程，如"趣味物理"和"趣味化学"，其课程定位本身就侧重于"趣味"，目的是让学生在生动可感的实验活动中，在教育意图相对隐蔽的认知环境中，领略科学的神奇和魅力。因此，其课堂教学自然是要以物理实验和化学实验为主体。

5. 项目运作型

除了已经排入课表、进入课堂的校本课程以外，我们还设计了一些综合性的活动课，如"世界文化巡礼系列活动""中学生戏剧节系列活动"等。这类课程，虽然不存在日常意义上的"课堂教学"，但"教学"还是存在的。比如，在"中学生戏剧节系列活动"中，我们将整个活动过程视为一个大的"项目"，根据学生在该"项目"中所承担的不同责任，将其分为若干个项目组。每个项目组既要分头行动，寻求不同的教育资源和力量支撑，又要相互扶持、相互配合，共同完成节目的排演。每一个项目的主体都是学生。项目的具体运作给学生带来的不只是戏剧方面的知识和技能，还包括"调动各方资源做好一件事"的实践体验，以及对不同的人和事进行协调的能力。事实证明，这种项目运作机制，对学生做人和做事都有好的影响。

六、课程设置

1. 发展历史

1997年，我校开始开设"语文拓展课"，从"文学"和"文化"两个方面，对语文课程进行拓展和延伸。

2000年，我校开设"高中文化专题课"，结合社会科学和自然科学领域的最新研究成果，采用专题讲座、专题讨论的方式，向学生传授社会学、管理学、商业、哲学、历史等学科领域的知识，突出时代感和跨学科的特点，开拓学生的知识视野，培养学生的思维能力。

2003年，我校开始探索"高中文化专题课"的全新运作模式，由十几名教师同时开设不同专题的课程，以8课时为一个学习周期，学生可根据自己的兴趣和时间自主选课。这种"学生自选"的模式受到了学生的热烈欢迎，也极大地激发了开课教师的积极性。

2004年，我校开设"环境、人口与持续发展""科学发现史话"以及"趣味物理""趣味化学"等课程。初一年级增设了形体训练课、第二外语选修课，高一年级设有"诸子百家"课程。

2006年，我们在高一年级进行艺术、体育课程的改革，开出了10多门艺术和体育类课程供学生选修。

2009年，我们在初二年级开设了日语课程，在高一年级开设了日语、法语、西班牙语限制选修课程以及雅思课程。

2. 课程内容列举

（1）语文拓展课："先秦诸子"（高中）

走近孔子；解读老子；初识庄子；韩非子批判；寻找墨子。

（2）综合拓展课："科学发现史话"（初中）

哈维和血液循环理论；巴甫洛夫和条件反射学说；卡尔文和光合作用；克里克、沃森和DNA双螺旋结构；凹面镜聚光原理的妙用；望远镜的发明；三棱镜与颜色的本质；光谱分析法的创立；质量守恒定律的发现；钾、钠等新元素的发现；惰性气体的发现；元素周期律的发现；比重与浮力的发现；杠杆原理的发现；大气压力的发现；照亮世界的革命。

(3) 学科前备课："趣味化学"（初中）

生活中之"衣"与化学；生活中之"食"与化学；生活中之"住"与化学；生活中之"行"与化学；请你参与：关于鸡蛋的趣味实验；何为绿色化学；探究农业污染及其防治；探究工业污染及其防治；探究生活污染及其防治；探索新能源的开发；水文学；水之趣；水与健康；水污染。

(4) 学科前备课："趣味物理"（初中）

认识电（静电）；电流的形成；电生磁及磁场对电流的作用；磁生电（电磁感应现象）；简单的热现象（温度及其测量、热传递）；物态变化及其应用；内能的利用和环境保护；热力学的建立简介；认识光（了解各种光源和光的传播规律）；光的反射（了解反射现象、简单规律和应用）；光的折射（了解折射现象、简单规律和应用）；物体的颜色（光的色散和色光以及其混合）；简单介绍力；影响力作用效果的因素；生活中的浮力；杠杆和滑轮。

(5) 综合拓展课："EPD课程"（初中）

资源的挑战；能源之前景；融入绿色浪潮；与环保同行；丰富多彩的动物（昆虫世界、珍禽异兽、海洋动物）；动物的价值（在生物圈中的重要地位、经济价值、美学与文化价值）；即将消失的美丽（濒临灭绝的动物）；如何与动物和平共处（平等、保护、和谐共处）；资源型城市；过去的辉煌；现在的危机；未来的转型；战争与环境；旅游与环保；城市规划与环保；生活方式与环保；大西洲文明（史前文明）；腓尼基、迦太基文明（中东、北非）；玛雅文明（美洲）；楼兰古国（中国）。

(6) 综合拓展课："国际理解课程"（初中）

希腊：古代城邦民主；英国：光荣革命，王权与民权的妥协；法国：从孟德斯鸠到卢梭；美国：三权分立制度的确立；日本：明治维新，向西方学习；德国：二战后如何洗心革面；以色列：2000年的复国之路；印第安：美洲大陆本来的主人；印度：甘地与非暴力运动；南非：种族歧视制度的终结；俄罗斯：普京新政；芬兰：诺基亚，一个企业与它的国家；中东：石油政治与大国利益；奥运会：奥运史话；联合国：地球本是一个村；节日：世界节日与民族节日。

(7) 综合拓展课："高中文化专题课"

"高中文化专题课"是我校最早自主开发的校本课程，也是最能代表我校校本课程价值指向的"旗舰课程"。下面是高一上学期的部分选题。

①扈永进：世界观与方法论

支配现代世界的观念；热力学第二定律下的世界；耗散结构理论下的世界；爱因斯坦与相对论；作为人文学者和社会活动家的爱因斯坦；信息论；控制论；系统论。

②王茂盛：古文明的失落

玛雅文明的失落；楼兰古国之谜；火山吞噬的文明——米诺斯文明（古希腊）；两河流域文明的失落；印加文明的神奇之谜；血腥中的从容——阿兹特克文明；黄沙下的文明衰落；迦太基文明兴衰之谜。

③朱传久：21世纪全球经济战略的较量

印度信息产业赶超战略；德国21世纪信息社会战略；智利经济国际化与社会均衡发展战略；美国高效金融激励高增长战略；韩国出口导向创新战略；日本从经济起飞到发展迟滞的战略反思；中国新世纪发展的机遇和瓶颈。

④王秀民：心理学基础

干劲冲天的秘密；马加爵悲剧的背后；生命不可承受之重；性善与性恶；知识从哪里来；众口真能铄金吗；我们害怕孤独；"我行我素"的谎言。

⑤张建新：经济学入门

新东方赚钱的奥秘；亚当·斯密（现代经济学的起源）；政府干预还是自由竞争（谈谈凯恩斯）；选择麦当劳还是肯德基；祈祷世界经济不再恶化（谈谈萨缪尔森）；家族企业是不是不行了；学生小论文交流。

⑥谢仁发：数学思想和数学方法

符号化思想；化归思想；函数与方程思想；数形结合思想；整体化思想；分类讨论思想；反证法；换元法与待定系数法。

⑦周池平：高科技前沿知识介绍

信息科学：重点介绍GPS全球定位系统；能源科学：探索未来能源问题、介绍未来新能源；材料科学：介绍席卷全球的纳米材料科学成就、应用前景；空间科学：介绍人类坚持不懈地进行空间探测所取得的成就和寻求第二星球家园计划；物质科学：介绍人们对微观世界的探幽烛微，揭示微观世界的奥秘；军事科学：讨论主宰战场、世人瞩目的核武器威力究竟有多大；未解之谜：探索科学未解之谜，揭秘地球人、外星人与UFO；生命科学：探索生命起源。

⑧陈莲：女性文化研究

中西神话中女性形象的比较；中西文学中女性形象的比较；西蒙娜·德

・波伏娃与《第二性》；女权主义思潮；职业女性浪潮；流行歌曲中的女性形象；女性犯罪问题研究；成功女性的人生轨迹。

⑨马忠：经济热点背后的玄机

钱不值钱的背后：通货膨胀；金融世界的大地震：次贷危机；衡量国家财富的尺子：GDP；真正属于自己的价值：GNP；到底是好事还是坏事：人民币升值；你找到工作了吗：失业现象；消费PK节俭：节俭悖论；你买，我也跟着买：示范效应。

(8) 综合活动课："世界文化巡礼系列活动"

活动定位：世界文化巡礼系列活动将会成为我校校园文化活动的传统项目。我们每学期都会选择一个国家，举办一次巡礼活动。我们会从世界民族之林中撷取独具文化特质的典型国家，以丰富、明快的呈现方式，全面而极富深度地呈现该国文化。我们深信，开展此项活动，必将有助于我校师生开阔视野、升华思想，有助于实现"培养走向世界的现代人"的宏伟目标。

活动原则：突出主题——紧紧围绕办学理念展开活动，所有活动都要服务于全校师生开拓国际视野、培养现代意识的总目标；凸现主体——全体师生都是系列巡礼活动的主体，每一个人都是活动的策划者、设计者、参与者和评价者；全员参与——每个师生都要找到自己通往"巡礼"的独特路径，争取通过活动提升自身的工作能力与认知能力；资源统合——充分调动和利用校内外一切有价值的资源，包括知识资源和人力资源；拓展价值——挖掘并充分利用每一个环节的教育价值，尤其要注意对潜在教育价值的开发与利用。

(9) 综合活动课："中学生戏剧节"

在欧美国家的基础学校中，戏剧是排入课表的"正规课程"。根据我国国情，将戏剧排入课表的时机尚不成熟。因此，为了帮助学生了解戏剧基础知识，我们选择运用"戏剧节"的形式来展开教学。

课程定位：面向我校师生，弘扬人文精神，强化艺术素养，培养实践能力，提升综合素质。

运作形式：以"剧组"为单位，以学生为主体，由教师（艺术教师和语文教师）进行辅导，在业余时间排练，最后在广外外校戏剧节上进行会演。

传承伦理道德，增强现代意识
——浅谈文化专题课的开发与实施

吕晓波

作为广外外校校本课程系列之一的文化专题课，已经开设了 13 个年头。身为高中新课程校本选修课最早的参与者，本人在这 13 年里一直坚持参与此课程开发，在过程中摸索，在实践中反思，在总结中感悟，在提炼中升华。

一、专题内容

1. 专题一：公民道德与伦理常识

（1）生命·伦理之辨析一：重新认识死亡——关于安乐死、脑死亡的争论与思考。

（2）生命·伦理之辨析二：像上帝一样创造奇迹——关于试管婴儿、人工授精的争论与思考。

（3）社会·伦理之辨析一：SARS、AIDS、乞丐——关于社会阶层与特殊群体的反思。

（4）社会·伦理之辨析二：兽性与人性——解读全球化时代的战争。

（5）婚恋·伦理之辨析：至性与至情——关于家庭、两性、婚姻的思考。

（6）环境·伦理之辨析：人性比生命更重要——关注我们生存的社会。

（7）科技·伦理之辨析：梦想还是梦魇——从克隆、基因计划看科技发展。

（8）媒体·伦理之辨析：信息时代的纵欲——解读网络时代的角逐。

2. 专题二：漫话现代意识

（1）行走四方，成功就业的助推器——职业意识。

（2）怒放的生命，拥有超越平凡的力量——生命意识。

（3）与角色同在，燃起生命之火的责任——责任意识。

(4) 充满希望的战场，扬起带泪的脸庞——竞争意识。
(5) 1+1＞2，克敌制胜的法宝——团队意识。
(6) 打破枷锁，冲出藩篱——创新意识。
(7) 拨开迷雾，战胜心魔——自我意识。
(8) 亮剑，护卫你我的青春——法律意识。

3. 专题三：生活法律常识
(1) 相信自己，必胜无疑——人身权利分析。
(2) 成功之路，从法开始——就业与创业。
(3) 正确的观点，缺失的论证——信守合同与违约。
(4) 美丽的约定，寂寞的灵魂——婚姻与法律。
(5) 家庭暴力，惨剧连连——法律与亲情。
(6) 谁动了我的奶酪——飞车抢劫分析。
(7) 给我一拳，汗水冲掉眼泪——正当防卫与紧急避险。
(8) 青春是一场残酷的游戏——学生犯罪剖析。
(9) 拨开迷雾，义无反顾——青春自护。

二、选题背景

1. 客观背景

新一轮国家课程改革要求学校在执行国家和地方课程标准的同时，根据当地社会、经济发展的具体情况，结合本校的传统和优势，以及学生的兴趣和需要，开发或选用适合本校的课程。学校不再局限于充当课程的执行机构，同时要担负起课程开发的责任和义务。广外外校的办学宗旨是："对每个学生的终身发展负责，培养走向世界的现代人。"因此，校本课程的选题立足于对学生进行文化熏陶和影响，以求开阔学生的文化视野，夯实学生的文化根基，丰富学生的文化知识，更新学生的思维模式，培养学生的社会精神，使学生拥有国际视野和现代意识。同时，还要考虑到课程的内容难度、学生的知识水平、智力水平和兴趣爱好，以及校本课程与其他课程的关系等各方面的因素，综合不同方面的要求来确定课程的性质和功能，以期达到为学生的终身发展服务的终极目标。

2. 主观因素

高一年级的学生正处于思想活跃、思辨能力快速提高的青春期。虽然他们已经开始对自己的人生进行初步规划，但是面对社会上频发的伦理道德冲突事件，以及知识经济时代激烈的社会竞争，他们仍会感到焦虑、迷惑、无所适从。我们开设"公民道德与伦理赏识""漫话现代意识"等课程，就是希望能给这些处在青春期的学生提供必要的指导和鼓励，帮助其树立正确的世界观、人生观和价值观，使其具有一定的创新能力和批判性思维，能够不断地超越自我，适应社会的发展变化，始终站在时代的前沿。

三、实施过程

每周一节的文化专题课，如何才能在短短40分钟内充分调动起学生的积极性，将所有的知识和理念全部传授给学生，顺利完成开课目标呢？首先，教材的编写要统筹规划；其次，教案的设计要现代时尚；第三，事例选择要紧跟时代的脚步并具有代表性；第四，课堂教学模式要多样化。

1. 教材编制

每个专题有8讲，确定和筛选这8讲的内容非常重要。有时候，学生也许并不知道自身发展真正需要的是什么，而教师却对此了如指掌。因此，教师在安排课程内容的时候会尽量满足学生这种潜在的需求，指引他们向自己的人生目标奋进。例如，在设置"漫话现代意识"这一专题的内容时，考虑到"现代意识"是指人们的头脑对现代社会现象的反映，我们针对高一年级学生的特点和广外外校"活动育人"的特色，围绕职业、生命、责任、竞争、团队、创新、自我、法律等主题设计教学，充分模拟现实社会的竞争环境，使学生正确对待学习和活动过程中的竞争和压力，不断加深他们的自我认识，培养他们的团队合作精神。通过对本课的学习，学生加深了对生命的理解，加强对未来的认识。他们会更加勇敢地面对纷繁复杂的社会生活，以超凡的耐力、敏锐的观察力和超强的应变能力来应对生活的挑战。

2. 教案设计

因为是自编教案，要当堂发给学生，所以，教案设计要新颖、时尚、现代，让学生看第一眼就喜欢。每一讲的教案，我们都遵循引言、前言、正文这样的格式。引言主要是引用一些名言（例如，职业意识引用"恩格斯：实际上，每一个阶级，甚至每一个行业，都有各自的道德"；法律意识引用"斯宾诺莎：有理智的人在一般法律体系中生活比在无拘无束的孤独中更为自由"；责任意识引用"马克思：作为确定的人、现实的人，你就有规定、就有使命、就有任务，至于你是否意识到这一点，那是无所谓的"）、歌词（例如，职业意识选用了李寿全的"未来的未来"；责任意识选用了罗大佑的"未来的主人翁"；法律意识选用了刘德华的"我愿独行"）阐发本课思想主旨。前言用最简短的语言描述此讲内容的背景或重要性（例如，职业意识的前言是"当今社会是一个飞速发展的社会，也是一个竞争异常激烈的社会，一个人并非有了高学历、高技能就能成功，他还要有奋斗的勇气、足够的观察力和超人的耐力，更为重要的是要拥有超前的意识，要能抓住机遇"；责任意识的前言是"在社会生活中，人们在享受权利的同时，还必须承担相应的社会责任，履行相应的社会义务。责任既是使社会规则有序的保障，又是使个人有所成就的可靠基础，是为人处世所不可或缺的基本要素。因此，为了树立良好的社会风尚，促进个人与社会的健康发展，每个人都应该积极主动地培养自身的责任意识"）。正文一般由概念内涵、概念阐释、事例分析、数据列表、调查问卷、结论生成等构成。

3. 事例的选择

真理是主观与客观、理论与实践的具体的历史的统一。理论要丰富、完善和发展，选取的案例就必须紧跟时代潮流，并具有一定的代表性，能够引起足够的争论和反思，并能回归到自身的生活现实中来。例如，责任意识一课所选的案例，既包括对社会热点的探讨，如"该不该搀扶摔倒的老人"；又包括对个人生活案例的探讨，如对"该如何遵守课堂卫生纪律"。这样既能引发争论，又能使理论联系实际，促使学生进一步认识自我，从身边的小事做起，不断提高个人的素质，完成由量变到质变的转化过程。

4. 课堂教学模式

新课程改革的主旨是真正还课堂于学生，所以作为校本课程，我们更要让学生积极主动地参与进来，通过辩论、演讲等形式阐述自己的观点和见解，形成思想层面上的碰撞。为了实现这一目的，我们有必要针对不同的专题内容，采取不同的教学模式，如对话、辩论、座谈、问卷调查、案例分析、视频播放、情景再现等。

四、反思感悟

1. 学习评价过程

因为是选修课，所以会根据课程内容设计不同的评价方式，如通过文本呈现、事例研究、答卷等进行评价。更多课程的设置注重内在能力的提升，而不是记忆性的学习，所以，如何完善学习过程的评价体系，是需要进一步思考和探索的。

2. 学生参与课程的设计

目前课程的设计和确定基本上是靠老师来完成的。老师炒好了各式各样的美味菜肴让学生来自由选择，这就不可避免地会出现所有的菜式学生都不喜欢的现象。因此，在课程开设之前，让学生参与课程设计，让学生讲出自己对课程的期望和建议，教师更多地听取学生的心声和想法，使课程设计达到事半功倍的效果。

3. 教材的发展和完善

对于人文社科类的文化专题课，应该如何透过现象看本质，引导学生树立正确的世界观、人生观、价值观，是每一位教材编写者都需要深入思考的问题。由于世界是不断变化、发展的，而且每一届学生的特质各不相同，所以校本课程的教材也要不断地发展和完善。

为学生推开这扇窗
——我的文化专题课

朱传久

当很多学校对文化专题课还很陌生的时候，我就已经开始注意并研究该课程了，它的新颖、它的神秘再次点燃了我的激情。说实话，几十年的教学生涯，虽未使我对教书、上课产生厌倦心理，但我也早已激情不再了。时至今日，能使我重燃教学热情的课程实属罕见。文化专题课之所以能做到这一点，有三个原因。第一，文化专题课被定位为选修课、拓展课，与考试成绩无关。当教师、学生一切以分数为目标时，学科中本来蕴藏的闪光点就会因此而泯灭。在外界的压迫与一个个必须达到的目标的催逼下所进行的教和学，无论对教师还是学生来讲都是一件痛苦的事。第二，文化专题课以拓宽学生的视野为宗旨，以专题的形式出现，因而打破了现有统编教材的结构和框架，真正实现了"师生们当家做主"的愿望。当一个人干自己想干的事，走自己想走的路时，其热情与潜能的发挥是可想而知的。而这一点是"按固有模式和内容上课，按别人划定好的区域活动"无法做到的。第三，也许因为我自己学政治专业，对于国内外政治事件或社会热点一直有种职业的敏感，我觉得自己有义务、有责任，自认为也有能力把我的学生从教科书中带出来，为他们推开一扇课本之外的窗户，让他们看到这扇窗外也有无限风光，让他们宽领域、全方位、多角度地去看中国、看世界。

一、选择权——师生共有的民主与自由

在选师上，学生拥有更多的权利；在选题方面，教师有了更多的自主权。

广外外校校本课程的开设权必须要经过竞争才能获得。面对台下众多学生注视的眼神——这些眼神是复杂多变的，既有欣赏又有疑虑，既有兴奋又有冷漠，既有包容又有挑剔，十几位老师要竞相演讲，希望能打动学生，完成"招兵买马"的任务，毕竟谁都不想当"光杆司令"。此时，老师需要的

不仅是勇气,而且是实力。选择是残酷的,也是苛刻的。校本课程并不具备法定的权威,一门校本课程开设与否,决定权完全掌握在学生手中,学生选修人数的多寡将是老师能否顺利开课的关键。一般而言,20~40名学生组成一个班,低于15人则不开班。这对教师的课程开发意识和能力都将是全新的挑战。

1. 演讲——选择权属于学生

学生拥有绝对的选择权,这对教师无疑是一种挑战。有压力才有动力,有竞争就会有吸引力。我不怕挑战,我自信以我的实力和我所开出的专题定能打动学生。于是,我的第一次演讲开始了:

同学们,当今世界是开放的世界,是充满着各种诱惑、矛盾与竞争的世界。世界各国的政治、经济、文化相互碰撞而又相互融合是我们这个时代的特征。面对纷繁复杂的世界,我们要求广外外校的学子们掌握两种文化。第一,成为中华民族优秀传统文化的继承者、传播者和开拓者——掌握所谓的中华民族情结基础上的本土文化。第二,学习、借鉴、吸收人类文明和世界各国的优秀文化成果——掌握所谓的开放视野前提下的外来文化。

作为一名真正的中国人,我们不应忽视,更不能抛弃五千多年来中国人所传承的博大精深的中华民族文化。作为当代的中国知识青年,我们首先应该而且主要应该学习我们本民族的优秀文化,这也是不容置疑的。但作为世界人、作为地球村的人,关注、学习世界各国的文化,把握世界各国政治、经济、文化的发展动向和发展战略,不仅是我们发展的需要,而且是生存的需要。我们都曾听过"胸怀祖国,放眼世界"这句经典名言。放眼世界的什么呢?那就是放眼世界各国的概况、风土人情;放眼世界各国的政治、经济、军事和文化;放眼世界各国的过去、现在和未来……

同学们,作为以"培养走向世界的现代人"为宗旨的外语学校,我们没有理由不使我们的学生具有世界胸怀,我们没有理由不使我们的学生拥有世界眼光和国际视野。作为一名政治教师,我愿做同学们学习世界各国文化的引路人,更愿和同学们评说天下、纵论世界!尽管我们的观点可能是微不足道的,甚至是肤浅的,但我深信我们的探索肯定是有益的。

本次专题课旨在剖析世界代表性国家的代表性的政治、经济等现象,力图从宏观上揭示诸现象背后的深层次原因及走向。专题课的主题为"21世纪全球经济战略的较量",着重介绍印度、美国、日本、韩国、俄罗斯等国在21世纪的宏观经济战略及在全球经济发展中各国需要面对的问题。有关这些问题的探讨,对在座的同学,特别是喜欢政治、对国内外时政有特殊兴趣的同学,是极为有益的。

在讲课的过程中,我准备采取两种方法:一是我讲;二是你们讲。同学们可以针对我的讲座内容,自己收集、补充资料,然后面向学生甚至是老师做时事讲座,做到师生互动、生生互动。我力争把本专题课办成同学们观察世界的窗口。谢谢!

时至今日,我不知道是我演讲时的激情打动了学生,还是专题的内容更具有吸引力,或者二者兼而有之,总之其结果正如我所愿,一个学期的文化专题课让我充分享受到成功的快乐!

新的学期开始,每位有志于开设文化专题课的老师都必须选择不同的专题。如果说我讲的第一轮文化专题拓展了学生的世界视野,那么我的新一轮专题课将带领学生全方位、多角度地看中国,思索中国社会存在的困境与矛盾,借此帮助学生形成辩证思想和忧患意识。

带着这样的理念与思考,我又一次走上了演讲台:

同学们,今天,我以"关注社会、思索社会、发展社会"为话题,谈谈当代青年的责任。

我们知道,社会是我们每一个人赖以生存、发展的空间和环境,我们每个人都是社会人,离开人群,我们将不再有任何价值。然而,我们不是无意识、无为、被动地生存在社会上的,每个人的行为都会对社会产生或多或少、或直接或间接、或积极或消极的影响;社会不是某个人或某一群人的社会。因此,我们每个人都应思索:该为我们的社会做些什么呢?不说该为其增添多大的光彩,但也总不该为社会抹黑。我们要用积极的行动、健康的品质、乐观的精神去颂扬时代、改造社会,因为我们的确拥有一个美好的时代。当然,社会本身是阳光和黑暗并存的矛盾体。作为热血青年,我们不能对身边那些反人类、反道德、反自然的行为熟视无睹。一个对社会的真、善、美与假、丑、恶毫无感觉的人,一个毫无忧患意识的人,对社会的发展是没有贡献的。倘若一群人乃至更多的人都如此,那么这个社会就非常危险了。

我们的社会五彩斑斓,无论其多么复杂和不可思议,我们都要对它的存在和发展作出正确的评价。对一种社会现象,无论它是时尚也好,是标新立异也罢,我们都必须有一个理智而又清醒的判断,必须能透过现象抓住本质。

本专题讲座以"中国问题与现实系列"为题，选取近年来社会上出现的、被炒得很热的、很耐人寻味的新问题为研究对象，采取从热点介绍到深度分析的思路，为同学们正确认识社会、评价社会打开一扇窗。"风声，雨声，读书声，声声入耳；家事，国事，天下事，事事关心。"我们广外外校人不可能"两耳不闻窗外事"，了解社会、关注社会是我们每个人都该做的。在学习过程中，我们将共同思索、共同探讨、共拓视野。我们的目标只有一个：为我们的美好社会而努力、奋斗！

2. 专题内容——选择权属于教师

演讲固然重要，但最重要的是开设的课题有没有吸引力、有没有含金量。因而，如何选题是摆在每位开课老师面前的一个问题。

我的文化专题课一直遵循六大原则。第一，前沿性。与时俱进是我讲文化专题课的重要原则，尽可能地把比较前卫的话题、观念、热点介绍给学生，使学生呼吸到新鲜空气。第二，全面性。教会学生冷静、全面、辩证地看问题，既要看正面又要观察反面，既要注意有利条件又要正视不利因素。第三，正面性。文化专题课的宗旨是在学生全面了解社会现实的基础上，帮其树立正确的价值观、人生观，使他们成为有用之才，能够报效国家、回报社会。第四，宏观性。不纠缠于细节和某个局部，使学生养成从整体来观察事物的习惯。第五，学术性。尽可能把大家普遍认同的观点介绍给学生，使他们在掌握知识的基础上形成对该事件的较为理性的看法，而不片面强调雅文与趣事。第六，自我性。每个人都应对世界和社会形成自己的见解，这不仅要求教师能提出自己的观点，而且要求学生独立思考，形成自己对世界的判断。我的文化专题课追求的最高境界是，让我的学生以较宽的视野，站在较高的角度，独立地看问题，自主判别是非。这种观念和看法具有一定的前瞻性、发展性和独特性。

为了实现这一目标，我精心准备了7轮56讲的专题课课题。

第一轮课程：

21世纪全球经济战略的较量

专题一：21世纪经济全球化下谁主沉浮

专题二：印度信息产业赶超战略

专题三：美国高效金融激励高增长战略

专题四：日本从经济起飞到发展迟滞的战略反思

专题五：韩国出口导向创新新战略

专题六：俄罗斯普京战略

专题七：21世纪全球能源战略

专题八：21世纪全球人才争夺战略

第二轮课程：

中国问题与现实（一）

专题一：长缨在手反腐败

专题二："东突"恐怖分子威胁边疆安全

专题三：警惕西方的颠覆和渗透

专题四：解读《反分裂国家法》

专题五："钓鱼岛""东海之争"及中日关系

专题六：南沙群岛——搁置争议，共同开发

专题七：现代战争离我们有多远

专题八：经济全球化是鲜花，还是陷阱

第三轮课程：

中国问题与现实（二）

专题一：给条生路——无论是人或动物

专题二：生命所能承受的冒险——中国人敢冒险吗

专题三：社会急剧转型——心理问题面面观

专题四：和谐社会需要什么

专题五：只爱陌生人——网络时代的爱情（评说虚拟世界）

专题六：歧视，在"惹"与"被惹"之间——当代歧视现象面面观

专题七：孔雀将飞向何方

专题八：难以逾越的社会鸿沟——贫富差距与弱势群体

第四轮课程：

中国问题与现实（三）

专题一：校园安全及校园暴力问题

专题二：从大学生"村官热"说起

专题三：明天的早餐在哪里——关注就业

专题四："丰田事件"及公共危机

专题五：面对比隐形轰炸机更加可怕的文化霸权——兼论文化软实力

专题六：社会稳定与民族团结——解析新疆"七·五"事件

第五轮课程：
中国问题与现实（四）

专题一：关注"人造生命"
专题二：冤假错案何时了
专题三：评析发展不平衡与行业差距
专题四：西南大旱与我国水资源问题
专题五：聚焦上海世博会
专题六：我国的食品安全——"三鹿"的警示
专题七：我爱个性化车牌
专题八：褪尽"俗装"换"雅装"——网络反低俗行动

第六轮课程：
中国问题与现实（五）

专题一：如何看待国考——公务员热
专题二：中国式"强拆现象"的思考
专题三：正确看待"外资对本土优质资产的席卷性收购"
专题四："金牌第一"的意义到底有多大
专题五：中国的海洋权益与海洋安全
专题六：中国的两大不平衡（发展不平衡与教育不平衡）
专题七：交通——不合理的公路收费
专题八：中西方文化的差异、冲突与交流

第七轮课程：
中国问题与现实（六）

专题一：评析春晚——中国的独特文化现象
专题二：周立波及海派清口现象
专题三："富士康"的警示
专题四：日本遭遇强震，我们如何对待
专题五："快钱游戏"重创"温州财团"，何去何从
专题六：五大调控利器致楼市深度降温
专题七：中国的"狼爸"现象

二、"中国问题与现实系列"的课堂模式

我的文化专题课虽然仍是采取课堂讲授的授课形式，但从一开始我就践

行与一般文化课不同的课堂模式。

  1. 自编讲义

  专题课没有现成的教材和教参，需要教师主动去搜集资料，要凭借教师自身的兴趣和素养去打磨讲义。十几年间，我围绕着这 7 大专题 56 讲，不断地搜寻、补充新素材，拓展话题范围，丰富话题内容。我深知，我的文化专题课的特点和生命力就在于与时俱进，始终站在时代的前沿。正因如此，我才坚持每一讲都花费大量的时间和精力自编讲义，力争将有一定含金量的讲义交给学生。我的讲义基本上包括三个部分：第一部分为主干内容；第二部分为思考问题；第三部分为学生的阅读材料。

  2. 自由讨论

  在文化专题课的课堂上，我崇尚师生平等对话、讨论甚至争论。此学科的特点决定了它比一般的文化课更具有灵活性和自由度，学生完全可以针对专题的内容和老师的观点展开讨论，提出自己的看法。在这里没有权威，有大家感兴趣的话题，有很多共同的看法，当然也有很多个性化的思索。我们十多年的文化专题课教学实践证明，作为教师，你可能在专业课方面比学生更胜一筹，但绝不能保证你在专题课上一定是权威。教师手头的资料和相关信息不一定比学生多，说不定学生对本专题的内容早已了如指掌。我认为，学生越是对话题争论不休，就越说明教师选择的专题有吸引力，课堂也就会越有活力。作为文化专题课的教师，为学生打开一扇窗，能成为学生探索无限世界的一块基石，也是值得自豪与骄傲的。

  3. 延伸课外

  文化专题课不是在课堂上就能将所有问题都讨论明晰、判断清楚，我的专题课基本上是以研究世界或中国社会热点为切入点。社会是不断变化的，每个社会热点都具有时间性，会随着时间、地点、环境的变化而变化，当原先的热点不再是热点时，新的社会热点就又出现了。因此，作为开设专题课的老师，最重要的是要教会学生判断问题、研究问题的方法，帮他们养成良好的理性思维习惯，使他们拥有一双能发现问题的敏锐的眼睛。

  每当学生就新的社会热点主动与我讨论时，我都会感到非常欣慰；每当收到学生具有个性见解的论文时，我的眼睛都会为之一亮。

三、文化专题课的评价与思考

1. 学生评价

令人耳目一新的文化专题课使学生体验到了"生本教育"的好处,呼吸到了自由与民主的新鲜空气。

教师要列好菜单供学生选择,说明从一开始就是学生说了算。上哪位老师的课完全由他们自己来选择,其结果如何,是否达到了他们的要求,也要完全听他们的。以下就摘录几位同学反馈给我的评论。

高一(2)班周豫龙:"以前我只在一些报纸、杂志上了解了一下美国的全球战略,对其他国家的经济战略和经济政策一点都不了解。自从上了经济全球战略课之后,我对全球经济战略有了一种比较系统的认识,认识到世界各国已经展开了新一轮的以经济建设为中心的竞赛。"

高一(6)班杨紫露:"在这两个月的时间里,我那狭窄的视野因为有了朱传久老师的教导而开阔了许多。我明白了在中国繁荣的背后还有很多挑战,如我国的海洋安全与人才安全问题,中国国内还有很多不公正、不公平的现象⋯⋯"

高一(3)班招永豪:"在上'中国问题与现实'这门选修课时,我认真地听课,并在课堂上做了笔记,在课后作了总结,还上网查找了许多的资料。我发现虽然新中国已经发展了六十多年,尤其是在改革开放后,中国经济所取得的成就令世界瞩目,伦敦《泰晤士报》甚至称'21世纪是中国世纪'。但中国存在的问题还是不少,有些问题还相当严重,如腐败问题、祖国统一问题、中外竞争与意识形态的差异问题等。通过学习,我意识到我们必须居安思危,多关注国家以及国际大事,并通过学习形成自己的见解,以便日后报效祖国。"

学生的鼓励对我们而言是一种鞭策,它警示我们绝不能停滞不前,要不断地接受新信息、分析新信息、处理新信息。只有不断地否定自己、充实自己、提高自己,才能胜任文化专题课的教学工作。

2. 文化专题课模式思考

文化专题课作为我校独具特色的校本课程,已经开设了十几年。尽管我们积累了一定的经验,也得到了学生的肯定,但我们深知,我们的教学尚处在探索阶段。对于文化专题课这门新课程而言,我们还很稚嫩,需要不断学习，不断摸索，需要"扬弃"我们早已习惯了的传统授课方式，有时甚至还要付出沉重的代价。根据自己的教学实践，我认为有三个问题很值得我们去思考、去解决。

（1）任课教师的选题自由是一把双刃剑。课题的自主选择有利于发挥教师的特长，但要防止选题的随意性。教师在选题时，一要注意科学性，不能将传说、臆想、虚幻的东西带入课堂；二要注意导向性，要帮助学生树立正确的世界观、人生观、价值观，避免将负面的、消极的东西灌输给学生；三要注意整体性，学校的文化专题课设置应该有一个整体框架，每个主题既要富有个性色彩，又要讲究相互协调、相互补充。该如何合理地构建文化专题课的结构？怎样才能优化文化专题课的课程体系？怎么才能使不同领域的专题课协调发展……要解决以上这些问题，既需要学校在宏观上统筹规划，又需要教师从微观上探索、优化，更需要全校师生的团结协作、共同努力。

（2）正确处理必修课与选修课的关系。文化专题课作为一门选修课是建立在学生的兴趣基础之上的，其目的之一是拓宽学生们的视野。在上课过程中，教师要避免两种错误倾向。第一种，唯兴趣论，即一切以学生的兴趣为中心，而忽视了知识的传授和能力的培养。文化专题课不是说笑话，也不是"逸闻趣事"展示课，它需要学生涉猎、掌握必修课教科书以外的知识。第二种，文化课的延伸课。文化专题课绝不能上成文化专业课的补充课和延伸课，更不能上成解答问题的方法课。如果这样，文化专题课就失去了它的个性与特色，也就失去了生命力。

（3）学生的自由与考评问题。文化专题课是建立在学生自愿选择基础之上的，但在选择之后，特别是老师已经开了一段时间的课之后，是否还允许随意换班？答案是否定的。任何课程都需要规范的管理，任何自由都不是绝对的，都有一个度的问题。选修课结业时该如何考评？这也是一个值得探讨的问题。

正因为有不断探索、不断创新的精神，我校的文化专题课才能不断丰富、不断发展，成为广外外校一张闪亮的名片。

科学学科建设的思考

檀廷国

一、概念阐释

1. 何谓"科学"

最简明的定义为:"科学是揭示事物真相的学说。"科学的最佳近义词是"真相"。但是,这个定义很容易让人误认为科学就是知识,就是从古到今人类经过艰难探索而积累下来的一本本的科学典籍。其实,现代的科学本质观正在发生深刻的变化。现代的科学本质观否定知识的客观性,主张科学的本质即科学探究。建构主义认为,科学知识的获得是科学家根据现有的理论(原有知识)来建构科学知识的过程。科学知识是暂时性的、主观的、建构性的,它会被不断地修正和推翻。比如,我们原来都知道太阳系有九大行星,但现在不是了,冥王星由于质量、体积、轨道等原因被"开除"了,现在太阳系只有八大行星了。这就启发我们,科学知识是会变的。但是无论科学知识发生怎样的变化,科学过程、科学方法、科学思想是始终如一的,它们才是科学的本质。

科学不仅是"知识",而且是"探究"。也就是说,科学不仅是科学知识,它还包括科学过程、科学方法、科学思想、科学精神等。明确这一点很重要,因为科学教育的价值追求必须建立在对科学本质的准确理解的基础上。只有理解了科学的本质,教师才能在平时的课堂教学中采取正确的策略,也才能在学科建设中找到正确的方法。

2. 何谓"学科建设"

实际上就是"学科规划"。我们所谓的"科学学科建设",实际上就是对我们的科学学科进行一个重新的审视、重新的规划,并通过策略的实施,使之呈现出"校本化""特色化"的特点。

二、科学学科建设的意义

科学课本来有现成的教材、成熟的教学方法，为什么还要进行重新规划呢？

1. 让学生更喜欢我们的科学课

广外外校小学部成立 12 年了，科学课也开设了 12 年，但是我们发现每一届都有一部分学生不喜欢科学课，而且越来越不喜欢，随着年级的升高，他们对科学课的热情逐渐消退。于是，教师感觉科学课越来越难上，并开始抱怨学生上课不认真听讲、看课外书、纪律差等。其实，真正的原因并不是学生不喜欢科学、不喜欢科学课，而是他们不喜欢我们开设的科学课的内容与教法。因此，我们要把更多学生感兴趣的教学内容和学生乐于参与的活动充实到我们的科学课里来。

2. 落实"对学生终身发展负责"的办学理念

我们知道，学生在小学阶段所学的科学知识，大部分到了中学还要重新学习，而且会学得更全面、更系统。即便是他们长大后忘了这些知识，但只要他们懂得了科学的思想、科学的方法，遇到难题后，照样可以解决得很好。科学过程、科学方法、科学思想、科学精神才是学生需要掌握的，这些东西一旦具备，就会终生受益。因此，我们要把那些符合现代科学技术发展趋势的、适应社会发展需求的、能为学生的人生发展建构知识基础的内容充实到我们的科学课里来。

3. 落实"以生为本"的教学理念

学生对周围的世界具有强烈的好奇心和积极的探究欲，学习科学应该是他们主动参与生活的能动过程。探究既是科学学习的目标，又是科学学习的方式。亲身经历以探究为主的学习活动是学生学习科学的主要途径。科学课程应为学生提供充分的科学探究的机会，使他们在像科学家一样进行科学探究的过程中，体验科学学习的乐趣，提高科学探究能力，获取科学知识，了解科学发展的历史，形成尊重事实、善于质疑的科学态度。让学生真刀真枪地像科学家那样去探究科学，是科学学科教学的理想境界，所以我们的科学课应该为更多学生提供能直接参与的科学探究活动，让他们自己提出问题、解决问题。

另外，实现我校提出的"轻负荷，高质量"的教学目标，满足学生对课

程的多元化需求也是科学学科建设的意义所在。

三、科学学科建设的理论依据

1. 《全日制义务教育科学（3~6年级）课程标准（实验稿）》
2. 广外外校"对学生终身发展负责"的办学理念

"为学生终身发展负责"，很大程度上就是要解决"现代社会所需要的人才必须具备什么素质"的问题。很明显，实践能力和创新精神是必不可少的。1987年出版的《人才学辞典》曾对"科技人才"作出了如下界定："科学人才和技术人才的略语。是在社会科学技术劳动中，以自己较高的创造力、科学的探索精神，为科学技术发展和人类进步作出较大贡献的人。"我们不可能把我们的学生都培养成为科技人才，但是，现代社会需要"有实践能力和创新精神的人"，需要他们的探索性、创造性、精确性、个体性与协作性。

3. 《广外外校"发展教育模式"基本框架提纲》

《广外外校"发展教育模式"基本框架提纲》指出，学生发展应具有全面性，即技能、智慧、人格、精神全方位的发展。我们反对基于学科知识层面的狭隘界定，要求在培养"完整的人"的层次上充分领会"全面发展"的内涵和外延。基本知识和基本技能是重要的，但它并不天然地化为人的生存智慧和发展能力；人类精神并不存在超乎个体的绝对理念，而是基于每一个社会成员的生动鲜活的生命体验。

四、科学学科建设的目标

培养科学兴趣，提高科学素养，突出实践能力，开发创造潜能。

五、科学学科的建设方法

1. 国家课程（教科版教材）和校本课程相结合。
2. 必修课和选修课（活动课）相结合。
3. 课内、课外相结合。
4. 校内、校外相结合。

5. 动手、动脑相结合。

六、科学学科建设的规划与设想

1. 利用教师的特长，积极开发科技校本课程

在三年级增开种植课和养殖课：上学期增开"水培绿萝和富贵竹""常见花卉栽培"等课；下学期开设"养蚕"课。

在四年级开设"发明创造"课——小发明。

在五年级开设种植课和"科技制作"课——小制作。

在六年级开设"科技写作"课——小论文和参观、考察课（可结合每年的春游、秋游活动进行）。

2. 开发利用各种课程资源，用丰富多彩的活动充实教学过程

为了使小学生的科学学习具有广阔的智力背景，科学教育不能局限于传统意义上的教材，必须利用与开发多种多样的课程资源。科学教育的课程资源无处不在，无时不有，从空间上可分为学校资源、家庭资源和社区资源三类，从性质上包括人、物、环境三大资源。我们应该充分调动教师、家长、学生和其他社区成员的积极性，并根据学校及其周边地区特定的自然环境和人文环境，以多种途径、多种方式、多种渠道开发和利用丰富的课程资源，共同促进学生科学素养的提高和发展。

（1）学校课程资源

学校课程资源可以分为教室内的课程资源和教室外的课程资源两类，教室内的课程资源主要包括实验室、科学教室、图书馆、阅览室及其配备资料；教室外的课程资源主要包括学校建筑的环境布置、校园内花草树木等。

学校课程资源利用与开发的途径和方式有：①注意校藏书刊的结构（每年我们都会建议学校图书馆增添科技藏书），更新科学教育设备（比如，及时添置科学实验仪器、药品等，每年我们都会为学生购置科学材料袋，为教师购置科学实验材料箱）；②充分利用校内的土地，开辟科技、劳技教育基地（如植物园、种植园等）；③在校园内设计并建立科技景点（如设立太阳钟、风力发电机、科技雕塑等）。

我们根据实际情况，因时、因地调整或替换某些教学内容。例如，如果按照教材的编排顺序，"各种各样的花"这一课的教学时间应该是在3月份，但我们往往会调整到4月份来上这一课，因为4月份学校里的紫荆花开了，

方便采集,且容易观察。再如,"蔷薇花丛"一课,就可以根据我校的实际情况用"灌木丛"课来替换。

我们利用学校现有资源进行现场教学。例如,"各种各样的叶""各种各样的花""植物的根和茎""形形色色的植物""植物和环境"等课都可以到学校植物园里进行现场教学。

(2) 家庭课程资源

家庭里也存在着丰富的科学教育资源,主要包括家长的阅历与职业背景、家庭饲养与种植的动植物、家庭科技藏书等。

家庭课程资源利用与开发的途径和方式有:①丰富家庭的科普读物,鼓励家长关注科技资讯信息,引导孩子建立自己的小小图书馆,并提高其利用率;②鼓励家长和孩子一起对家庭饲养与种植的动植物进行一些简单的科学探究活动;③家长尽可能多地带孩子接触大自然,接触社会,进行社会实践。

(3) 社会课程资源

社会课程资源主要来自工厂、农场、田园、科技实验基地、高新企业、植物园、动物园、科技场馆(如图书馆、科技馆、博物馆、少年宫等)、大中专院校、科研院所等。

社会课程资源利用与开发的途径和方式有:①开展改善社区环境的科技活动;②与社区科研企事业单位建立联系,共建科技活动场所,开展现场科技教学活动;③聘请科技人员和专家担任学校科技活动的指导教师,聘请家长中的科技工作者定期为学生做科普讲座;④组建学生科技团体,利用社区资源开展科普宣传和实践活动。

3. 开展丰富多彩的课外科技教育和竞赛活动

(1) 发挥科技教师的特长,开设建筑模型、车辆模型、航海模型、航空模型、机器人、计算机、电子制作等兴趣班,供学生选学。鼓励辅导教师积极创造条件,克服困难,带领学生大胆地走出学校,积极参加各种校外科技比赛。

(2) 办好一年一度的科技节。科技节主要由四个板块构成:

一是科学知识普及:科普板报;科普讲座;科普展(如联系广州青少年科技馆来校布展);科普剧(如联系广州青少年科技馆来校表演剧目);参观科普场馆;科技图书展销(如联系广州科技书店来校布展)。

二是科技作品展:"三小"(小发明、小论文、小制作)作品展;电脑类作品（电脑绘画、电子报刊、动画设计、图像设计等）展；科学幻想绘画展等。

三是科技竞赛：科普知识竞赛；"三小"（小发明、小论文、小制作）竞赛；电脑操作竞赛（电脑打字、电脑绘画、电子报刊制作等）；模型（建筑、车辆、航空、航海、机器人等）制作与操作竞赛等。

四是种植与养殖等。

4. 自己动手制作教具、学具、标本、模型等

有些实验所需要的器材是科学实验室里没有的，我们应该鼓励师生共同参与，利用身边的废旧材料，自己动手研制教具、学具、标本、模型等。自制教具是一种富有创意的科技活动，它能体现师生的智慧和灵气，对培养学生的科学素养有促进作用。开展这类活动，不仅能提高教学质量，而且能激发学生的创造精神，培养学生的创新能力。例如，学校实验室里的昆虫标本、磁悬浮列车模型、各种反冲实验材料、气压火箭模型、桥梁模型、太阳能热水器等都是师生共同完成的作品。

5. 对某些教学内容进行适当的拓展

例如，在上了"设计、制作我们的赛车"一课后，教师可以给学生讲一讲"世界名车车标的含义和设计"方面的知识；在上了"燃烧"和"灭火"等课后，教师可以给学生讲一讲火灾预防和逃生自救方面的知识；在上了"火山"和"地震"等课后，教师可以给学生讲一讲地震中逃生自救的基本常识；目前社会上食品安全事故频发，教师可以和学生一起探讨"食品安全"问题。

6. 合并或调整某些教学内容

比如，"用水测量时间"和"做一只水钟"，"混合身边的物质（一）"和"混合身边的物质（二）"，都可以合并到一堂课上来。再如，"种子发芽实验""观察生态瓶"等课，都可以放到课外时间来完成，而不必占用课堂时间。

另外，可精选世界三大科技教育频道（美国国家地理频道、探索频道、英国BBC频道）的部分科技影片，增补到各年级的科学课中，以拓宽学生的视野。

七、结束语

需要补充说明的是，我们所说的学科建设和校本课程开发，并不是要撤

开课程标准和现行教材去标新立异，另起炉灶，另搞一套，而是在完成课程标准所规定的教学任务的基础上，围绕课程标准所规定的学科目标，结合我们学校的实际和学生的实际，对教学内容所作的一种在广度上的合理拓展和深度上的适度发掘，而且要通过策略的实施，使之呈现出"校本化""特色化"的特点，以满足学生对科学课程的深层次需求。另外，对现行教材所进行的一些适当的调整，也正好符合了新课程标准提出的"用教材教，而不是教教材"的理念。

在小学低年级开展绘本阅读教学的实践研究

易华亮

一、研究的缘起

1. 背景

阅读是一个人认识世界的途径,是获取知识的有效方法,更是一个人精神成长的源泉。当学生具备了一定的阅读能力,能积极主动地去阅读时,他就有了进行自我教育的能力。因此,培养学生的阅读兴趣,提高学生的阅读能力,是非常重要的。

但从我国的现实情况来看,小学低年级阅读的现状并不乐观。问题主要集中在三点:一是学生有阅读的需求,但没有适合他们阅读的高品位的书籍;二是带有功利性的阅读材料充斥儿童图书市场,把阅读变成了压力,导致学生内心的反感;三是家长和教师没有系统指导小学低年级学生阅读的方法,缺乏指导低年级学生阅读的有效策略。

2. 我的经历

2006 年,我做了母亲。在陪伴女儿成长的过程中,我一直在寻找适合女儿看的书籍。一次,偶然看到一本图画书《汤姆生病了》,翻开这本书,是大幅的手绘图画,配上一两句话,画面生动,语言有趣。女儿第一眼看到这本书,就被它吸引住了,一连缠着我讲了好几遍。这给了我很大的启发。我开始查找绘本的有关资料,在给女儿淘到很多好书的同时,也对绘本有了大概的了解。

2009 年,我接手了新的一年级。于是,我开始筹划在班级开展绘本阅读。

二、文献综述

1. 绘本是什么

"绘本"一词源自日本,英文称"picture books",中文译作"图画书"。它与一般的图画书(如婴儿书、字母书、数数书等)有一定的区别。日本的

儿童绘本研究专家松居直曾以数学加法和乘法的概念来解释绘本：文字＋图画＝带插画的书，而文字×图画＝绘本。这让我们很直观地了解到，绘本是文字和图画交互作用的产物。

绘本通过图文之间的相互联合展开叙事，所以一本绘本至少包含三种故事：文字讲的故事、图画暗示的故事以及两者结合所产生的故事。

也有一些研究者认为，绘本通常以图画为主，以文字为辅，或是完全没有文字的书籍。

2. 国内外学者对儿童阅读绘本的研究

绘本诞生于19世纪后半叶的欧美，并迅速成为儿童的首选读物，被认为是最适合幼儿阅读的图书。到了20世纪中期，日本等国家也纷纷引入绘本。国内近几年也引入了大量的优秀绘本，掀起了一股绘本风潮。

中国台湾学者谢素菌认为，绘本能为儿童提供认知的素材和生活体验，培育儿童欣赏生活的态度；能培养儿童审美能力、观察力、创造想象的能力；能激发儿童的阅读兴趣；能强化亲子教育及儿童的社会适应能力。

儿童文学理论家方卫平、博士生导师梅子涵教授多年来一直呼吁，让孩子阅读绘本，绘本应该是孩子的"人生第一本书"。

南京师范大学教科院的郑荔教授认为，绘本是儿童成长的参照体系，是儿童丰富知识、学习文化的资源，还为儿童提供情感催生和宣泄的渠道。

3. 小结

绘本是发达国家儿童的首选读物，现在国内许多专家都在倡导儿童阅读绘本，许多学校也在推广绘本阅读，并已有了一些研究成果。但目前关于绘本的研究还主要是为了推广绘本，因而多偏向于从宏观的角度审视、描述及评价，探讨较多的是绘本对儿童成长及读写能力的影响。对于绘本阅读的有效组织形式、绘本阅读教学的有效策略等实际问题的研究则较少，对微观的绘本课堂的具体案例的研究就更少了。

三、研究构想和目的

本研究试图在已有研究成果的基础上，从微观角度入手，来探讨绘本阅读教学的组织形式和有效策略。本人将在所带班级中开展绘本阅读实践，通过和学生座谈、问卷调查、分析呈现教学实录等方法，深入了解什么样的绘本更能激起学生的阅读兴趣，怎样的组织形式更能调动学生参与绘本阅读的积极性，以期从实际案例中总结出开展绘本阅读教学的有效策略。

四、研究意义

1. 理论意义

有关绘本阅读的作用与影响的研究在国内才刚刚起步，许多研究成果都是零碎的。本研究试图对绘本阅读的相关理论进行梳理和阐述，并从具体的实践案例中总结出开展绘本阅读教学的有效策略，进一步丰富绘本阅读的教学理论。

2. 实践意义

绘本阅读作为一种新的阅读方式正逐步走进小学校园。本研究通过课堂实践，为更多需要开展绘本阅读教学的研究者提供实际案例和过程，供他们参考、借鉴与反思。

五、研究的方法

1. 行动研究法

将低年级绘本阅读的实践和研究融为一体，在实践中研究，在研究中实践。具体做法是在二（1）班开展绘本阅读教学10次，边实践，边研究，边总结。

2. 调查法

通过问卷、座谈等多种形式，全面具体地了解学生阅读绘本后的感受和绘本阅读教学带给学生的各种体验，了解他们在绘本阅读过程中遇到的困难和产生的疑惑。

3. 文献法

查阅大量有关绘本的特点、儿童阅读的心理过程、儿童诠释绘本的特点等方面的文献资料。

六、资料的收集

本研究的资料主要来源于我所带班级的绘本阅读教学实例、教学反思、学生座谈、学生读后感、调查问卷、家长反馈等。本研究的主要结论来自于对资料的收集、整理和分析，以及对教学案例进行反思和改进的过程。

七、研究过程

1. 什么样的绘本更受低年级学生喜爱

学生进入二年级以后，我便开始着手准备开展绘本阅读教学。选择什么样的绘本才好呢？为了回答好这个问题，我开始大量查找资料，拟定书目。

我最先尝试的是《鼹鼠与小鸟》。那节课上，学生特别兴奋，好奇的目光紧盯着那只可爱的鼹鼠和优美的画面，同时，他们也被故事深深地吸引了。对于"鼹鼠喜欢小鸟，把小鸟关起来喂养"这一做法，他们争论得很厉害。课堂气氛轻松活跃，学生们积极参与，各抒己见，所有人都陶醉在这本书里。初次尝试的成功给了我很大的惊喜。随即，我和学生开始讨论，我想看看这本书中的什么吸引了学生。

师：你们喜欢《鼹鼠与小鸟》吗？

生：喜欢！

师：你们喜欢这本书的什么？

生：我喜欢小鼹鼠，他小小的，好可爱！

生：他的表情也很丰富。

生：我喜欢小鼹鼠，我有时候也会做像他那样的傻事。

生：我喜欢鼹鼠爷爷，他很爱小鼹鼠，即使小孙子犯了错误，也不会很凶地惩罚他，而是用很智慧的方法教育他。

生：这本书的颜色很清新，我觉得很美。

生：当看到被关在笼子里的小鸟那伤心的表情时，我心里也很难过，我很同情他。

生：我喜欢这个故事，小鼹鼠最后让小鸟得到了自由，我很满意。

根据学生的回答，我发现学生对绘本有自己的评价标准。为了进一步弄清楚学生到底喜欢什么样的绘本，以便我更好地开展绘本阅读教学，我在学生中做了一份问卷调查。

"我喜欢的绘本"调查统计表

	内容	选项	人数
1	你希望出现在绘本中的是哪些画面	①色彩鲜艳	32
		②画得很细腻，连动物的表情都很可爱	15
		③有创意的画面，比较夸张	23
		④图画能暗示故事的内容	20
		⑤画面里隐藏了秘密，需要我们去仔细寻找	29
		⑥画面简单明了	6
		⑦画面单调，文字多一点	2
2	你所期待的绘本中的内容是怎样的	①我们生活中的事	36
		②能带给我们启发的故事	30
		③能给我们新奇的感觉	31
		④无所谓什么故事	10
3	你希望用哪些词来描绘故事的主角	①很可爱	40
		②有点傻，很搞笑	39
		③有时会犯错误，但会改正	20
		④和一般人不一样	16
		⑤正直、善良、聪明	37
		⑥随便怎样都可以	1
4	你希望绘本中的语言是怎样的	①短小优美	23
		②字体较大，容易看清楚	15
		③读起来很顺口，像诗一样	26
		④幽默搞笑	37
		⑤随便，都可以	2
5	你所期待的绘本故事是怎样的	①有一个完美的结局	34
		②经过波折，最后总算有好的结局	27
		③是一个完整的故事	38
		④是一个快乐的故事	35
		⑤无所谓，都可以	1

从问卷的结果来看：

（1）关于图画：学生喜欢色彩鲜艳、画面细腻生动并有些夸张的图画。最好每幅图都能有很多耐人寻味的细节，使学生能通过认真观察有意外的发

现,或者能通过观察画面预知故事的内容。

(2) 关于内容:学生更喜欢贴近他们生活的、能带给他们启发的故事。

(3) 关于角色:学生喜欢的"他"必须拥有正直善良的品质,同时要聪明可爱,最好还能有点搞笑;即使犯了错误,"他"也能知错就改。

(4) 关于故事:学生喜欢完整的、有圆满结局的、能带给他们快乐的故事。

(5) 关于语言:优美顺口、幽默搞笑的语言比较受学生欢迎。

根据这个结果,我重新审核了原来拟定的书单,确定将以下10本书作为绘本教材。

书名	作者	出版社
《鼹鼠与小鸟》	文:[英] 马杰里·纽曼 图:[英] 帕特里克·本森	贵州人民出版社(2008)
《想吃苹果的鼠小弟》	文:[日] 中江嘉男 图:[日] 上野纪子	南海出版社(2009)
《爱心树》	[美] 谢尔·希尔弗斯坦	南海出版社(2007)
《蚯蚓的日记》	文:[美] 朵琳·克罗宁 图:[美] 哈利·布里斯	明天出版社(2008)
《熊爸爸去另一个城市工作》	陈致元	和英文化(2010)
《花婆婆》	[美] 芭芭拉·库尼	河北教育出版社(2007)
《彩虹色的花》	文:[日] 细野绫子 图:[美] 麦克·格雷涅茨	二十一世纪出版社(2005)
《勇气》	[美] 伯纳德·韦伯	南海出版社(2010)
《云朵面包》	[韩] 白嬉娜	上海人民美术出版社(2007)
《小黑鱼》	[美] 李欧·李奥尼	南海出版社(2010)

2. 怎样的组织形式更利于学生全面参与

虽然解决了"读什么"的问题,但在实践中我又产生了新的困惑:什么样的组织形式更利于学生参与绘本阅读?怎样才能调动更多的学生参与呢?产生这个困惑是源于《想吃苹果的鼠小弟》的绘本阅读课。解决这个问题经历了以下三个阶段:

(1) 少数人的精彩

《想吃苹果的鼠小弟》的故事内容简单有趣,描绘了鼠小弟为了摘到苹果而发生的趣事。因为故事本身幽默搞笑，学生确实对这一绘本很感兴趣，尤其喜爱那只可爱的鼠小弟。学生对"鼠小弟的傻"这一话题交流得很热烈，但争相发言的总是一少部分学生，其他学生要么和同桌小声地交头接耳，要么就是自己边翻书边忍不住偷偷地笑。当时的我很困惑，为什么大多数学生都不参与交流呢？

课后，我反思肯定是哪里有问题，而这问题的答案在学生心中。于是，我便和几个上课时没发言的学生聊天。

师：你喜欢这本书吗？

生：很喜欢，鼠小弟很可爱，傻傻的。

师：是啊，你有自己的看法，这多好啊！为什么上课时不和大家交流自己的想法呢？

生：开始没想到，后来想到了，却被别人先说了。

生：嗯，我举手了，举了好久你都不请我。

生：他们都比我们说得好，以前总是他们几个人说呀，就算我举手也轮不到我。

生：你问的是这个，我想的是其他的，就没举手了。

从与学生的谈话中得知，学生在阅读中产生了各种各样的想法，他们渴望把自己的感受和同学们一起分享。但师生一问一答这种形式限制了学生的空间和时间，很多他们想说的话都没机会说，慢慢地他们也就失去了交流的积极性。

怎样才能提高绘本阅读的效果，让更多的学生参与进来呢？

（2）小组互动促参与

当时，学校正在开展生本教学改革，于是我就借鉴生本教学的理念，考虑将以前那种师生间单向问答的课堂教学模式，改为小组合作讨论模式。这样一来，学生交流的机会会更多，交流的面会更广，交流的时间也会更充足。于是，我在上《熊爸爸去另一个城市工作》这一课时，开始尝试小组讨论。

《熊爸爸去另一个城市工作》的主要内容是熊爸爸要去外地出差，他们一家人互送礼物，表达家人相互关爱的主题。

之所以选择给学生读这本书，主要是广外外校的学生也经常要面临父母出差的问题，这个故事非常贴近学生的生活，学生应该有很多话想说。读完后，我抛出了几个开放性的大话题和几个有针对性的小问题，学生选择自己喜欢的话题或问题在小组内进行交流、分享。当一个学生发言时，其他同学要认真听，然后再发表自己的看法，或赞同，或反驳，或补充。课堂气氛果然一下子活跃起来，大部分学生都积极参与小组交流，并都能说上一两句话。我看到绝大部分学生都在参与，但是，为什么还是有学生听得多说得少，甚至有几个学生只听不说呢？难道这几个学生真的是一点感受都没有吗？于是，我又开始追寻缘由。

师：你们对这本书的什么感兴趣？

生：熊爸爸是做什么工作的。

生：熊妹妹自己做的胸针很漂亮，她是怎么做出来的？

生：小熊学着熊爸爸的样子和妈妈跳舞，好搞笑哦！

根据学生的谈话，我进一步反思，学生的兴趣点包罗万象，有的对画面的某个细节特别感兴趣，有的对人物的表情特别在意。而我所提供的话题和问题都是偏向于价值主题方面的，有些问题学生感觉有难度。看来，由老师提供交流的话题或问题，并不能满足学生的个性化需求，需要进一步改善。

（3）生问生答，全面参与

学生都有自己独特的感受和疑问，老师提供的话题和问题再多，也无法满足所有学生的个性化需求。何不让学生自己提供交流的话题和问题？这样开放性的交流会不会形成"百花齐放"的局面呢？我需要尝试。

《爱心树》的阅读采用的就是这种交流方式。在学生们积极参与的过程中，我认真倾听，记录了部分交流内容。

朝开组的交流记录：

组长（4号）：关于《爱心树》，你们想说什么？

1号：那个男孩太自私了，要了树叶、果实、树枝还不够，还把树干砍走了。树真可怜。

4号：是啊。不过，树很快乐呀！

1号：为什么？树什么都没有了还感到快乐，真奇怪。

2号：这里写着"树很爱小男孩"。因为爱他，所以给他这么多也愿意。

3号：（指着树干上）你们看这里，树上画了两颗"爱心"呢！这表示什么意思啊？

1号：这两颗"爱心"就像树的眼睛。

4号：我知道了，男孩长大了，树天天盼望着男孩来玩，可男孩好久不来，这两颗"爱心"就是树盼望孩子来的眼睛。

2号：嗯，很像，而且很难过的样子。

3号：（指着书的后面几页）你们看后面的爱心，男孩老了回到树身边时，这颗"爱心"最好看，好像在笑的样子。

1号：哎呀，我觉得男孩小时候和树在一起最开心了，长大了要去远方，老了也不好，连苹果都咬不动，好可怜哦！

3号：我妈妈也说小孩子最幸福，长大了要工作，很辛苦的。

4号：你们说树这样做值不值得？

2号：可能树觉得值得，因为他爱男孩，就像我们的爸爸妈妈那样爱我们，我们要什么他们都会满足我们。

1号：如果是我，我不愿意这样做，那样自己太可怜了。

……

从学生交流的记录来看，学生的阅读体验各种各样，这就是低年级学生的独特视角，我赞叹这种独特和敏锐。

学生到底更喜欢哪种组织交流方式呢？为此，我做了专门调查。

"我最喜欢的交流方式"调查统计表

组织形式	请选择你喜欢的绘本交流方式，并说为什么。你有另外的好方式吗？		
	选项	人数	原因
1. 老师提问，学生回答	喜欢	5	简单，只要想老师的问题就行了
	不喜欢	37	机会少，想的被别人说了 在全班发言有点害怕
2. 围绕问题，小组讨论交流	喜欢	28	可以听听别人是怎样想的 每个人都有机会说
	不喜欢	14	老师的问题我答不出来
3. 小组内自问自答，交流讨论	喜欢	36	大家都可以说 可以说自己喜欢的 可以提问题考别人
	不喜欢	6	害怕自己提不出问题
其他的好方式：			

从以上调查结果可以看出，学生都会有自己独特的阅读感受，渴望和同学进行交流，需要与同学一起分享。在绘本阅读教学过程中，教师要打造更

开放的空间、更多元的话题,促使学生参与交流。问题多元、开放交流、自问自答、生生互动,正是这种组织形式满足了学生个性化的交流需求,尊重了学生的独特阅读个性。

3. 哪些方法更能促进学生在阅读中成长

好的绘本不仅仅是在讲述故事,而且是在帮助学生提升观察力、丰富想象力和情感,但绘本阅读的首要目的是让学生体验阅读的快乐。只有在阅读中收获身心的愉悦和快乐,学生才会积极主动地去阅读。因此,绘本阅读教学应该抛弃原有的阅读成见,充分尊重学生的阅读意愿和独特的阅读感受,让学生体验快乐,滋养心灵,发展精神。具体做法如下:

(1) 读一读:享受故事的美妙

朗读绘本是最简单、最方便的指导方法。国外学者研究发现,朗读对低年级学生的阅读能力提高具有重要意义。老师用自然的气息、清晰而洪亮的嗓音、正确而流畅的语音,把绘本中的故事一字一句地念给学生听,让学生在倾听中欣赏绘本。倾听是一种积极的思维活动过程,学生会从中获得阅读的快乐。

《花婆婆》这本书讲述了一个美丽的故事,绘本用优美的语言描述了花婆婆一生的传奇经历,主要是为了传承"让世界变得更美丽"这一梦想。在朗读之前,我先了解绘本的故事发展情节、角色人物的特点、语言的风格特征,这样就能在朗读时更好地运用语调、语气、语速去诠释作品。学生集中注意力聆听、欣赏,都被花婆婆的故事感动了。为学生这样朗读吧!学生不仅收获了故事,也收获了美好,收获了快乐!

(2) 猜一猜:下一页是怎样的

低年级学生都有强烈的好奇心,所以在绘本阅读教学过程中,教师要积极鼓励学生边读边猜想:下一步会怎样呢?后面将要发生什么事?以对故事内容的猜想,来激起学生的兴趣,调动学生参与的积极性。同时,教师还要鼓励学生将自己想象为故事中的角色,融入故事中去;鼓励学生参与故事的编写,想出与作者不同的、更有意思的情节或结尾。这样,一边猜一边读,学生已经完全沉浸在故事中,对故事的内容和角色会有更深刻的感悟。

(3) 说一说:我想听听你的想法

由于学生自身成长的环境各不相同,生活经验不同,看待事物的角度也不同,所以他们会有各种各样的想法和观点,对绘本有许多个性化的理解和感悟,这时他们特别渴望能与同学们一起分享。对此,教师可以让学生围绕所阅读的绘本，设计一些话题，提出一些问题，进行相关的讨论。学生会相互启发，相互补充，共同提升，激起思维碰撞的火花。通过双向互动的问题探讨方式，学生可以将新接收的信息和原有的知识经验联系起来，重新建构自己对绘本的理解。这不仅极大地提高了学生的思维能力，而且让学生体验了整个过程，让学生享受到思考的乐趣。

绘本阅读后的交流并不是兴之所至、随口闲聊。英国儿童文学家钱伯斯在《说来听听——儿童阅读与讨论》中，谈到了阅读带领人在课堂上该如何发问、如何接招、如何开展讨论、如何适时收放问题等教学过程与细节。在仔细阅读了这本书之后，我收获非常大，决定在绘本阅读教学实践中进行尝试。

在《鼹鼠与小鸟》一课中，学生纷纷围绕三个极具开放性的基本问题，说出了自己的想法。

问题：
①你最喜欢书中的谁？为什么？
②书中的什么（谁）让你印象最为深刻？为什么？
③你从书中受到了什么启发？

学生发言：

生：我最喜欢小鸟，因为小鸟很可爱！

生：我喜欢鼹鼠，因为鼹鼠帮助了小鸟。

生：我也喜欢鼹鼠，但他开始的时候做得不对，把小鸟关起来了，有点自私。无论多么爱小鸟，都要给小鸟自由。

生：小鼹鼠是有点自私，但他最后改了，还是把小鸟放了。我觉得他知错能改，非常棒。

生：我喜欢鼹鼠的爸爸妈妈。鼹鼠妈妈虽然觉得小鼹鼠做得不对，但放不放小鸟，还是由小鼹鼠自己来决定，她没有强迫小鼹鼠主动放走小鸟。

生：嗯，他们挺尊重小鼹鼠的。

生：还有鼹鼠爷爷，他想了个办法，让小鼹鼠自己把小鸟放了。

生：对，鼹鼠爷爷是故意带小鼹鼠去散步的，就是要让小鼹鼠看到小鸟们自由自在的样子，让小鼹鼠放了小鸟。

生：鼹鼠爷爷很聪明，也很尊重小鼹鼠。

生：哦，我知道了，这是相互尊重的一家。

生：这也是一个教会我们相互尊重的故事。

……

从学生的发言来看，学生对绘本的内容、主题有了深入的了解，并且，学生都有参与讨论的兴趣，都有表达观点的愿望。

（4）写一写：表达读后心得

每次绘本阅读之后，我都会让学生把自己的想法和体验写下来。这是纯粹的、开放的、多元的自我表达，对字数、形式、主题不做任何要求，少则两三句，多则成段、成篇。

生（《蚯蚓的日记》）：我觉得小蚯蚓很可爱，爱恶搞，爱思考，又幽默。唯一让我觉得奇怪的是他会写日记，不用洗澡，还会跳舞。不过，唯一不好的就是作业太多。我也想变成一只可爱的小蚯蚓。

生（《鼹鼠与小鸟》）：我最喜欢小鼹鼠，因为他帮助了小鸟，很有爱心。《鼹鼠与小鸟》这个故事，让我懂得了帮人也要讲道理，自己快乐也要让别人快乐。这真是一个美丽的故事！

写完后，我会让学生在同桌之间、小组内或朋友间互动分享。学生很喜欢这种轻松、无功利的读后感分享。作为老师的我也写读后感，并和学生一起分享。这种相互尊重、平等交流的机会，令学生特别享受。下面是我和学生一起写的读后感。

生命需要爱、尊重和自由！
——读《鼹鼠与小鸟》有感

这是个令人感动的关于爱的故事。小鼹鼠发现小鸟从巢里掉了下来，看着小鸟那焦急的眼神，听着小鸟那饥饿的叫声，小鼹鼠不忍心不管它。他决定帮助它，把它带了回家。爸爸妈妈告诉小鼹鼠，照顾一只小鸟是一件很困难的事，但小鼹鼠并没有因为怕困难而丢弃小鸟。他在妈妈的指导下，学会了喂养小鸟。小鸟在他的精心照顾下，不但没有死，反而一点一点地长大了。这里凝聚着小鼹鼠的心血和汗水！这里藏着小鼹鼠对小鸟深深的爱！在随着爷爷在山顶上感受了自由自在的幸福之后，他才意识到，每个生命都有对自由的渴望，每个生命都需要自由。直到这时，他才深深地体会到被关在笼子里的小鸟的忧伤、孤独和寂寞。虽然心里很不舍得，可他还是流着眼泪放走了小鸟。看着小鸟获得自由、快乐，小鼹鼠很高兴，也很欣慰。他在内心里默默地为小鸟高兴，为小鸟祝福。

这是一个有关尊重、呵护的故事。当鼹鼠妈妈看到小鼹鼠把小鸟关起来时，她既担心又忧伤。她觉得小鼹鼠做得不对，但她没有用妈妈的权威呵斥、逼迫小鼹鼠放走小鸟。她尊重了小鼹鼠的想法，在小鼹鼠的心里，关着它、看着它就是爱它。鼹鼠爸爸和鼹鼠爷爷也是一样的。

这还是一个令人佩服的有关智慧的故事。鼹鼠爷爷看到小鼹鼠关起小鸟,但他什么也没说,只是轻松地带着小鼹鼠去山顶散步。这可不是一次普通的散步,这是一次最聪明、最有智慧的散步。小鼹鼠就是在山顶上亲身感受到了自由飞翔的快乐,才真正理解了被关在笼子里的小鸟的痛苦。他主动改正了自己的错误,解放了小鸟的身体和心灵。而爷爷什么也没说,只凭一次散步,便促成了小鼹鼠的改变。真是一位有智慧有爱心的爷爷啊!

读了这个故事,我感觉非常温暖和幸福。小鼹鼠纯洁的心灵感动了我,小鼹鼠家人对他的关爱、尊重和呵护也感动了我,小鸟对于自由和梦想的渴望同样感动了我。

是啊,每个生命,不管它多么渺小,也不管它多么伟大,都需要自由,需要爱,需要尊重、呵护和关怀。

(5) 演一演:再现故事情景

学生在阅读绘本之后,以玩偶或自己扮演角色的形式,把绘本故事内容、情节表演出来,这是绘本阅读后的延伸创作。通过故事表演,学生逐步加深对绘本内容的理解,学习故事中的语言,不仅促进了自己言语、思维、理解和表达等综合能力的发展,还增强了阅读兴趣和对文学作品的体验。

在表演过程中,我鼓励学生模仿故事里角色的动作、语言、神情,帮助学生学习故事角色不同特点的语言,特别是对话语言。另外,我还启发学生把日常生活中观察到的人们说话时的表情、语气、音调等运用到故事的角色语言中,发挥他们的表演潜力。而实践结果证明,学生非常喜欢这一活动。

(6) 编一编:体验创作快感

当遇到没有完结的绘本时,学生心中会萌发继续写下去的想法,这就是续编绘本的最好机会。

绘本《勇气》中,通过不同的角色阐释了"勇气是什么"这一问题。读完绘本后,我让学生也说说自己内心所认为的"勇气"。由此,学生体验到了创作的乐趣。

生:勇气,是吃苦瓜不说"好苦";勇气,是你坐飞机看下去不说"好高"。

生:勇气,是你愿意去尝试一件新事情;勇气,是舍得把好东西分给别人;勇气,是你冷静地面对事情。

生:勇气,是妈妈给你买了很多零食,你能不偷吃。

生：勇气，是像《三国演义》中的刘备一样。

在《蚯蚓的日记》一课中，学生被可爱、搞笑、勇敢、有礼貌的小蚯蚓深深地吸引了，他们把自己当做那条小蚯蚓，用漫画、日记的形式描述自己的生活。

贾博钧（自编日记）

10月24日　晴

今天真是不开心的一天。

今天跟妈妈去看医生。因为今天拉肚子，真不舒服，有气无力的一天。

要打针，打得我好痛啊。以后再也不吃土堆了。

八、研究结果总述与思考

1. 研究结果总述

经过这十几次的绘本阅读教学实践，我发现：

（1）低年级学生喜欢阅读绘本。图画富有叙事性、语言幽默生动、内容贴近儿童生活、角色可爱有趣、主题积极向上的绘本更受学生喜爱。

（2）低年级学生喜欢在轻松平等、相互尊重的氛围中阅读绘本。尊重学生的独特感受、去功利化、无压力的阅读更能让学生享受阅读之乐。生生互动、自由开放的交流方式更能调动学生参与的积极性。

（3）绘本阅读指导是有具体方法的。朗读、猜想、讨论、表演、分享读后感、续编拓展等策略在实践中获得了很好的效果，深受学生喜爱。

2. 我的思考

（1）绘本非常适合低年级学生阅读

为什么低年级学生会喜欢阅读绘本呢？实践证明，绘本的很多特性都适合低年级学生：其一，图画生动夸张，吸引学生的注意力；其二，语言生动活泼、充满童趣，符合低年级学生的年龄特点和识字现状；其三，绘本结构简单，情节有趣，想象丰富，能带给低年级学生快乐；其四，绘本健康向上的主题和"理想主义"的色彩，贴近学生心理。因此，低年级学生会被绘本深深吸引。

（2）绘本阅读的基本理念应是快乐阅读

正如松居直所言："快乐是儿童阅读绘本的原动力，快乐阅读应该超过绘本的其他所有功能。"因此，在绘本阅读教学中，老师要抛弃自己的阅读成见，不把绘本变成学习性、训练性的课程，要充分尊重学生独特的阅读感受，保证学生在阅读过程中可以相互交流、分享，保证自由与开放，让学生轻松地阅读，并在阅读中获得快乐。

(3) 绘本为低年级学生打开了阅读的大门

阅读的重要性众所周知。对于怎样才能引导学生爱上阅读、主动阅读，可以说是众说纷纭。经过这次实践，我深刻地体会到绘本阅读在开门引路方面的重要作用。学生通过阅读绘本，享受到了阅读的乐趣，从而一发不可收拾，他们全身心地投入阅读中。我针对所带班级的阅读情况做了调查，调查数据显示：绘本阅读有效地激发了学生的阅读兴趣，提高了学生的阅读能力，为学生的终身阅读打开了大门。

阅读调查统计表

内容	选项	人数	百分比
阅读兴趣	喜欢看书，一有时间就主动阅读	37	88%
	一般，老师、父母要求我们看书时才看	5	12%
	不喜欢，很讨厌看书	0	0
阅读量	一学期阅读20本书以上	25	60%
	一学期阅读10本书左右	13	31%
	一学期阅读5本书左右	3	7%
	一学期阅读1本书左右	1	2%

九、建议与展望

1. 建议

(1) 给自己的建议

继续脚踏实地地在小学低年级开展绘本阅读教学实践与研究，不断反思自己的绘本阅读课堂教学，及时总结开展绘本阅读教学的有效方法，力求将绘本阅读教学做得更加系统和细致。

(2) 给重视阅读教师的建议

选好孩子人生的第一本书非常重要。绘本这一独特的表达形式抓住了儿童的心理特点，能轻松地将学生带入阅读的快乐之旅。正如旅日华人作家唐亚明先生所言："世界上所有国家的儿童阅读都要走绘本阅读这条路，中国当然也不例外。"要想让学生爱上阅读，尽早引入绘本阅读，开设绘本阅读课，是非常有效的方法之一。

（3）给准备开始绘本阅读教学的教师的建议

选择适合学生阅读的绘本是让学生喜欢阅读绘本的前提。在阅读过程中，不要把绘本当做训练阅读能力的工具，不要强行灌输某种思想，要尊重学生的阅读感受，让他们平等地参与交流。要让学生把绘本阅读的过程当成一种让眼睛享受、让心灵愉悦、让精神成长的美妙体验。

（4）给正在开展绘本阅读教学但遭遇了困难的教师的建议

绘本阅读的组织形式应该更加开放、自由，让每个学生都有参与交流的机会。生生互动可以提高学生对交流活动的参与度。交流的主题要开放、多元，最好能鼓励学生就自己感兴趣的话题参与交流。

改变绘本阅读教学中单一的"你读我说"的教学模式，可以激发学生的好奇心，让学生猜一猜绘本的内容；可以设计话题讨论，让学生说一说各自的看法；还可以鼓励学生写一写读后心得，一起分享阅读成果；也可以开展创造性的拓展活动，如演一演故事内容、编一编自创绘本等，让学生体验创作带来的成就感。总之，要以快乐为终极目标，运用一些有效的阅读策略，调动学生阅读的积极性，促进学生阅读能力的发展。

2. 展望

在绘本阅读教学实践中，我一边实践一边阅读了大量有关绘本的文献资料，对绘本的功能有了更加深入的了解。绘本的功能是多方面的，作为语文老师，可以就绘本对语文能力的影响作进一步的细致研究；作为班主任，可以把绘本当作开展生命教育的资源。

【参考文献】

[1] 高娟. 小学高年级语文阅读教学研究 [D]. 辽宁师范大学，2010.

[2] 岳乃红. 班级读书会 ABC [M]. 北京：北京师范大学出版社，2007.

[3] （日）松居直，郭雯霞，徐小洁译. 我的图画书论 [M]. 上海：上海人民美术出版社，2009.

[4] 方卫平. 方卫平儿童文学理论文集（卷一）[M]. 济南：明天出版社，2007.

[5] 方卫平．儿童文学接受之维［M］．武汉：湖北少年儿童出版社，1995．

[6] 郑荔．绘本对儿童成长的影响［J］．家庭与家教（现代幼教），2008，（4）．

[7] 郭思乐．教育走向生本［M］．北京：人民教育出版社，2001．

[8] 丁诚中．如何理解绘本的概念及其特性［J］．家庭与家教（现代幼教），2008，（2）．

[9] 郭晓莹．悦读：基于儿童的图画书阅读［J］．福州教育学院学报，2010，（6）．

[10] 肖建霞．论绘本阅读与幼儿成长［J］．山东教育，2008，（12）．

高中体育选项课实施的必要性及实施管理方案研究

楼 巍

一、高中阶段实施体育选项课的必要性

1. 学生方面

（1）选项教学是培养学生体育观的最好方式

首先，选项教学建立在学生个人兴趣的基础上，学生有主动学习的意愿。其次，选项教学可以更加系统地培养学生的运动技能，增强他们对体育项目的喜爱，从而帮助他们找到能陪伴自己一生的体育项目。

（2）选项教学能充分调动学生学习的积极性和主动性

选项教学可以使绝大多数学生根据自己的意愿和兴趣来选择运动项目，将过去那种"要我学"的课堂学习状态转变为"我要学"的良性学习状态，有效地提高了课堂教学的效率。

（3）选项教学可以提高学生的社会适应能力

选项教学不再以原有的行政班为单位上课，而是由不同班级的学生根据自己的意愿和自己所喜欢的体育项目重新组合，形成新的班级。这种新的班级形式为学生提供了新的人际交往平台。学生在新的学习团队里与他人沟通、交流以及合作的机会会更多，因而可以更快地提升自身的人际交往能力。

2. 教师方面

（1）选项教学可以更好地发挥教师的专业特长

现有的师范教育均采用专业为主、其他项目为辅的教育方式，这样培养出来的中学体育教师必然在专业项目方面相对较好。但在传统的中学教学模式中，教师并不是只教好自己的专业项目就能"万事大吉"，而是要承担起诸如篮球、排球、足球、田径、羽毛球、乒乓球甚至游泳、网球、毽球等几乎所有体育项目的教学任务。这就给体育教师带来了不小的压力。在教授自己的专业项目时，由于受教学课时数所限，他们难以尽情发挥；当遇到其他项目，特别是自己相对较弱的项目时，他们则会显得信心不足。这两种模式

的脱节对教师的教和学生的学都不利,而选项教学模式却可以很好地解决这个问题。由于教师教的都是自己的专业项目,所以能充分调动起教师的教学积极性,更能显示出教师的专业水平和能力,课堂教学效果会得到极大的提升。

(2) 选项教学可以促进教师专业素养和能力的全面提升

选项教学的时数相对较长,通常是以学期为单位。经过长时间的学习,学生的身体素质和运动技能水平会不断提高,有时甚至可以"挑战"教师,学生对教学的深度和广度的要求也会越来越高,这样就会给教师带来很大的"压力"。面对这种"压力",教师会自觉地加强业务学习,不断提升自己的专业技能水平和教学组织能力。

3. 选项教学更加有利于教学的组织和管理

(1) 教学组织效率更高

由于选项教学班是以学生的意愿和兴趣为前提组合而成的,所以学生在学习中更主动、更积极,相对减轻了教师教学组织的难度。

(2) 教学场地和器材的安排更加合理

在传统的教学模式中,教学场地和器材的安排是以年级为单位进行的,无论怎样协调均无法避免出现场地冲突和器材不够用的现象。而选项教学就可以有效地避免上述现象,使学校场地和器材的使用更加合理,从而保障课堂教学的效率。

(3) 安全管理更加到位

在传统的教学模式中,由于教学内容的安排不同,会出现一部分学生在这个场地练习某个项目,而别的学生在其他场地练习另一个项目的情况,教师的安全管理工作很难做。而在选项教学模式中,上课的场地和内容都比较一致,方便教师进行有效的安全管理。

综上所述,学校在高中阶段实行体育选项教学非常必要,是大势所趋。

二、高中体育选项课实施管理方案

1. 课程设置目标

(1) 培养学生对体育运动的兴趣,使他们意识到积极参与体育运动的重要性,并帮助他们找到自己的终身运动项目。

(2) 培养学生良好的心理素质。

(3) 让学生具备较高的专项技能水平以及更多的专项知识。

(4) 让学生掌握基本的体育及保健常识,发展学生自我锻炼的能力。

2. 课程设置对象

高中年级。

原因:学生相对成熟,已经接触过很多运动项目,运动的兴趣也相对固定。

3. 教学内容、教学目标及学习周期

(1) 身体素质与体质健康测试项目。

(2) 专项知识、基本体育常识、保健常识。

(3) 专项技能水平的提升。

(4) 要根据学生的具体情况安排教学内容,可以参考学生的技能水平进行分层次教学。

(5) 一学期为一个学习周期。

4. 选项(专项)设置的依据

(1) 根据学生的兴趣。

(2) 根据学校的场地和器材情况。

(3) 根据师资力量及其专项技能水平。

5. 考核内容(百分制)

(1) 身体素质与体质健康状况。

(2) 专项知识、体育及保健常识。

(3) 专项技能水平。

(4) 学生的出勤情况及其对课程的态度。

6. 选项教学实施步骤与方法

(1) 召开所在年级的学生会议,让学生了解体育选项课的含义、目标及实施方法。

(2) 根据师资水平和学校条件确定选项范围。

(3) 通过问卷调查,统计各项的大致人数。

(4) 根据调研结果、场地器材、教师专业确定最终项目。

(5) 安排教师和场地。

(6) 正式选项与调剂:若年级人数少,则以年级为单位进行选项;若年级班较多,则可以考虑分成两到三个段进行选项。

(7) 排课需要注意两点:上课时间不能和其他体育课冲突;如果按年级

分段上课，那么几个段的上课时间应相连，以方便安排场地和器材。

(8) 确定上课地点，并进行必要的调剂。

7. 教学计划的制订

根据学习内容和目标制订好学期计划、单元计划、课时计划。要求制订的计划是动态的，要及时根据学生的学情加以修改和调整。

8. 实施与管理

(1) 加强对学生的考勤管理，有违纪情况要及时处理并将情况反馈给教研组。

(2) 加强对教师的管理与考核，建立完善的考核制度。

(3) 教研组定期组织活动，促使教师不断提升专业技能。

(4) 定期召开备课组管理会议。

9. 安全问题

(1) 教师要做好相关的安全防范措施，做到该写的（教案）写到，该说的（课堂中间要有安全提示）说到，该做的（做好场地和器材安全检查，在课堂中注意安全监督和管理）做到。

(2) 培养学生树立安全意识，掌握一定的安全常识。

(3) 要有安全预案。如出现安全事故，要根据预案及时、妥善地处理。

三、高中体育选项课存在的主要问题和解决办法

1. 报志愿问题

从现有的高中体育选项课来看，大多数学生的第一志愿都可以得到满足，只有少部分人的第一志愿因人数限制问题而不能满足，但他们的第二志愿都可以得到很好的满足。

还有一种情况就是，有一部分学生两个学期的选项都是以第二志愿分的班，所以心中可能会有不满。但这也是正常的。解决办法：(1) 加强和学生的沟通；(2) 在可能的情况下，对这些学生的选项安排进行调剂。

2. 天气问题

高中体育选项课的一些项目要在室外进行，所以不可避免地要受天气影响。对于传统的行政班来说，直接组织进班，任课老师比较好管理。但上选项课的学生不是以行政班为单位上课的，而是各个班级中选相同项目的学生聚在一起上课，这样就给组织和管理带来了一定的难度。

解决办法：提前做好预案，下雨时学生回到自己原来的教室上课。哪个班由哪位老师负责管理，具体上什么内容，都要提前安排好。这样，一旦下雨，老师和学生都知道在哪里上课。

3. 管理问题

高中体育选项课打破了原有的以行政班为单位的上课方式，使来自不同行政班的具有相同兴趣的学生聚在了一起。虽然他们上课时的积极性提高了，但由于班级的形式和以往不同，学生和老师都有些不适应，他们的班级概念都相对淡化，这就给管理带来了一些新的问题。具体表现为学生的时间观念比较差，组织纪律性不强；个别教师也可能在管理上也比较松懈。

4. 应对措施

（1）要求所有教师都执行双点名制度，即上课、下课点两次名，课中还可进行抽查。点名时，可以将学生分成小组，由组长上报人数。

（2）如出现违纪情况要及时上报给备课组、教研组、班主任、年级主任，与他们进行沟通，做到齐抓共管。

（3）年级主任不定期地抽查上课情况，重点加强对学生的到位率、上课状况的检查，发现问题及时和教师沟通。

（4）定期召开教研组、备课组总结会议，及时总结课堂教学情况，共同讨论出现的问题，并找出解决的办法。

中国画校本课程的开发与实践研究

包建建

一、课程开发的背景和意义

2001年国家《基础教育课程改革纲要》出台了三级课程管理政策，包括国家课程、地方课程和学校课程。过去，我们习惯了充当国家课程执行者的角色，用现成的教材去教学生。现在，国家把权力下放了，地方和学校拥有一定程度的课程自主权，能够共同参与课程决策。三级课程管理体制的确立，必然出现相应的"三级课程"，校本课程也就成了国家课程计划中不可或缺的组成部分。

中国画简称"国画"，它以笔墨为载体，积淀了深厚的中华民族的文化，是我国传统文化的精华，是文化艺术的象征和瑰宝，是一方艺术创造与思想升华的沃土。挖掘、发扬中国艺术的优秀传统，是继承和弘扬祖国传统艺术，提高儿童审美能力和创造性思维的重要途径之一。因而，在中小学广泛开展中国画教学，让学生从小接触、学习中国画，有利于培养他们对我国传统文化的热爱之情，这也是中国画传承与发展的重要途径。

国画作为中国的传统艺术，已有上千年的历史。它风格独特，在世界美术领域中自成体系，是世界画坛上一朵瑰丽的奇葩，同时也吸引了众多孩子的目光，用惯了水彩笔的孩子们都愿意尝试一下用毛笔来画画，儿童国画教学由此而生。分析国画的特点我们会发现，它的构图不受时空限制和焦点透视束缚，与儿童的作画特点非常相似，这是儿童学习国画的有利因素；而国画在运笔、用墨、用色等技法上有很多要求，这是儿童学习国画的不利因素。如何在教学中正确取舍、更旧创新，使之更适合儿童学习？这是一个值得我们研究的课题。

虽然当前儿童国画教材很多，但教学内容还是以传统的花鸟、山水题材为主，内容陈旧；教学方法还是以老师示范、儿童临摹为主，缺乏创造；教学手段也比较单一。这些都与目前素质教育所提倡的发展儿童的主动创新精神格格不入。那么，儿童国画教学的核心和重点是什么？如何将这博大精深的中国画文化有机地融入我校现有的课程体系中？我们该依据什么来选择国画教学的内容？怎样教才能促使儿童自主全面地发展……这些问题都需要我们进行实践和探索。

二、我校儿童国画教学现状

1. 现状概述

将中国画的教学内容穿插于各年级段的教学目标中，课时量少，缺乏系统性和连续性，而且一两课时的内容却要在工具材料的准备上大费周章，学生才略知些皮毛便结束了学习，所以很多学校干脆放弃了对国画的教学，学生很难对中国画进行较为深入的了解，更谈不上对民族文化的传承与发扬了。我校目前采用的是广东版《美术》教材。该教材以新课标为依据，将学科知识归结为四个学习领域，即"造型·表现""设计·应用""欣赏·评述""综合·探索"。当前的美术课程，由于我校体制（住宿制）的原因，以及许多课程资源（如工具、材料、场地、社会实践活动等）的缺失，无法有效地达成教学目标。因此，本组教师经多次调查与研讨后，拟在我校开设中国画校本课程，进行实验性教学研究，以真正实现教学内容与教学资源的互补。

我校现有美术课程的编排为一至三年级每周2课时，四至六年级每周1课时。小学阶段美术总课时约278课时，中国画课程开发约90课时（一至三年级共60课时，四至六年级共30课时）。

为了顺利实施中国画校本课程的开发，本组教师在2006年下学期便开始了前期的准备工作：2006年在各年级段适时进行了3周的中国画基础教学；2007年上学期课时又增加至5周。经过两个学期的实践，教师们摸索出了一些中国画的教学方法，并取得了较好的效果。

2. 资源分析

我校隶属于广州外国语大学，办学条件相对优越，师资力量比较雄厚，教师队伍专业、年轻，且有多年开展各项活动课的经验；我校的5位美术教师中，两位是国画专业，其余都有一定的国画基础，参加过专业的国画学习与培训；我校属于收费较高的民办学校，学生的家庭经济状况普遍较好，能为国画学习提供相应的经济支持；我校硬件设施齐全，电教、多媒体等设备能满足教学的需求，绿化建筑、园林布局等能满足学生的写生需求。

三、课程开发的整体目标

1. 通过对儿童国画教材、教法等的研究,确立一套儿童国画教学的目标体系,建构一套符合儿童年龄特点的国画教材,探索有利于儿童学习国画的教学方法、形式和手段。

2. 让学生接触、了解、喜欢国画这门民族艺术;培养学生对艺术的敏感性,挖掘学生的审美创造潜能,促使学生自主全面发展。

3. 通过国画学习,培养学生的审美能力,从而提高学生的综合素养与能力,激发学生对传统国画艺术的热爱。

四、课程开发的基本原则

1. 坚持以学生发展为本的原则

中国画校本课程开发要从学生的实际出发,考虑学生的需要、兴趣与经验,尊重学生的自我选择,注重学生的个性发展、潜能开发、能力培养,充分发挥中国画校本课程的最大育人功能,让每一个学生的潜能都获得充分、和谐的发展。

2. 坚持发展学校特色

要充分体现广外外校的育人理念和艺术特色,发挥本校的现有优势,挖掘教师的自身潜能,利用自身资源完成中国画校本课程的开发。我们不能效仿照搬他校的做法,而是要充分体现本校师生的自主性和创造性,使中国画校本课程具有鲜明的、独特的外语学校特色。

3. 坚持以教师为主体的原则

中国画校本课程开发的主体是教师,而不是专家。教师可以与专家合作,但绝不能由专家编教材、教师教教材(大部分校本课程不需要发给学生教材)。教师是校本课程开发的主人,而不是消极的接受者,所以必须以教师为主体,充分发挥教师在课程开发中的主动性和创造性。

4. 坚持与《美术》教材互补的原则

国家课程、地方课程和校本课程共同构成了基础教育课程的有机整体。这三级课程虽然实现不同的课程价值,承担不同的任务,履行不同的责任,但它们拥有一个共同的培养目标,即从不同方面促进学生的全面发展。三者不能相互替代，不能用国家课程、地方课程挤占校本课程，也不能将校本课程变为国家课程的延伸、补充和翻版。

5. 坚持课程资源整合的原则

中国画校本课程开发要充分利用、整合校内外的课程资源，立足于我校的现有条件，最大限度地挖掘、利用我校的课程资源与网络资源，努力把蕴藏于师生中的生活经验、特长、爱好等转化为课程资源。同时，还要充分利用和拓展校外资源（如积极与白云区和广州市教研室沟通、交流，寻求家长的支持与帮助，引导学生充分利用网络资源等），并进行资源的整合。

五、课程开发的构想及策略

中国画校本课程开发之初，我们便商讨了一个整体发展的思路，即由低段的儿童式国画，向中段的传统式国画发展，再向高段的创新式国画发展的三段式发展模式。力求做到既符合学生在不同年段的认知特点，又符合由浅入深、层层递进的阶梯式发展的教育规律，同时在认知情感和知识结构上体现出"放——收——放"的教育策略。具体思路呈现如下：

儿童式国画 (过程的规范、审美趣味提高)	传统式国画 (综合积累、探索实践)	创新式国画
低段	中段	高段
放	收	放
(消除畏难情绪)	(规范、尊重知识结构)	(激发创作情感)
接触——体验——了解	规范——提高——积累	探索——写生——创造

低段：兴趣吸引、情感培养、习惯养成。
中段：情感培养、习惯巩固、技法探索。
高段：素材积累、综合实践、个性创造。

六、学段目标及要点

1. 一、二年级阶段目标及要点

本阶段目标：

（1）工具材料介绍。笔、墨、纸、砚以及颜料的性质特点。

（2）学习线描画，养成握软笔的正确姿势和良好坐姿，提高学生对中国画中线的认识。会用软笔题款，书写较规范、工整。

(3) 认识笔墨、色彩（浓、淡墨的变化）。

(4) 中锋、侧锋、顺锋、逆锋以及点、染的基本笔法。

为一、二年级学生安排的活动主要是水墨游戏、涂鸦游戏，如画彩虹、蜘蛛网、小鱼儿等。老师有意识地选择一些鲜艳的颜色（因为鲜艳的色彩更容易出效果），让孩子用毛笔涂画，这样做的目的是先让学生觉得"好玩""我喜欢"，并通过涂鸦，熟悉毛笔的特性。鉴于低年级学生对色彩的感知特点，开始阶段可暂时不提供墨，等学生对工具和材料有了初步的接触和了解之后，再给他们提供水和墨，告诉他们可以将水和墨调在一起画，然后让他们自己调墨，自由涂抹，这样，学生就会在调与画的过程中发现水与墨的关系。有的墨色深（墨多水少），有的墨色淡（水多墨少），老师可据此教授学生浓、淡的概念。学生对用水、用墨有了初步的了解和掌握后，老师便可选择一些简单的蔬果或小动物的形象（如红辣椒、樱桃、小蝌蚪、小鱼儿等）让学生画，让他们体会到绘画的乐趣。在这之后还可以再提高一些难度，让学生临摹一些简单的东西，使他们在临摹的过程中掌握最基本的用笔（中锋、侧锋）、用水、用墨（浓、淡）的方法。例如，引导孩子尝试用浓墨画主体，用淡墨画背景；以简笔画的形式让学生尝试"勾线""点染"等。

本阶段要点：

情感培养、习惯养成、技法体验。具体包括兴趣、情感的培养；想象力的启发和创造性思维的开发；注意运笔的感觉体验；了解国画的工具和材料以及作画的基本程序，自由运用各种手法（勾线、涂染），感受自由运笔的感觉，初步了解用笔以及不同浓淡的用墨所产生的不同效果。

2. 三、四年级阶段目标及要点

本阶段目标：

(1) 继续培养学生对中国画的兴趣，使他们能较熟练地运用中锋、侧锋、浓淡、干湿等不同的技法。

(2) 学习用笔的中、侧、顺、逆、提、按、顿、挫等方法。

(3) 进一步学习墨色变化（焦、浓、重、淡、清）和泼墨、破墨（浓破淡、淡破浓）等技法。

(4) 介绍一些中国画的构图知识，使学生在低段基础上适当扩大画幅，并能给画面命题题款。

(5) 学生能以简单的静物、花鸟为主要内容，把老师给出的题材组合成画，完成构图饱满的中国画作品。

（6）学生能大胆地运笔、用墨，并进行简单的自由组合配画。

本阶段是前一学习单元的深入和补充，要求学生能用传统的笔墨手法表现一些简单的蔬果、花鸟、动物、景物等，并在画国画的过程中掌握一些传统的国画知识（如国画的构图、笔墨技法等）。在教学内容的选择上应符合学生的心理特征，选择的对象贴近他们的生活，如西瓜、白菜、蘑菇、辣椒、花瓶、青蛙、小鸡、荷花、荷叶、芭蕉、金鱼、麻雀等，这些学生在生活中非常熟悉的形象会激发他们的兴趣，降低难度。知识要点可囊括"墨分五彩""泼墨""点染""勾勒"和笔法的起落、转折、顿挫等。

本阶段要点：

情感培养、巩固习惯、技法探索。具体包括兴趣、情感的培养和习惯的巩固；对笔墨变化的体验和创造；对笔墨变化由浅入深、由粗到细的感悟，由低段浓淡墨色的变化到高段墨分五彩的理解（感性的认识到理性的分析），由信手涂鸦到对律动、韵味、节奏的感悟。

3. 五、六年级阶段目标及要点

本阶段目标：

（1）逐步将学生对中国画的兴趣转变为需求。

（2）巩固花鸟画的技法，使学生能独立完成有一定创意和笔墨情趣的花鸟画作品。

（3）学习国画的肌理表现技法。

（4）学习了解简单的人物画技法（临摹当今名家的较简单的水墨人物作品，联系生活进行创作）。

（5）学习简单的山水画技法（点、染、皴、勾），并结合校园写生进行创作。

（6）要求能对中国画作品发表自己的独特见解（名作赏析）。

高段学生可重点加强对名家名作的欣赏（提升对中国画的感悟力），加深对肌理表现技法的探索和运用，多进行写生和综合创作。这样做的目的是通过综合积累完成个性创造，最终实现以国画形式表达自我感受的目标。对肌理表现技法的探索包括揉纸法、填色法、点染法、平涂法、擦染法等。教学内容可选择一些树木、房屋、山石或场景写生等。

本阶段要点：

情感升华、综合积累、个性创造。具体包括使学生对中国画的认识上升到一定的高度；当学生综合积累达到一定水平时要激发他们的创作热情；激励学生以笔墨意趣个性化地表达自己的感受。

七、课题研究的内容及方法

为保证国画校本课程开发的实用性、有效性和科学性，本课题组的成员在课程开发方案中都明确了各自的课题研究内容：

1. 包建建：将国画教学融入我校的日常课堂教学活动。

研究要点：探索如何充分利用我校现有的美术课程资源，将国画教学有机地融入日常教学活动中，对学生进行有效的影响和熏陶。

2. 王琳：对国画的作画工具、用材，以及教材、教法的研究。

研究要点：通过对儿童国画教学中的作画工具、材料，教学内容、形式、方法等的探索，建立一套适合学生年龄特点、学生乐于接受的教学计划和方法体系。

3. 昝瑾霞：对国画教学中该如何培养学生的创新意识和创作能力的研究。

研究要点：探索如何根据学生的发展水平，采用适当的方法，分阶段、循序渐进地培养学生的创作能力及勇于探索、敢于尝试的精神。

4. 王硕铁、杨晨薇：对国画教学中该如何培养学生非智力因素的研究。

研究要点：研究如何在国画教学中，挖掘多种教育资源，采取何种方式，培养学生良好的行为习惯（如做事有条理、正确使用工具等）和个性品质（如喜欢民族艺术、自信、坚持到底、宽容合作等）。

5. 万红靖：对多媒体辅助国画教学的研究。

研究要点：从学生的认知规律、情趣创设、课堂结构等方面研究多媒体在国画教学中的价值、地位、方式和方法。

八、课程开发及实践过程

本校国画校本课程的开发和实践过程经历了以下三个阶段：

1. 前期准备阶段（2006年9月～2007年7月）

（1）确定课题的研究对象和课题操作者。

（2）学习有关理论，收集相关资料。

（3）制订课题研究方案并不断修正。

例如，小学中国画校本课程教学的准备工作有以下几个方面：讨论并设计中国画校本课程教学的内容；制订小学中国画校本课程教学的工作计划，并讨论交流；确立教学的重难点；请教名师、查找资料，加强业务学习，更新教育观念；提高教师的专业水平和教学技能；了解学生的中国画水平。

2. 具体实施阶段（2007年9月～2009年2月）

（1）细化课题方案并实施。

（2）进行（学段）系列性总结，调整、完善实验课题。

2007年9月～2008年1月：成立中国画教学研究小组（美术组全体教师均为组员），在小组活动中进行教学实验；选取儿童喜闻乐见的中国画素材，确立小学中国画校本课程教学的课例；编选教材；以笔墨游戏为主，让儿童学习一些简单的技能技法；创设良好的环境，激发学生的学习兴趣；举行中国画作品展；撰写学期研究论文，反思教学行动；举办校内"中国画校本课程教学"研讨活动（评析），并汇报本学期中国画校本课程教学的情况。

2008年2月～2008年7月：对作画工具、材料，教学方法，教学形式等进行研究；培养学生的中国画欣赏能力和创作能力；参加第13届全国中小学生美术书法摄影作品展；举办国画作品展；撰写有关国画特色教育的论文，交流教学心得；进行中期成果汇报。

2008年9月～2009年2月，引导学生使用画中国画的工具进行写生，使其在写生过程中体验快乐；培养学生的观察能力；教学生既要学会画画，更要学会做人；活跃本校中国画特色教学的气氛；举行中国画绘画比赛；对中国画教学进行深入的研究与反思并不断进行总结，调整计划。

3. 总结结题阶段（2009年2月～2009年6月）

（1）收集整理中国画校本课程的教学设计方案。

（2）编撰相关资料，包括教师的研究论文、经验总结报告、教育随笔、个案资料。

（3）编制儿童国画作品集，做好成果展览布置工作，召开结题汇报会，进行成果鉴定。

（4）完成中国画校本课程教学研究报告，编写小学中国画校本课程的教材。

九、课程的管理与评价

1. 课程开发过程管理中几个方面的工作

(1) 教师培训

在国画课程的开发过程中,为保证师资的专业性,本课题组以备课组为单位,进行了两年半(5个学期)的国画专业训练,每个教师的专业培训总学时均达 80 学时以上。通过系统的专业学习与培训,本课题组教师的国画水平得到很大提高,已完全能胜任国画教学工作。需要特别说明的是:本组的大部分教师为非国画专业,但为了教学的需要,他们本着"能者为师"的精神,积极主动地自学国画专业知识。所有专业学习均系他们利用休息时间由集体组织完成,从未影响正常的教学工作,也未曾向学校申领、报销过任何培训费用。

(2) 落实对教学工具、材料的安排

俗话说"巧妇难为无米之炊",为保证教学工作的顺利开展,除了积极培训教师以外,每学期一开始本课题组便积极申报、购买国画教学所需的工具和材料,使教师能顺利开展教学工作。

(3) 保证课时

自 2007 年以来,本组教师便在教学计划中明确了每学期均要在一至六年级开设 5 周的国画课程(符合国家规定的占总课程量的 11%～25%)。每个学期教师都制订详细的课程计划和学时安排,所有的听课记录和教案的检查结果均表明课程实施落实到位。

(4) 教学研讨

本校国画课程的开发,完全出于学校的内部需要,所有课程均系自主开发,实施过程中经历了"实践——开发——反思——改进"的"草根式"开发模式,老师们通过实践、研讨、交流,不断地修订、完善教学目标和教学计划。4 年来仅课程方案就进行了无数次修订与补充,课题内容也做了较大的调整,经过不断地改进,我们的教材内容逐步呈现出适应性、科学性与系统性的特点。

(5) 教学效果展示

在课程开发期间,本组教师不断为学生搭建展示学习成果的平台。除了每学期定期举办师生画展,评选出优秀小画家外,老师们还用学生的得意作品装扮教室，既美化了教室环境，又调动了学生的学习兴趣，受到其他学科教师及家长的好评。

（6）教师专业考核

为保证国画课程的顺利开展，本课题组每学期均进行专业的国画考核，考核结果与教师的期末考评直接挂钩，有效地促进了教师专业技能的发展与提升。

（7）科研课题落实

本组教师将学校科研计划与国画课程开发相结合，提出了具体的课题研讨项目，现已圆满完成了国画课题的相关研究——共计3万多字的课题研究论文和报告。

2. 建立国画校本课程的评价体系

国画校本课程的评价体系包括四个方面，即对教材本身的评价、对教师专业素质的评价、对教师课程实施的评价、对学生成长的评价。

（1）对教材本身的评价

将课程开发的成果上报至教科室，进行科研认定和评审。

（2）对教师专业素质的评价

按教师专业考核制度进行评价，同时定期举办教师作品展和教学经验交流等活动，促进教师自身专业的发展。

（3）对教师课程实施的评价

主要是对教师教学过程的评定，包括对教学准备、教学方法、教学态度等方面的评价。将校本课程纳入常规课程的管理体系，依据学校的"备、教、改、评、考"等相关的考评体系进行评价管理，以保障课程的顺利实施。

（4）对学生成长的评价

首先，我们本着新课程所倡导的"立足于过程"的发展性评价的精神，采取形成性评价和终结性评价相结合的方法，如平时成绩打分、期末国画考核、优秀作品展示、举办画展等，尽量激发学生的学习热情。其次，拍摄保留学生自己认为优秀的作品（课堂作业、创作作品、临摹练习等）放到校园论坛上（家校互联），由教师引导学生进行对比评价。几个月甚至几年之后，当学生再去看那些作品时，一定会发现自己又长大了、进步了，而这些作品给他们带来的成功体验将陪伴他们走过以后的人生道路。

十、研究成果

1. 学生的发展

张扬了学生的个性，满足了其个性多元化发展的要求，使学生的潜能得到了较大的开发。

2. 教师的发展

促进了教师专业素质的发展，提升了教师进行课程开发的能力。

3. 学校特色的发展

校本课程的开发与实施，创设了丰富多彩的人文环境，凸显了学校的特色。

4. 科研成果

校本课程开发方案（课题研究方案）；校本教材（1～6年级5个课题的电子版及印刷用CDR设计文档）；教师培训资料（国画基础资料、教师专业学习照片）；参考资料（课件素材、课题图片素材、视频素材）；教案；课题研究（各教师相关课题研究论文资料）；学生作品（课堂作业、习作照片）；教师习作、示范作品；课堂照片。

5. 课程对学生能力发展的影响

（1）有助于学生知识与技能的培养

学生通过中国画基础课程的学习，对中国画有了初步认识，掌握了中国画造型的基本规律和一些基础技法，具备了一定程度的中国画欣赏能力、创作能力和审美能力，部分优秀的学生还能进行中小幅国画的即兴创作和现场展演。

（2）有助于学生情感、态度与价值观的培养

从一开始我们便将国画定位于开发智力、培养创造性思维和高尚情操的一种手段，其次才是对技能技法的掌握。因此，在日常教学中，教师更关注的是让学生去体验、了解国画，培养他们对国画的兴趣。例如，完成一件作品不仅需要孩子的眼、脑、手等各个器官的高度统一与协调，而且还与孩子的耐心、细心、荣誉感等情感因素密切相关。从这方面来看，国画教学有效地锻炼了孩子诸多方面的能力，丰富了其情感。最直观的表现为：大多数孩子能从随意地涂抹过渡到冷静、客观地表现，能从不敢下笔到敢于独立大胆地进行创作，能从对国画一无所知到能对大师抑或同学、自己的作品品评一

二……当他们从手忙脚乱到有条理地收拾书桌与学具时，我们不能不承认中国画的学习对学生各项能力的提升都具有重要作用。

随着国画课程的开发与实施，我们还创建了少儿书画演艺团。广外外校少儿书画演艺团以弘扬民族文化艺术、激发学生对传统国画艺术的热爱为宗旨，以培养学生的审美能力和提高学生的综合素质为目标，以交流展演为平台，是不断推动我校国画课程发展与进步的特殊团队。该团队自创建以来，坚持狠抓团员的基本功训练，积极参加校内外的各种艺术展演和比赛，取得了辉煌的成绩。自2009年以来，该团学生的作品多次在报纸杂志上发表，并在各项大型比赛中获奖，多名学生的作品被赠予韩国、俄罗斯等国家的领事馆收藏。孩子们稚拙生动的国画作品，不仅使国际友人领略了中国画的独特魅力，更展示了广外外校学子良好的文化素质。

这些成果的取得，是我校师生不懈努力的结果，是对我们课程开发的充分肯定，更使我们进一步明确了课程开发的方向，坚定了对国画课程开发的信心。我们相信，随着国画教学的深入开展，国画校本课程教学一定会为我们的孩子创设一个展示自我、发展个性的空间；会有更多孩子对我国的传统文化艺术感兴趣，国画教学一定会成为我校艺术特色课程中最独特、亮丽的新风景。

我们的公民教育课

程晓峰

教育家陶行知曾经说过："千教万教教人求真，千学万学学做真人。"那么我们该做怎样的人呢？长期以来，中国的德育工作，主要是进行思想道德教育，我们的目标就是培养具有良好道德品质的"四有"新人。从董存瑞、黄继光、邱少云、雷锋，一直到20世纪80年代的张华、90年代的陈英……我们所接受的教育一直都是"为了救别人，宁愿献出自己的生命"。那时候许多学生最不爱上的就是政治课，认为其内容均是假大空。今天我们作为品德老师，该教些什么？怎样教？对此，我困惑了很多年。随着新课程改革的推进，在全世界开展得轰轰烈烈的公民教育在我国越来越受到重视。

一、为什么引入公民教育

（一）国家发展形势所趋

公民教育，简单地说就是以公民的本质特征为基本内容，旨在使受教育者正确认识自己的权利，积极而负责地参与国家和社会公共生活，以推动国家和社会的发展为目标的各项教育活动。

公民教育在国外起步较早，也较有成就。如新加坡、韩国、新西兰等国家，国民素质很高，这和他们的公民教育做得成功不无关系。

那么，公民教育在我国的发展情况如何呢？"五四运动"前后曾有人提出公民教育思想，但没有展开具体实践。直到20世纪90年代，国内有些学者才对公民教育提出了一些看法。新课程改革开始以后，我国的公民教育核心理念逐渐形成。2001年，国家颁发了《公民道德建设实施纲要》，第一次提出"爱国守法、明礼诚信、团结友善、勤俭自强、敬业奉献"的基本道德规范，明确提出要把学生培养成为热爱祖国，具有社会公德、文明行为习惯、遵纪守法的社会主义公民。

2003年以来，以杨东平、张明澍、王雄为代表的专家开始编写第一套公民教育教材。2006年《新公民读本》正式出版，确定了新公民课程的教学目标是培养认同、理解、遵守与维护国家宪法,关心及参与公共事务,具有独立思考能力,敢于承担责任,对民族的传统和文化有归属感的现代公民。

(二)公民教育与传统教育的差异

1. 它要求公民遵循基本的道德规范,但不追求先进的、完美的道德。

2. 公民教育是一种面向所有人的、更为普遍适用的教育,以合法性、合理性为基础。

3. 它强调理解个人与国家、社会的关系和责任,而不是强调个人对国家、社会的绝对服从。

4. 它以公民对社会的要求为基本取向,而不是仅仅包括了执政党的主张和价值取向。

5. 它以实然的合理性为本,而不是以应然的道德性为本。

公民教育与传统教育的目标定位有很大的不同,公民教育回归的是德育的历史原貌。中山大学校长李萍教授称公民教育是"新时期品德教育的悄悄转型"。

二、公民教育作为广外外校校本课程的具体实施方法

自《新公民读本》出版以来,广外外校小学部就正式参与了公民教育活动,具体做法有三个方面。

(一)通过专门的课程和课例进行公民教育

在"变化的社区"一课中,老师先通过"小区名字大比拼"让学生了解名字中所蕴含的人们对美好家园的期盼;随后老师给出有关理想家园的蓝图,让学生了解理想与现实之间的差距;最后通过全国范围内新旧社区的对照,以及广州本市的发展变迁,让学生感受生活的发展变化。

"合理购物 ABC"一课给大家留下了深刻的印象。开课之初的"价格大竞猜"让学生体验到购物的乐趣,从而引出了价格背后所隐藏的秘密;紧接着,"超级购物王"这一活动让学生在游戏中辨别真假、区别好坏,养成合理购物的好习惯。

随着身边以车代步的现象越来越多,引发了教师和学生对有关汽车的话题的讨论。从车标竞猜到国产汽车与进口汽车的PK,共同回顾了我国汽车的发展简史,找出了国产汽车与进口汽车的差距,分析了我国汽车普及率低的原因,并根据这些对中国汽车行业的发展提出了建议,预测了中国汽车行

业的发展前景，同时还得出结论：低碳环保将是世界汽车行业未来发展的方向，是大势所趋。

在"我的社区"一课中，为了把课堂真正地还给学生，让学生主动讲述自己感兴趣的话题，教研组的老师们自建了一个"小学生探究网"，为学生搭建了一个个性涂鸦的网络之家。这也成了老师们传递"生活事件"的一个载体。

还有"从一粒米说起""我是家庭小主人""我爱家乡""学会与人相处"等课题，都从不同的角度引入了公民教育。

（二）通过开展各种公民实践活动实施公民教育

1. 新公民一月行

我们把引导学生关注社会、参与社会实践，培养学生的社会责任意识，促进学生健康成长和全面发展作为公民教育实践活动的目的，在2009年开展了"新公民一月行"实践活动，其策划方案如下。

活动目的：

（1）帮助学生适应公共生活，培养其公共道德与智慧。

（2）采取规训为主、实践体验为主的"双主"策略，组织和指导学生开展专题教育活动。

（3）探索新公民教育行动的评价方式：形成性评价和终结性评价相结合，以形成性评价为主；单项评价与综合评价相结合，以综合评价为主；定量评价与定性评价相结合，以定性评价为主；单元评价和多元评价相结合，以多元评价为主；自主评价与他人评价相结合，以自主评价为主。

活动对象：小学六年级学生。

活动时间：2009年10月下旬至11月上旬，共4周。

活动形式：认知——践行——规训——评价。具体做法是，组织品德、心理和生活指导等相关科目的老师分别从各自的角度选择有关公民教育的四个教育点，按照每周一点的进度，通过指导和规训的形式，让学生在日常学习与生活中践行公民教育的内容。另外，通过多角色的自评和他评，让学生在行动中把认知固化成为自然的行为，实现公民教育的目的。

具体操作：

（1）班级分组：教师根据活动所需，将学生按5~7人一组进行分组，每组推选一名小组长负责组员们日常学习、生活情况的观察与记录（生活区以宿舍为单位进行分组）。

(2) 评价方式：周日小组长到校，教师将活动评价表发给小组长，由小组长负责对组员一周来的在校学习、生活、言行举止等各方面情况进行有针对性的考查、记录，并作出初评（分 A、B、C 三等）。周五离校前各小组长将评价表交给老师，活动结束时小组长进行汇总。

(3) 活动结果的利用：①协助班主任做好班级的教育与管理工作。一周小结后，任课老师要将评价结果及时反馈给班主任，以帮助班主任更全面地了解学生的情况。②为年级组有针对性地开展主题班会活动提供素材。③评选"活动之星"。在活动结束时，教师要对活动的具体情况进行简单的总结，要对学生的参与意识给予肯定，同时还要组织学生进行小组或班级范围内的交往讨论，评选出"活动之星"。

公民教育教育点的具体内容：

(1) 品德与社会素养（张骅）

周序	第一周	第二周	第三周	第四周
教育点	诚实守信	团结友爱	节能与环保	民主与协商
价值取向	引导学生在学习和生活中正视困难，勇于承认错误，做到诚实守信，并树立起责任意识	引导学生在学习和生活中礼貌待人，理解、信任并宽容他人，积极主动地帮助他人，不计个人得失	引导学生在学习和生活中节约用水、用电、用纸，热爱自然，关爱社会，树立起节约与环保的意识	引导学生小组成员在处理具体事件时，自由、平等地进行协商，通过交流与讨论，达成共识
评价重点	守秩序，遵公德，不说谎，做事恒	懂礼貌，讲宽容，知感恩，互帮忙	惜资源，护生态，勤节约、有节制	要民主，不强制，讲平等，多协商
评价等级	优 A、良 B、一般 C	优 A、良 B、一般 C	优 A、良 B、一般 C	优 A、良 B、一般 C

(2) 生活素养（生活部六年级组教师）

周序	第一周	第二周	第三周	第四周
教育点	遵守校规	自己的事情自己做	自信快乐	安全自护

续表

周序	第一周	第二周	第三周	第四周
价值取向	引导学生不带违禁物品返校，不打架闹事，严格按照学校的要求就餐、就寝、活动，做一个文明的小学生	引导学生在日常生活中合理安排时间，自我规划、自我管理，认真做好每天的内务卫生工作	引导学生在学习和生活中遇到问题或困难时，调整好心态，对自己有信心，不轻言放弃，不随便妥协	引导学生在日常生活中做到不追逐打闹，不推挤推搡，不拿尖硬物块丢人，不高空抛物，树立起良好的安全意识
评价重点	遵规守纪，文明有礼	认真、自觉，整洁、美观	心态好，自信，阳光，积极进取	不追打，不推挤，不做危险动作
评价等级	优A、良B、一般C	优A、良B、一般C	优A、良B、一般C	优A、良B、一般C

2. 我是小义工

围绕2010学年的活动主题，如"建美丽学校""迎和谐亚运""做文明公民"，我们把引导学生关注社会、参与社会实践，培养学生的社会责任意识，促进学生健康成长和全面发展作为活动目标，开展了"我是小义工"这一实践活动。活动设计如下：

（1）第一阶段：宣传、招募、筛选

①三到六年级的教师利用课堂时间，向学生介绍"义工"的含义以及他们所做的事情，尤其是学生义工在国内外的发展现状及其存在意义，使学生了解义工，号召学生积极地参与这项活动。

②认真筛选，不限班级、年级，选拔出真正肯做事、不讲条件、有爱心的小义工。

（2）第二阶段：制定章程、设定小岗位、外联广州市义工团队

小岗位的设定：①图书管理员；②邮局小邮差；③临时性岗位（听从大队部的指挥）。

（3）第三阶段：具体实施

每学年组织参与一次广州市义工团体的社会服务活动，安全是第一前提。

摘录义工活动记录两篇如下：

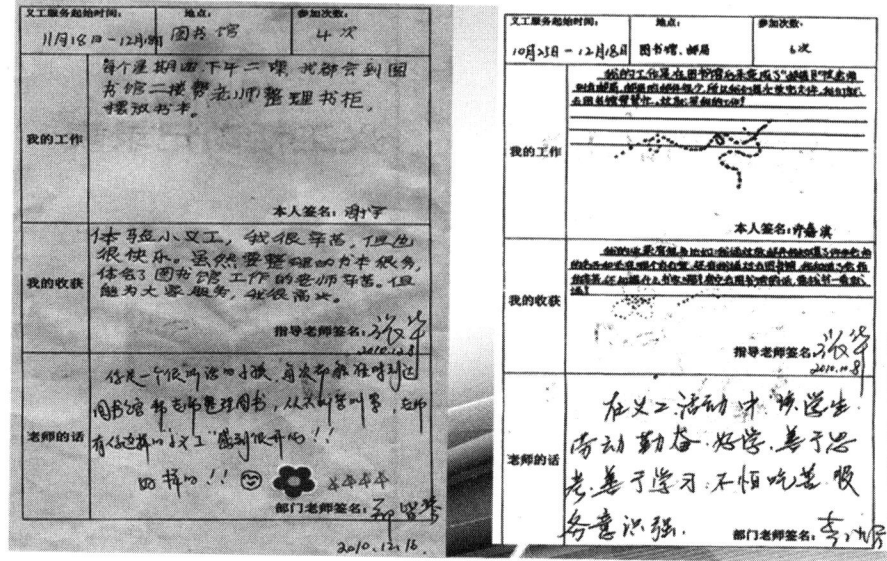

（三）以"生活事件"推动公民教育

生活事件方面可以做的课题有很多，如"撰写汽车尾气处理调查报告""番禺焚烧垃圾事件的调查与跟踪"等。

2010年亚运会期间，学校策划了很多公民教育活动。许多学生都参加了开、闭幕式的文艺表演，陈雨同学还是最具广东特色的"落雨大"节目中的演唱者，黄珊珊老师自始至终参加了一线的志愿者工作，六年级的学生也进赛场参加了志愿者采访等活动。这些活动再次向人们证明了广外外校的实力。

三、公民教育实施后的收获与展望

随着公民教育的开展，学生发生了令人欣慰的变化：在相互学习的过程中学会了倾听别人的意见；乐于实践，并在实践中提高了个人修养，增加了辨别是非的能力；能从以前熟视无睹的现象和事物中发现问题；能与小组成员共同思考和研究问题；以丰富的情感牵挂着人类的生存环境和动物的安危；用清澈的眼睛注视着环境的演变和污染；用稚嫩的小手描绘着自己家乡的明天。

十七大报告明确提出："要推进中国现代化的民主进程，就要加快公民教育的发展。"在未来的世界中，除了科技水平和经济发展水平之外，公民的素养也将成为衡量国家实力的标准之一。因此，为了使我国在未来的竞争中立于不败之地，我们有必要坚持实施公民教育。

也许广外外校的公民教育实践活动还显得很稚嫩，但以长远的眼光来看，它对学生的终身发展具有不可估量的重大意义。我们将继续探索、不断完善本校的公民教育，争取在这条路上走得更远。

器乐教学的理论研究与实践探索

杨金龙

一、问题的提出

器乐教学是音乐教学的重要组成部分,实施器乐教学,培养学生的音乐表现能力和自信心,成为越来越多音乐教育工作者的共识。课堂教学是我们基础教育的主要形式,实施器乐教学的主渠道在课堂,这就要求我们必须牢牢抓住学科教学这个阵地来进行器乐教学。为了在音乐教学中更好地实施器乐教学,我们必须以器乐教学的理论为指导,将继承传统和创新相结合,构建器乐教学体系,为广大教师在创新教育的教学实践中因材施教、优化教学过程提供一个"模式",并在理论和实践相结合的基础上,推动课堂教学改革。

二、研究目标

1. 构建适用于器乐教学的创新型教学模式。
2. 开发学生的创造性潜能,使学生学会创造性地学习,不断提高学习成绩,进而获得终身学习和发展的能力。
3. 培养一批创新型的教师。

三、学校简介及器乐类(竖笛)课程的开发背景

广外外校是一所集实验性、示范性、先进性于一体的省级规范化学校,它是由广东外语外贸大学于1993年9月创办的一所以英语为特色的素质教育实验学校。

广外外校现有小学教学班60个,中学教学班73个,共计133个教学班,在校学生5200余人,教职工730余人,占地面积0.2平方千米,师资力量雄厚,教学条件优越,生活设施优良。经过十几年的发展壮大,学校的

办学水平和英语特色、艺术特色都得到了社会的认可,被教育部认定为具有推荐保送生资格的全国13所外语学校之一。同时,广外外校是中国教育学会教育实验研究会的基地学校,承担了教育部"九五""十五"计划的重点教育科研课题的研究任务。2006年1月,经过省一级学校评估督导组的督导验收,我校被广东省教育厅批准为省一级学校。

学校设有艺术培训中心,共有舞蹈室4间、音乐室8间、器乐合奏室4间,琴房228间,专业音乐、器乐教师15人。全部课程均按照新课程标准的选项式教学进行。新课程改革要求每个学生在校期间必须完成至少一样器乐的选修,然而,学生对器乐类项目的学习热情却并不高,大多数学生虽喜欢器乐却不愿意去选修。于是,如何才能让学生积极主动地修完一门器乐课,成了我们艺术教研室所有教师必须面对和解决的问题。因此,我校在总课题组的指导下,进行了器乐教学中的创造性教育研究。我们已按照开题报告的计划和安排,顺利地完成了本课题的所有工作。在研究中我们发现,创造性的教育有利于在音乐教学过程中激发学生的学习兴趣,使他们能够积极主动地进行器乐学习。现将具体的实验过程简介如下。

1. 课题研究的正式启动

2010年10月课题《器乐教学的理论与实践研究》开题,这标志着该课题研究的正式启动。

首先,我们成立了以艺术总监为组长的课题领导小组,把本课题作为首要工作来抓,以保证课题研究的顺利进行。其中,分管校长、艺术总监、教研室组长负责监督课题的实施情况,艺术教研组的其他成员负责研究过程的具体实施,这些成员包括部分器乐教师和音乐教师。课题领导小组在成立之后,立即召开了所有人员参加会议,进一步明确了各相关人员的职责,统一了思想。校长明确表态:"艺术教研室应以这次课题研究为契机,进一步提高自身的业务素质,努力把自己塑造成为专家型、学者型的业务尖兵——所有处室都应该为课题研究大开绿灯,以保证课题研究任务的圆满完成!"

2. 进行课题研究培训

我们在课题实施前,对所有参与课题研究的教师进行了培训,培训的内容主要是国家"十一五"计划的精神和我们学校的子课题《器乐教学的理论与实践研究》的研究思路、研究方法和实施方案。

3. 子课题的实施过程

在开学之初,我们对本课题进行了大力宣传。我们首先利用学校的宣传栏宣传我校所承接的子课题的情况，然后利用音乐课为学生播放了一些器乐课的录像，介绍了器乐教学的新构思。对此，学生大多持支持的态度。

在课题实施的过程中，我们坚持每周举行一次课题研讨会，把本周出现在课堂上的亮点和问题加以总结，这样可以使我们每一节课的亮点多一些，问题少一些，进而使我们不断地总结改进，一步步提高；坚持听课制度，要求所有没有教学任务的教师深入课堂听课，并且写出自己的心得体会，以供大家交流。

在器乐课堂教学中，我们投入了很大的精力，这也是关系到本课题能否成功的关键。为了能够创造性地进行教学，我们充分利用网络查阅资料，进行外出学习，群策群力，共同攻关，如今已经有了可喜的进步。在课堂教学中，我们穿插了许多游戏，使枯燥的器乐课堂也充满了笑声。

4. 课程实施过程的跟踪反馈

为了能及时反馈课题的实施情况，我们会不定期地对学生进行随机调查，了解他们对课堂教学的满意程度。通过分析学生的课堂满意度，我们可以及时发现问题，并进行改进。

5. 提高教师自身的业务素质

为了提高教师自身的业务素质，每周一早上，全体音乐教师与器乐教师都要进行一小时的竖笛学习。由课题负责人带领大家共同学习，在教学过程中出现的问题可以通过大家的讨论获得及时解决。

6. 实验课题的年级基本情况

全校参加课题实验的班级为初中二年级共 15 个班，小学五年级 2 个班，合计人数 680 人。三年来，我们对课堂教学进行了基本考核。汇总情况如下：

实验班级	实验人数	器乐	考核类别（人数）			备注
			A	B	C	
初二（1）	40	葫芦丝	25	10	5	
初二（2）	40	葫芦丝	30	8	2	
初二（3）	40	葫芦丝	33	5	2	
初二（4）	40	葫芦丝	37	3	无	
初二（5）	40	葫芦丝	28	7	5	
初二（6）	40	葫芦丝	26	10	4	

续表

实验班级	实验人数	器乐	考核类别（人数）			备注
			A	B	C	
初二（7）	40	葫芦丝	31	3	6	
初二（8）	40	葫芦丝	33	5	2	
初二（9）	40	葫芦丝	32	3	5	
初二（10）	40	葫芦丝	27	7	6	
初二（11）	40	葫芦丝	31	5	4	
初二（12）	40	葫芦丝	25	10	5	
初二（13）	40	葫芦丝	26	10	4	
初二（14）	40	葫芦丝	29	8	3	
初二（15）	40	葫芦丝	32	4	4	
小五（1）	40	高音笛	30	5	5	
小五（2）	40	高音笛	28	7	5	
合计	680		503	110	67	

备注：

A 为 90 分以上，能够较流畅地将乐曲吹奏出来，并有一定的表现力；同时能够创造性地表演，有较强的合作意识。

B 为 80 分以上，能够较流畅地将乐曲吹奏出来，表现力一般；有一定的合作意识和创造性的表现。

C 为 60 分以上，乐曲吹奏不流畅，指法不熟练。

通过考核，我们发现，考核结果为 A 的学生基本上都是上课能按照教师指定的创造性方法去练习的学生，他们能够灵活地变通教师所教的方法与技能，创造性地学习新知识，无论是在课内还是在课外都能够及时地与教师沟通。考核结果为 B 的学生话语不多，学习的主动意识不强，创造性思维与学习动力不足。考核结果为 C 的学生上课注意力不集中，较为散漫。

四、课题研究的成果

通过近一年的实验，我们的课题取得了以下成果：

（1）明确了本课题的目标，即对国家规定的器乐课程进行了适应性改造，使其适应我们的学情、校情。

（2）形成了规范的开发模式：①教师先根据学生的需求进行初始课程设置；②学生提供反馈意见；③教师进行自我反馈；④修改课程设置；⑤课程设置更合理；⑥学生的学习能力得到了提高，教师的专业能力相应提高，因而创造性教育的研究水平也更高了。

（3）形成了丰富的创造性教育的手段。

（4）形成了较完善的管理制度及成果考核制度。

（5）能够形成一定规模的器乐教学的课堂展示。

（6）获白云区学校艺术节特等奖、广州市学校艺术节特等奖。

（7）获白云区教材歌曲比赛特等奖、广州市教材歌曲比赛金奖。

（8）每学期，我们定期举办竖笛演奏会。竖笛演奏会的表演全部由学生自己完成，教师只负责技巧方面的指导。演奏曲目丰富，充分展示了学生的组织协调能力、团队协作精神和专业技能水平。各班演奏的曲目大都是经典乐曲，例如，有经久传唱的歌曲《送别》，有优美抒情的乐曲《长河落日》《摇篮曲》，有大家都熟知的电影《毕业生》的插曲《寂静之声》《斯卡布罗集市》，有意大利民歌《桑塔露琪亚》，有芭蕾舞剧音乐《罗密欧与朱丽叶》《七子之歌》等。竖笛演奏会的举办既完成了课本教学的任务，又拓展了学生的视野，不但有助于学生了解古今中外不同作曲家的作品所表达的不同情感，而且增强了学生的自信心，充分展现了学生的青春活力，丰富了学生的校园生活和情感体验。

五、对教育教学的影响

1. 课题研究提升了教师的教育教学理念，提高了教师的教育科研水平。本课题组成员累计参加市区级器乐教研活动十几人次，极大地调动了他们的积极性，拓宽了他们的视野；累计参加器乐培训及器乐欣赏活动二十余次，提高了教师本身的专业素养与欣赏能力，为创造性教育研究与教学打下了坚实的基础。

2. 为了研究器乐教学中的创造性教育，一年来本课题组累计上了4节器乐课，包括2节校级公开课，其中1节获校级公开课二等奖。

3. 通过一次又一次的理论学习、课题研讨、活动研究，课题组的教师对教学改革的本质有了更深的理解，对如何才能促进教学改革有了更明确的认识。他们不仅熟练掌握了计算机操作技术，而且还将其与学科教学紧密地结合在一起，极大地提高了教学效率，增强了课堂教学的艺术效果。我校教师不断在报刊上发表文章，并在省市各级比赛与课堂实例评比中频频获奖。学校涌现出了一批高质量的实验课和优秀的课件。

4. 课题研究改变了教师的教学行为。此前，本校的一些教师还保留着重知识传授轻能力培养的传统教育观念，课堂教学不民主，严重地阻碍了学生的个性发展。通过学习和探究，参与课题实验的教师的教学观念、教学行为逐步发生了转变，他们已经开始注意发扬教学民主、尊重学生人格。在课堂上，教师不仅注重"教"，更加注重"导"，千方百计地让学生在"无疑——有疑——无疑"的循环往复的学习过程中掌握自学、自思、自练的方法和技巧。教师还十分注重创设融洽的课堂教学氛围，充分培养学生的参与意识，鼓励学生发问和辩论，学生们无拘无束、畅所欲言，课堂气氛十分活跃。

5. 课题实验全面提高了学生的各项素质。

（1）学生的艺术素养得到了提高。对实验班的调查结果表明，98％以上的学生喜欢上音乐课和器乐课，他们认为学习过程生动有趣，能够接触到最先进的学习方法和最丰富的学习内容。学生常在老师和家长的指导下学习器乐，不经意间便熟悉和掌握了器乐演奏的基本操作技巧。

研究结果显示，实验班学生的音乐素养明显高于平行班，实验班中的大部分学生能有合作意识地演奏音乐作品，个别学生还能创作一些简单的音乐旋律。

（2）学生的创新能力得到了提高。实验班的学生敢想、敢说、敢做，不拘泥于形式，不迷信权威，常根据自己的理解对影视剧中的音乐或流行音乐进行改编，创作出全新的器乐演奏曲目。而且他们创出的曲目获得了各方专家的认可，曾多次在比赛中脱颖而出。

（3）学生的想象能力和综合素质有了大幅度的提高。在教学过程中，实验班的课堂气氛活跃，学生的学习兴趣浓厚，语言表达能力和思维水平有了很大的提高。在音乐欣赏等课程中，学生能够张开想象的翅膀，去捕捉、去欣赏、去记录那让人心动的音符，并将其内化为自己的财富。

（4）培养了学生的自主创新能力。实验班学生参与教学过程的积极性和主动性都得到了极大的提高，他们的个性也有了广阔的发展空间。在课堂上，学生不必正襟危坐，他们可以在民主、平等、和谐的课堂氛围中，"亲

其师,信其道,乐其学"。同时器乐教学的开展,激发了学生的好奇心和求知欲,为他们提供了想象和创造的空间,使他们可以独立自主地完成某些作品的创作,在音乐的道路上走得更远。

6. 实施课题研究改变了教与学的方式和课堂结构。器乐教学的实施既是对教学方法的一次突破与创新,也是对学生学习方式的一次变革。学生可以随时演奏自己喜欢的音乐,演奏面和演奏量都发生了很大的变化。他们不再是被动接受知识的工具,而是整个学习活动过程的参与主体。他们不只是继承、传承已有的知识经验,而且还开始对知识的来源进行探究,对信息进行自主地判断、选择和创造。器乐教学介入学科课程,改变了传统的课堂教学模式。

六、研究结论

通过研究我们得出了这样几条结论:

1. 运用器乐进行创造性教育的关键不是器乐教学本身,而是要运用现代化的教育思想来指导自己的教学实践。

2. 开展课堂器乐教学确实有利于培养和提高学生的创造性思维。器乐能营造更好的学习氛围,激发学生的学习兴趣,为学生创造性地展开思维提供契机。

3. 学生的艺术素养是可以通过器乐教学进行培养的。

七、问题与思考

在课题研究实施过程中,我们发现《通过器乐教学培养学生的创新能力》这一课题可研究的范围非常广,课题研究中值得深入探索的问题特别多,而我们的研究却大多局限于课堂教学这一领域。因此,为了避免研究结果过于片面,"如何在课外实践活动中进一步培养学生的创新精神和实践能力"成为我们今后需要深入探讨的问题。

目前对于学生的创新精神和实践能力该如何界定与评价,还没有一个权威的说法,所以我们需要继续在这些方面进行研究与探索,争取尽快找出答案。

八、展望未来

虽然我们的课题已经结题,但是我们的研究工作却不能就此终止。我们要继续探索器乐教学的方法和技巧,用现代化的教育思想指导我们的教学实践,将我校的器乐教学推向更高水平。

小学体育双语教学初探

叶利琴

一、选题动机

1. 社会背景

"同一个世界,同一个梦想。"北京奥运会将我国和世界联系在了一起,将中国悠久的文化和世界灿烂的文明联系在了一起,将中国人民和所有热爱体育的人们联系在了一起,更将体育与英语紧密地联系在了一起。因此,在体育课中学习和掌握英语,有利于我们与世界人民增进友谊、相互了解和沟通,更有利于培养走向世界的现代人。人人都是奥运会的主人,作为一名体育教师,我有责任让学生懂得更多的英语,特别是一些体育术语。

2. 我校的办学宗旨

我校以"对每个学生的终身发展负责,培养走向世界的现代人"为办学宗旨,以"锻炼健强体魄,塑造健全人格,提高综合素质,突出外语特色"为育人特色,是一所以英语为特色的素质教育实验学校。2001年2月,我校凭借学生优秀的综合素质、出色的英语能力,经教育部审核认定,成为全国13所具有保送生资格的外语学校之一。

3. 外教的无奈

由于教学的需要,本学期我们办公室旁的美术室改成了外教活动室。每当我没课坐在办公室时,常常听到外教这样的话:"One by one, two by two!""请安静。"……但是对于小学生,尤其是一年级学生来说,老师再怎么大声也难以让他们一下子安静下来。这让我想起了自己第一次带一年级学生上体育课时的情景。

4. 提高自身英语水平的需要

我的家人、朋友的英语都很不错,每当逢年过节大家聚在一起时,常会用英语来交谈,而此时我却只能呆坐在一旁或是去逗小孩。后来,来到广外外校,面对外教的微笑,很想跟他交谈几句,却如"茶壶里煮饺子",一句话也说不出来,那种尴尬与无奈是旁人无法理解的。我暗下决心,一定要学好英语。于是，我于2004年10月参加了成人高考，被华南师范大学外文学院录取，如今已经顺利毕业了。这在外人看来是不可思议的事情，质疑声也随之而来："体育老师学什么英语呀，想抢我们的饭碗呀？""想升职呀？"……面对这些质疑，我只是笑了笑。

二、付诸行动

1. 创设双语教学的大环境

我在体育场所上，张贴各种学生喜爱的人物形象的图片和色彩缤纷的图案，让学生一走进体育场就仿佛走进了英语的王国，从视线上吸引学生的注意力。这样，环境发挥了"无言的暗示"这一作用，激发学生去观察，去发言。

小学低年级学生刚开始接触英语，底子一般都比较薄。因此，在教学过程中我尽量用英语与学生进行交流。

师：Class begins! Good morning, students!

生：Good morning, teacher!

在表扬或鼓励学生时，我常说："Good! Good! Very Good!"在需要学生安静时，我常说："One, two, three!"随着学生年龄的增长，我还在教学中不断加入更多与体育教学相关的英语单词或短语。这种反复刺激，加强了学生对英语日常用语的积累。通过教师的讲解，学生不仅能学到知识，而且有更多的机会去接触英语。学生容易接受的单词，我会直接放入游戏中，如具体形象的名词 elephant（大象）、fish（鱼），动作指示的动词 walk（走）、jump（跳）、run（跑），等等。学生不太容易理解的疑问句，我会用在教师组织游戏的常规用语上，通过多次反复强调，让学生理解并产生反应。

2. 以歌促学，以学促动，寓教于乐

英语儿歌对于培养学生在英语游戏中的规则意识也很有帮助。在做英语游戏"Wolf, wolf, what time is it?"（老狼，老狼，几点了?）的时候，学生可先跟着儿歌节奏做动作，当老狼念到"six"或"twelve"的时候，学生知道狼来了，要跑去藏起来。这其中就藏着一个"规则"的暗示。又如《Looking for a good friend》（找朋友）、《Hello, tiger》（你好，老虎）等儿歌，以其节奏性强、朗朗上口而受学生欢迎。在体育双语教学中使用儿歌

时，还可加入韵脚、韵律的变化，使学生感兴趣并愿意参与。例如，"If you are happy, clap your hands; If you are tired, shake your heads; If you are angry, stamp your feet; If you are sleeping, blink your eyes."学生们随着音乐欢快的节奏，边唱边跳，一会儿拍拍手、跺跺脚，一会儿又耸耸肩、扭扭腰，动作与词意协调。这样，学生在轻松愉快的气氛中记住了英语句子，同时也把身体各个部分活动开了，做好了体育课的准备活动，可谓一举两得，取得了"以歌促学，以学促动，寓教于乐"的效果。

3. 创编英文动作模仿操

我结合各种动物的英文名称，为学生编了一套模仿操。以下是我编的儿歌："动物园里真热闹，小朋友们快来看，森林运动会开始了。小白兔 rabbit rabbit 在赛跑，小猴 monkey monkey 在跳高，大象 elephant elephant 投铅球。比一比，看一看，哪个动物最优秀，老虎大王 tiger tiger 当裁判。"学生边说边模仿小动物的滑稽动作，这样既培养了学生的观察能力、模仿能力、想象能力，又提高了学生的单词储备量，学生在轻松自然的环境中掌握了各种动物的英文名称。

4. 与游戏结合

外国人很喜欢玩一种叫"crossword puzzle"的字谜游戏，在火车站、地铁、咖啡馆等公共场所，经常能看到手拿报纸，专心地思考着报纸上的字谜的人。他们把记单词看作是一种游戏、一种乐趣。根据体育新课标要求，低年级体育以游戏为主，让学生在游戏中提高身体的活动能力。因此，我在教学中不失时机地加入了英文游戏。例如，在做游戏时，输了的学生就要表演一个英语节目，可以是儿歌、短句，也可以是汉语、英语单词相连接的小故事。这样一来，学生的学习兴趣变得非常高，都在课后积极地准备英语节目，哪怕是一个单词也不放过，每个学生都想在课堂游戏时把自己准备的小节目表演给同学们看。另外，在教学生学习原地的各种转法时，我选用了《A fox and a frog》这首自编的儿歌，目的是让学生区分左和右。我将 fox（狐狸）和 frog（青蛙）这两个单词编入节奏感比较强的儿歌中：

A fox and a frog are good friends.
What's in the box? What's in the box?
Is it a fox? Is it a frog?
No, no, no.
This is a fox and this is a frog.

学生在念儿歌时加上向左转、向右转的表演（向左表示狐狸，向右表示青蛙），要一边念一边做出相应的转法（刚开始，我会用手指提示学生），其实也是在暗示学生区分 fox 和 frog 的不同发音。这样在游戏中学生既学会了动作，又记住了单词。

在游戏中引入英语，可以控制动作的频率，增加动作与英语节拍之间的联系，增强肌肉的节奏感。学生在旋律优美、节奏鲜明的英语语言环境中精神振奋，可以达到适当的运动量，收到最佳的运动效果。

5. 英语小故事

对于处在"语言敏感期"的小学生来说，英语小故事有其特有的优势。它短小而生动，优美而令人浮想联翩，更重要的是它有着令学生产生共鸣的特点，所以低年级的学生都非常喜欢听故事。英语小故事有着完整的句子结构，有多变的语调，对于听不懂英文的学生来说更有无限的想象空间。例如，学生从没听过《The three butterflies》（三只蝴蝶）这个故事的中文版本，却被故事中生动的英语语音、语调吸引住了，他们能猜得到蝴蝶什么时候开心（They are very happy），什么时候难过（Red flower, red flower, please let us come in, please let us come in）。等到教师再用中文讲述这个故事的时候，很多学生已经能半猜半懂地讲出来了。这样，虽然并未直接用中文讲故事，但是一样能使学生记忆深刻；而且在欣赏这个故事的同时，他们也感受到了语言的美。在游戏教学中将用中文讲过的故事编成英语小故事，也是一种方法，既容易让学生理解又能够帮助学生快速地进行两种语言的转换，如《花儿好看不能摘》《狼来了》《拔萝卜》《三只小猪》等带有表演性质、又有多次重复句子的故事都可以拿来改编。在体育双语教学过程中，这些故事都非常便于使用。

三、结论与建议

1. 在体育课上引入英语，可以让学生在锻炼身体的同时，提高学生英语实际运用能力。

2. 在体育课上引入英语，学生是非常欢迎的，它能充分调动学生的积极性、主动性，培养学生使用英语的习惯。

3. 在体育课上引入英语，能陶冶学生的情操，发展和丰富学生的想象力，提高学生学习外语的兴趣，可以说是结合新课标把素质教育落到了实处。这也是我校"培养走向世界的现代人"的需要。

4. 把英语引入体育课堂，不是一朝一夕能完成的，它是一个循序渐进、逐步发展的过程，需要很长的磨合期。

5. 在体育课中引入英语一定要谨慎，不要把体育课堂变成英语课堂。

6. 要在体育课上持之以恒地进行双语教学。教师要鼓励学生多用英语进行交流，培养学生使用英语的自信心。

7. 体育教师必须利用课余时间参加有关英语的培训、进修等，还要充分利用本校的外教资源，多与外教交流、沟通，以便不断地提高自己的英语水平，更好地运用英语开展体育教学。

建议：在教学过程中采用英语口令，如 Fall in（集合）、In one rank fall in（成一列横队，集合）、At ease（稍息）、Attention（立正）、Eyes right（向右看齐）、Eyes left（向左看齐）、Eyes front（向前看齐）、Call the roll（点名）、Count（number）off（报数）、Number by twos（一、二报数）、Count（number）off again、（重报）、Fall out（解散）。

在教学过程中，还可以根据实际情况加入更多与体育教学相关的英语单词或短句，让学生有更多机会接触英语，以便不断地提高其英语水平。

总之，在体育课上引进英语，可以使英语明快的节奏、优美的韵律、抑扬顿挫的语调与体育课上的模仿动作完美结合，让学生在体会美的同时展示美，提高学生的综合素质，真正把新课标对素质教育的要求落到实处，同时也很好地诠释了广外外校"培养走向世界的现代人"这一教育理念。

【参考文献】

[1] 黄小平．中小学体育双语课的探索［J］．中小学英语教学与研究，2004，（1）．

[2] 张菊香．大学英语随身查小词典［M］．北京：中国书籍出版社，2000.

[3] 李良刚等．体育课双语教学研究［J］．体育学刊，2001，（4）．

品德学科开展公民教育的探索之路

张 华

一、从一句话和两个概念开始探索之路

熊培云先生在《重新发现社会》一书中对公民意识的重要性有过这样的阐述:"个体强,则社会强。社会强,则国强。"从中不难看出,国家强大需要有社会强大作基础,而社会的强大则取决于我们每一个公民。《公民道德建设实施纲要》将"公民"定义为具有一国国籍,并依据宪法或法律规定,享有权利和承担义务的人。公民教育泛指培养年轻一代建立一种自诚、自省、自律的公民责任的一种教育。

二、公民教育在我校开展的历程

我校在 2006 年开始选用由北京大学出版社出版的第一套公民教育教材《新公民读本》,作为学校品德学科的辅助教材。在经过近 4 年的课堂实践后,我校于 2010 年开始着手编写本校公民教育的校本教材。教师们还根据当时正在推行的新课程改革的要求,安排了不低于总学时 16% 的学时用于开展有关公民教育的教学活动。

三、我校公民教育的宗旨

1. 使学生通过品德学科学习,认识公民的权利和义务。
2. 在综合实践活动中,使学生有机会通过亲身体验、探究、研讨、辩论和判断,获取经验和技能。
3. 培养学生适应现代社会公共生活、参与社会公共事务的技能和能力。

四、公民教育的内容

1. 培养公民的素养，如宽容、感恩、诚信和尊严等。
2. 普及公民的知识，如公民、权利、义务、家庭、国家、社会、政府、社团、政党、宪法等基础知识。
3. 训练公民的技能，如与人沟通、参与选举、处理纠纷和维护权益等。
4. 实现公民的价值，如自由、平等、人权、民主等。

五、目前我校公民教育的实施途径

我们在整合完成品德学科基本教学目标的前提下，利用课程内的学习机会，以自编校本教材为基础，以课外活动为辅助，通过综合实践活动使学生理论联系实践，从而掌握相关的知识和技能。

1. 通过课堂教学实施公民教育

这是开展公民教育的主要途径。我们坚持以生活事件为出发点，并参考《新公民读本》《香港朗文常识》等经典教材，编写我校公民教育的校本教材。教材中所涉及的教学内容均以学生个人及群体在不同的发展阶段遇到的各种事件为背景，我们通过对这些生活事件的分析、评价，向学生传授相关的知识、技能，帮助他们树立正确的人生观、价值观。课程内容包括五个方面：①个人成长及健康生活；②家庭生活；③学校生活；④社交生活；⑤社会及国家生活。说到底，公民教育最终是要通过公民生活来完成的。在具体的课程设计时对不同的方面各有侧重。

一、二年级的课程设计以养成学生的行为习惯为出发点，让学生懂得保护身体和讲究卫生，做一名举止文明、遵守秩序、友爱勇敢、平等互助的小公民。以"身体篇"为例：

小课题（5个）	①了解我的身体　②保护我们的牙齿 ③保护我们的骨骼　④保护我们的眼睛和耳朵 ⑤保护我们的肠胃
锦囊库	参考教学设计5个，课件5个
加油站	相关视频资料10个

通过身体篇的学习，让学生们进一步了解了自己的身体，养成了端正坐姿、保护牙齿、正确用眼、科学刷牙的良好生活习惯。

三、四年级的课程设计主要侧重于对其公民技能的训练，在学生了解了家庭、社区、学校、国家的规则及公民享有的权利和所需承担的义务的前提下，锻炼学生积极合作、友好交往、良好沟通、诚信做人、自我保护的技能。以"安全篇"为例：

小课题（6个）	①生活中的安全　②交通安全你我他 ③家居安全　　　④危机处理 ⑤无情的火灾　　⑥地震来了
锦囊库	参考教学设计6个，课件6个
加油站	相关视频资料49个

通过学习让学生掌握安全用电知识、地震自救小常识等，提高学生安全防范意识，增强其对生活中可能遇到的各种危机的应对和处理能力。

五、六年级的高段学生，已经开始对学校以外的社会生活感兴趣了，所以我们的课程设计侧重于公民素养的培养与形成。以"环境挑战篇"为例：

小课题（5个）	①从一粒米说起　②森林与人 ③水与人　　　　④正负2度 ⑤垃圾分类
锦囊库	参考教学设计5个，课件5个
加油站	相关视频资料10个

通过学习，鼓励学生跳出课堂，走向校园社区，放眼社会，用自己的眼睛发现问题，提出问题，并实施开展调查走访、数据对比、资料归纳等探究活动，自觉地以小公民的身份开展公民教育的实践活动。

广外外校开展公民教育校本课程设计的最后一个目标，是给品德学科的教师提供已经成型的、可圈可点的教案文本和配套课件及视频资料。若想在有限的课时充分地融入公民教育理念，单靠开发和设计公民课程目录是不够的，现有的这些文本和课件是品德学科的教师们群策群力、共同开发的，并且吸收了刘京海校长介绍上海闸北中学的课程设计的经验。让课堂教学成为一条流水线，在这条标准的流水线上，教师可做个性化的修改，形成独具特色的课堂。

2. 利用学生综合实践活动推进公民行动

综合实践活动是课堂教学的补充，是实施公民教育的重要途径。学生可以通过课外的实践活动，找到志同道合的小伙伴，并在相互交流与协作的过程中不断提高解决实际问题的能力，形成正面的价值观和态度。

我校已经开展了三个学期的"ES"小义工活动。目前已有来自四到六年级的约32名小义工坚持在闲暇时间服务于校图书馆和学校邮局，他们还积极承担了大队部开展的校园小邮局的邮件分发工作。四年级（5）班的袁蕴烯同学在"义工活动记录手册"上这样写道："连续一个月去图书馆帮助老师们收书，我才知道原来他们平时在图书馆是那么辛苦，每天要弯腰拾捡那么多随手丢下的书，所以我以后看完书一定要把书摆回书架上。"五年级（10）班的彭欣悦同学发出了这样的感触："当你整理好一样东西的时候，心里一定是美滋滋的，可是如果有人故意把你的东西弄乱，你一定会很生气。当了一个学期的小义工后，我懂得了要珍惜他人的劳动成果，不管在哪里都要这样做。"服务他人，可以使学生了解别人的需求，对他人的处境感同身受。教师还可以通过不断地鼓励学生克服义工服务过程中遇到的各种困难，培养学生的责任感和承担精神。亲身参与综合实践活动，让学生真正了解了学校、社区乃至国家与世界的实际情况，体验了别样的人生经历，锻炼了公民技能，培养了公民责任感。

3. "小学生探究网"的创建——公民教育的网络阵地

为了让学生讲述自己感兴趣的话题，把课堂真正还给学生，我校品德教研组的教师们自建了一个"小学生探究网"，为学生搭建了一个个性涂鸦的网络之家，也为教师们提供了一个传递公民教育理念的阵地。

"小学生探究网"原本只是作为四年级学生的交流平台而建立的，他们筛选出自己感兴趣的课题，以小组合作的方式查找资料，整理、编辑，然后放在网上，供志同道合的同学参考学习，进行交流。比如，喜欢动物的同学，可以把饲养小狗、小白兔等的过程真实地记录下来，发布到网上，供大家欣赏、借鉴。由于形式便捷，资源整合速度快，资料保留时间长久，最重要的是可以针对同一个课题，发表个性化的观点，在网络上充分展示个人的风采，很多小学高段的学生也被吸引到了"小学生探究网"。他们经常会把前置性作业的成果放在网络上与同学们共同探讨、切磋、修改，以便拿出最好的结果到课堂上交流、展示。比如，五年级学生发表了有关环境污染、纸张再生、战争武器的帖子，六年级学生发表了走进日本、丹麦、巴西等一系列帖子。学生们在探究网上的优秀表现很好地诠释了"兴趣是最好的老师"这句话。

再举一个小小的例子。探究网上有一篇六年级（9）班郭晟凯同学发的关于火车的帖子，促使他去了解火车的原因还得从他的经历说起。有一年寒假回家时，他既没买到飞机票，也没买到卧铺票，无奈之下只好买了一趟慢车的硬座票。这是他第一次坐火车，他觉得很新鲜，一路上又是看风景，又是跟"左邻右舍"聊天，忙得不亦乐乎。到下车时，他不但决定以后回家都坐火车，而且还萌生了研究火车的念头，最终还把研究成果放在了网上。学生从生活中学到的、感悟到的东西，需要有一个表达的场所，而探究网恰好就是这样一个供学生畅所欲言、自由表达情感的网络平台。

我想，单就品德教育来说，最高和最后的目标就是让每一个学生在生活中都做一个合格的公民；对于广外外校来说，就是要培养走向世界的合格公民。公民教育的着力点要遵循"以人为本"，从实际出发，如果脱离学生们成长的生活空间去谈大爱大德，效果可想而知。于丹老师曾在《百家讲坛》中说过这样的话："要说知识，现在的电脑什么知识装不下？互联网这么发达，用搜索引擎什么都可以找到，但是世界上却永远没有心灵搜索引擎。"这是对现在的教育体制培养出来的学生"有知识，没文化"这一现象的评说。我们希望看到的是由品德教师搭建起来的网络阵地，能够成为"有知识、爱生活、有责任"的新一代小公民们成长的平台。

六、一些思考

我们已经结合自编的公民教育教材，开展和实施品德学科教学了，但还需要不断地完善、补充各种以公民教育为主题的教学资料，尽可能多地开发相关教学资源，以便更好地完成公民教育的后续教学工作。

"ES"小义工综合实践活动开展过程中的几点反思。

1. 小义工参与积极性的激发及管理问题

"ES"小义工活动已开展了一年半的时间，学生参与的广度正在随着小义工的影响日趋扩大，高段三个年级的学生有近百人参加。但义工服务的意义远不是能用参与人数来衡量的。其中大多数学生在过了兴奋期后热情便逐步减退，再加上为了不与第二课堂冲突，参加活动的人员几乎每天都有变

化,让两个服务点的考勤形同虚设,服务的质量也大打折扣。既然义工服务的前提是自愿,我们也不便对学生做出强制要求,所以如何自然而然地激发小义工们的积极性,使他们能心甘情愿地抵住诱惑,继续默默奉献,便成了我们必须要攻克的难题。为此,在今后的活动中,我们必须改变管理方式,把签到制度和"实践记录手册"合二为一。签到若流于形式便起不到保障服务质量的作用,而"实践记录手册"虽然能起到记录保存的作用,但让小学生们写下大段的文字,他们中的大多数会感到负担很大。接下来我们将更新手册,为了携带方便,将其从十六开版变成六十四开版,采用"一句话日记"的形式记录当次服务,考勤则采取换积分的方式,服务一次算一个积分点,每次服务完后出示活动手册,由两个服务点的教师盖章积分,积累5个点即可换义工牌,成为正式"小义工";积累10个点获得"初级小义工"的称号,并在活动手册上注明;积累20个点就成为"资深义工",具有参与外出义工活动的资格。这样对学生是个激励,服务的时间也相对灵活,也能将真正具有义工精神的学生留下来。今后义工活动的开展应着重考虑团队的凝聚力,要让义工活动参与者组成一支相对固定的义工团队,并将这个团队建设成为学生们的心灵家园。

2. 义工服务中出现的问题

图书馆和邮局两个服务点都属于流动性较强的工作岗位,在快乐服务的过程中,小义工们往往缺乏必要的规范。例如,送报纸和信件时会一路追逐着到办公室等。因此,今后还应加强安全和礼仪方面的教育。负责图书管理的小义工们在等待的时间里,也应遵守图书馆的规定,减少走动,以免影响其他同学阅读。

3. 服务工具的问题

在邮局服务的小义工们分发的报纸杂志和信件数量很多,收发时不仅携带不方便,而且很容易丢失,今后需要统一配备工具袋,以便于开展工作。

4. 活动拓展的问题

在做好、做细现有的两个服务点外还需增加活动岗位。今后要开始着手外联广州义工团的工作,拓展服务的空间和项目,开展走出校园、走向社会的综合实践活动。

世界视野与现代意蕴
校本课程开发的二元思维

第二辑
校本课程讲义选粹

  专题讲座型、案例剖析型、话题讨论型、实验主体型等多种类型的选修课，为学生打开了了解世界和人生的窗户，而教师在授课的过程中形成了自己的独特风格，积累了很多精彩的讲义。讲义文本充当校本课程的课本，在校本课程开发中具有重要的作用。本辑收录国际理解课程、文化专题课程、世界观与方法论课程等授课教师的讲义，展示了广外外校校本课程的特色。

EPD 课程：融入绿色浪潮
——环境与可持续发展课程系列讲义

扈永进

随着世界经济的发展，一场绿色变革的浪潮正在席卷全球。纵观世界绿色文明的发展趋势，21世纪必将成为"绿色世纪"。本讲将介绍绿色文明的12种趋势，让大家了解席卷全球的绿色浪潮。

一、绿色技术

绿色技术就是要求企业在选择生产技术、开发新产品的时候，必须作出有利于环境保护和生态平衡的技术选择。

绿色技术是国际社会发展的一种趋势，要想持久利用资源，就必须改变那种耗竭型工业发展模式，加速科技进步。没有技术的保障，资源的持久利用是不可能实现的。

近年来，绿色技术发展迅猛，已经在防治污染、回收资源、节约能源三大方面形成了一个庞大的市场，覆盖产品开发、信息服务和工程承包等多个重要领域。据不完全统计，绿色技术与产品的全球市场份额已突破6000亿美元。

在这一市场角逐中，发达国家占有绝对优势。如美国的脱硫、脱氨技术，日本的烟尘、垃圾处理技术，德国的污染处理技术，均在世界上遥遥领先。目前，以占领世界绿色产品市场为目的、争夺绿色技术制高点为中心的国际竞争已经开始。在无氟制冷剂技术上美国和欧洲展开了争夺，日本则与欧洲在资源回收项目上互相竞争。为了在竞争中获得优势，美、日、欧三极在绿色产业中应用了生物技术、计算机技术和新材料技术，使其变为一个高科技产业。德国以其特有的先进技术设备和良好的服务体系在国际环保市场上站稳了脚跟。荷兰、意大利、澳大利亚在一些环保技术上也颇具优势，目前也正在盯着这块"大蛋糕"，企图分得一块。

问题：
(1) 绿色技术想要改变什么？
(2) 绿色技术在哪三个方面形成了庞大的市场？
(3) 目前世界上哪些国家在绿色技术上居于领先地位？

二、绿色设计

绿色设计是指设计出的产品可以拆卸、分解，零部件可以翻新或重复使用。这样，既保护了环境，又减少了对资源的浪费。

请看这样一个例子：在美国密歇根州的一幢大楼里，6名技术员和工程师正在一起拆卸一辆崭新的轿车。他们拆下组合部件，将每个部件的重量称出来，并对整个过程进行录像和计时。这个实验就是在做"绿色设计"。

这一观念激起了世界上许多制造商的热情。西门子公司的咖啡壶、卡特彼勒公司的拖拉机、施乐公司的复印机、伊士曼柯达公司的照相机等，都开始尝试制成可拆开的结构，以便进一步推动设计合理化、原材料配制化，使零部件能够得到充分利用。

因此，"绿色设计"与"传统设计"的根本区别就在于，"绿色设计"在设计构思阶段便把降低能耗、易于拆卸、可重复使用、生态环保与保证产品的性能、质量和成本方面的要求列为同等重要的设计指标，并保证在生产过程中能够顺利实施。

问题：
(1) 什么叫绿色设计？
(2) 绿色设计与传统设计的根本区别在哪里？

三、绿色投资

为防治环境污染和生态破坏，政府必须加大扶持力度，规范投资去向。国外企业界的投资已出现了"绿色倾向"。

美国政府公开表示，绿色产品可享受出口退税，同时在出口信贷上给予优惠，并且还在商务部设立绿色产品出口办公室，专门负责绿色产品的投资和促销，以使美国的绿色产品迅速占领国际市场。日本政府提出了以"21世纪新地球"为主题的"绿化地球百年行动计划"，积极扶持绿色产业。欧盟经济决策部门在税收、贷款、出口政策上也在向绿色产业倾斜。瑞士当年新增投资的70%被用于生产各种可生物降解或易于再循环的新产品。欧洲一些资深的股评家在分析股市时也开始注意环境问题和上市公司的"绿色效益"（即治污方面的投入与产出）。据伦敦股票经纪行的一家成员公司的调查资料显示，自1990年以来，"绿色股"（经营废料处理之类业务的公司所发行的股票）价格在伦敦股市上的增幅，竟比全部股票的平均增幅高70%。法国污染品巨擘莱利雅公司经过10年研究，耗费2亿法郎之后，终于发明了新的生产技术，可以不在喷雾剂容器中使用会损害臭氧层的含氯氟烃。

问题：
(1) 绿色投资的目的何在？
(2) 哪些国家已经成为绿色投资的先行者？

四、绿色产品

绿色产品是指包括生产、加工、运输、消费的全过程对环境无污染或污染很少的技术产品。这样的产品在国外被称为环境友善产品。

据美国国际环保商业公司统计，1990年的新产品中约有5%的绿色产品，至1997年该比重已提高到80%。近几年来，欧美许多大企业都带头生产绿色产品。

在计算机领域，美国是开发绿色电脑的先驱。为了防止环境污染，美国环境保护署制定的"绿色电脑"标准已正式开始实施，省电型电脑标志"Energy Star"也已被广泛使用。美国各大电脑厂商都非常积极，并陆续推出具有高能源效率的机种，预计省电率将高达75%。据估算，由于使用了"绿色电脑"，美国联邦政府每年可节省电费支出400万美元。

法国规定，发动机排量2升以上的新轿车必须安装废气有害物质催化转换器。这是近年来对汽车废气污染控制越来越严格的例证之一。汽车制造商也已经明白其中的分量。正如标致汽车集团前总裁贾克·卡尔韦所说："生态意识的增强是有益的，我们赞同这一点，保护自然环境是我们的主要目标之一。"

德国施奈德公司与其他几家公司联手开发出一种具有环保意识的"绿色电视机"。该机所用的材料是轻型钢板、铝制件、木料及塑料，这种塑料可重新塑化，回收再用，且性能不变。整机各个部件均可拆卸、拼装、更换，以保持适应环境保护的最新技术水平。

问题：

(1) 什么叫做绿色产品？

(2) 为什么说"省电"就意味着"绿色"？

五、绿色包装

绿色包装是指对生态环境和人类健康无害，能重复使用和再生，符合可持续发展的包装。

目前，国际商界流行一种被称为绿色包装的纸包装，因为纸袋的主要成分是天然植物纤维素，容易被土壤中的微生物分解，很快便能重新进入自然循环。

美国纸板包装协会，正以数百万美元的广告费推行纸包装。日本的牛奶、饮料、酒类，大多已改为纸质包装。有的专家还从仿生学角度，研究分析天然包装的巧妙，探究自然的奥秘，希望能从诸如橘子的"缓冲式"包装、豆荚的"颗粒"包装、鸡蛋的防震动薄壳包装、珍珠的贝壳包装等自然包装中，探索出绿色包装的新路子。在法国的食品货架上，已看不到塑料、玻璃等难以回收的包装。绝大多数奶制品、果汁和液体食品都采用无菌纸盒包装，无需冷藏即可保鲜6个月，并且回收后可做成"彩乐板"，用于制作家具、装饰材料、玩具等，这种绿色包装已成为世界液体食品包装的主流。

问题：

(1) 塑料盒和纸盒，哪一个属于绿色包装？为什么？

(2) 中秋月饼营销战中，许多厂家推出了大木盒豪华包装，它属于绿色包装吗？

(3) 二十多年以前，人们上市场买菜大都提着竹篮和布袋而非一次性塑料袋。请评价此现象。

六、绿色营销

绿色营销是指企业通过塑造绿色形象、开展绿色促销等途径在公众心中树立良好的绿色形象，刺激顾客对绿色商品的购买欲望。

目前，全世界"绿色消费"总量已达到3000亿美元。在这一绿色浪潮的冲击下，善于审时度势的商家们也积极行动起来，引进绿色观念，推出绿色产品，开发绿色市场，制订绿色价格，开辟绿色渠道，实施绿色公关，树立绿色形象，形成了一套完整的绿色营销体系。

日本的一家超市要求顾客自备购物袋，以便减少塑料袋的使用量。超市发给每位顾客一张登记卡，对自备购物袋的顾客，超市每次会在登记卡上盖章，盖章积累到一定数量后，超市会免费赠送一定价值的商品。英国恩斯伯里超级市场集团不仅声称自己是"最绿杂货店"，而且还推出了一系列"护绿"产品，从而使其营业额大幅度上升，获得了竞争优势。

在日本、美国，被人们称为"生态服装"的图案、色彩、文字都极富特色和寓意：用珍稀动植物作图案，以花草树木为色调，甚至把简洁明了的文字写在服装上，如"我爱大自然""保护臭氧层"等，以直接表达消费者的心声。因此，各种"绿色广告"应运而生，不少著名的跨国公司和大企业纷纷利用"绿色商品"大做"绿色广告"，不少新兴的中小企业也竞相强化自己的"绿色企业"形象，以谋求飞跃式的发展。美国生产尿布的企业，从环保的角度出发，进行广告促销，强调布尿片埋在土里至少要经过500年才能分解，而纸尿片在土里很快就能被分解。于是，纸尿片在公众心中树起了"绿色形象"，短短3年，销售量猛增了1.8倍。

问题：

什么叫绿色营销？

七、绿色消费

绿色消费指人们不再是以大量消耗资源、能源求得生活上的舒适，而是在求得舒适的基础上，大量节约资源和能源，即人们的消费心理和销售行为向崇尚自然、追求健康转变，从而为国际市场带来了一股绿色消费潮。

随着绿色潮流的不断高涨，国际市场的消费需求也出现了变化，绿色消费已成为一种新的时尚。据有关资料统计，77%的美国人表示，企业的绿色形象会影响他们的购买欲；94%的意大利人表示，在选购商品时会考虑绿色因素。在欧洲市场上，40%的人更喜欢购买绿色商品，那些贴有绿色标志的商品在市场上更受青睐。欧盟的一项调查显示，德国82%的消费者和荷兰67%的消费者在超市购物时，会考虑环保因素。在亚洲，挑剔成癖的日本消费者更胜一筹，对普通的饮用水和空气都以"绿色"为选择标准，罐装水和纯净的氧气成为市场上的抢手货；韩国的消费者，急于购买那些几乎绝迹的茶籽，作为天然的洗发剂。

问题：

"绿色消费"为什么会成为一种新时尚？

八、绿色文化

绿色文化就是推行"绿色管理"，进行"绿色教育"，生产"绿色产品"，争取"绿色商标"，成为"绿色企业"。

所谓"绿色管理"，就是把环境保护的思想观念融入企业的经营管理和生产营销活动之中。具体来说，就是把环保作为决策要素之一，确定企业的环境对策和环保措施。例如，世界上最大的化学工业公司杜邦公司是最先推行"绿色管理"的企业，该公司任命了专职的环保经理，从 1990 年开始，在全球化工行业中率先回收氟利昂，并计划在 30 年内，不断减少排放废弃物，成为真正的"绿色企业"。

"绿色教育"是"绿色文化"的基础。将环境保护意识列入职工培训课程的日本企业越来越多。有资料显示，70％以上的日本企业会在本企业发行的刊物上登载有关环保的专题文章，NEC、三菱等大企业每年都在员工中开展有关环境问题的专题研讨会。

"绿色产品"是指"安全、节能、无公害"的产品。除"绿色食品"大量问世外，"绿色电视机""绿色电冰箱""绿色电脑"等也已研制成功。

"绿色商标"是现代商品营销中新的竞争要素。由于"绿色商标"代表着安全、无公害，所以有"绿色商标"的商品大受消费者欢迎，价格虽高，却仍能旺销。因此，企业竞相生产"绿色产品"，争取"绿色商标"，争当"绿色企业"。日本松下电器公司在美国的分公司就因重视环境保护，生产"绿色产品"，被美国评为"绿色企业"，企业形象和信誉大为提高。

问题：

(1) 企业的绿色文化包含什么内容？

(2) 什么是"绿色管理"？

(3) 为什么有"绿色商标"的商品会受到消费者欢迎？

九、绿色认证

绿色认证是指国家推行统一的绿色产品的环保认证标准。这表明绿色产品将在国际市场上占主导地位，而不符合环保认证标准的产品将不受欢迎，并将被淘汰出国际市场。

美国在1992年已有38个州通过立法，规定了哪些产品必须使用可以再生而不会变成垃圾的材料。早在1998年，纽约发行的《正式再生产品手册》中，就列举了177种可再生的产品，如今已扩大到1580种。再生产品的范围已不再局限于包装材料，就连建筑材料、环境美化材料、橡胶塑料产品等都包括在内。美国政府对实施绿色认证制度十分支持，美国前总统克林顿曾指示，政府各机构今后不再采购未经绿色认证的产品，每年订购的价值达11亿美元的办公电脑在能耗、无公害、可回收等方面必须达到环保要求。

欧洲正在实施和完善有关绿色认证的政策和法规，目前已有8个国家开始执行绿色认证制度。德国纤维业开始对若干产品实行绿色标记规定，无此标记的产品禁止进入市场，包括用纤维制造的服装以及工业用品等。法国、丹麦、荷兰、瑞典和英国已在家电、日用品以及办公用品等领域强制实行"回收"政策，规定生产厂商有义务对自己的产品进行回收，执行不力者将负法律责任。

日本是资源节约型国家，在实施绿色认证制度上更是不遗余力。日本政府先后公布了四项涉及二百多种商品的可回收目录，在产品包装上的要求更为严格，规定有近千种商品的包装必须达到回收要求。

问题：

(1) 什么叫做绿色认证？

(2) 美国政府决定"今后不再采购未经绿色认证的产品"，有什么重要意义？

(3) 欧洲国家规定"生产厂商有义务对自己的产品进行回收"，有什么重要意义？

十、绿色标志

绿色标志亦称环境标志、生态标志，是指由政府部门或公共、私人团体依据一定的环境标准,向有关厂家颁布证书,以证明其产品的生产使用及处置过程全部符合环保要求,对环境无害或危害极小。

目前,世界上应用较成功的绿色标志是德国的"蓝色天使"和日本的"生态标志"。德国已经为81类产品制定了绿色标志标准,批准使用的标志覆盖61类共4300余种产品;而日本批准使用绿色标志的产品达63类2300多种。如今,绿色标志已为越来越多的消费者所了解。如日本的民意调查表明,53%的消费者知道绿色标志;新加坡进行的一项调查表明,一半以上的人能认出绿色标记;在加拿大,知道国家绿色标志的人数从原来的19%提高到了51%;在挪威,认识"白天鹅"标志的人从12%增加到了66%。

问题:

(1)什么叫做绿色标志?

(2)世界上哪些国家应用绿色标志比较成功?

十一、绿色壁垒

绿色壁垒是国际贸易保护组织的一种新形式,它构成了国际市场新的贸易保护网。

"绿色壁垒"的形式主要有"绿色关税""绿色技术标准""绿色检疫"三种。"绿色关税"又称"环境进口附加税",是指一些国家以保护环境为由,对某些影响生态环境的进口产品除征收一般正常关税外,再加征额外的环境关税。"绿色技术标准"——一些国家以保护环境为目的,通过立法手段制定的严格的强制性的环保技术标准。1995年4月,由发达国家控制的国际标准化组织开始实施《国际环境监察标准制度》,要求企业产品达到ISO9000系列质量标准体系。欧盟也启动了一项名为ISO14000的环境管理系统,要求进入欧盟国家的产品从生产前到生产制造、销售使用及最后的销毁处理全过程都要达到该规定所要求的技术标准。"绿色检疫"——一些国家制定的严苛的卫生检疫标准,尤其是对食品中的农药残留、放射性残留和重金属含量的要求十分严格。日本仅对大米就有47项农药残留检测标准。1993年4月第24届联合国农药残留法典委员会上,讨论了176种农药在各种商品中的最高残留量、最高再残留量和指导性残留限量。欧盟据此对食品中残留的22种主要农药制定了新的最高残留量标准,从严控制其在食品中的含量。

问题：

你认为国际设立"绿色壁垒"是否有必要？

十二、绿色保护

绿色保护是指通过各种法律对环境进行保护，以达到食物天然化、环境绿色化、空气和水源纯净化的绿色要求。

目前，国际上已签订了 150 多个多边环保协定，其中有近 20 个含有贸易条款，旨在通过贸易手段达到实施环保法规的目的。各国也竞相对进口产品制定越来越复杂且严格的环保技术标准。其中，食物的环保技术标准是最高的，尤其是日本、美国等发达国家，对食品中的农药残留量和有毒物质含量的规定已到了近乎苛刻的地步。

近年来，人们对纺织品的环保要求也越来越严格，尤其是对丝绸面料的化学成分有了明确的规定和严格的检测手段。如欧盟在 1992 年就提出要禁止进口含有其所列举的 51 种化学物质的棉布。1994 年，德国联邦健康委员会也制定了保证消费者健康的一揽子计划，其中包括禁止一些可能致癌的偶氮染料纺织品进入德国市场。

另外，对进口产品的环保要求也已波及机电产品，越来越多的机电产品被要求在生产和使用过程中对环境无污染或减少污染。如美国要求所有进口汽车必须装有防污装置，否则拒绝进口。与此同时，ISO14000 环境管理体系也已被世界上的 203 个国家所采用。

问题：

(1) 绿色保护的实质在于保护什么？

(2) 通过贸易手段实施环保，重点在哪三个领域？

最后，附上印第安索瓜米西族酋长西雅图的一篇动人心弦的演说。这篇演说是 1851 年在美国华盛顿州的布格海湾发表的。当时，美国政府正要求签约，以 15 万美元买下印第安人的近 1 万平方千米土地。

你怎能把天空、大地的温馨买下？我们不懂。

若空气失去了新鲜，流水失去了晶莹，你还能把它买下？

我们红人，视大地的每一方土地为圣洁。在我们的记忆里，在我们的生命里，每一根晶亮的松板，每一片沙滩，每一撮幽林里的气息，每一种引人自省、鸣叫的昆虫都是神圣的。树液的芳香在林中穿越，也渗透了红人亘古

以来的记忆。

白人死后漫游星际之时,早忘了生他的大地。红人死后永不忘我们美丽的出生地。因为,大地是我们的母亲,母子连心,互为一体。绿意芬芳的花朵是我们的姊妹,鹿、马、大鹰都是我们的兄弟,山岩峭壁、草原上的露水、人身上和马身上所散发出的体热,都是一家子。

京城华盛顿的大统领传话来说,要买我们的地。他要的不只是地。大统领说,会留下一块保护地,留给我们过安逸的日子。这么一来,大统领就成了我们的父亲,我们成了他的子女。

我们会考虑你的条件,但这买卖不那么容易,因为,这地是圣洁的。

溪中、河里的晶晶流水不仅是水,更是我们世代祖先的血。若卖地给你,务请牢记,这地是圣洁的,务请教导你的子子孙孙,这地是圣洁的。湖中清水里的每一种映象,都代表了一种灵意,映出无数的古迹、各样的仪式,以及我们的生活方式。流水的声音不大,但它说的话,是我们祖先的声音。

河流是我们的兄弟,它解我们的渴,运送我们的独木舟,喂养我们的子女。若卖地给你,务请记得,务请教导你的子女,河流是我们的兄弟,你对它,要付出爱,要周到,要像爱你自己的兄弟一样。

白人不能体会我们的想法,这点,我知道。

在白人眼里,哪一块地都一样,可以趁夜打劫,各取所需,拿了就走。对白人来说,大地不是他的兄弟,大地是他的仇敌,他要一一征服。

白人可以把父亲的墓地弃之不顾。父亲的安息之地、儿女的出生之地,他都可以不放在心上。在他看来,天、大地、母亲、兄弟都可以随意买下、掠夺,或像羊群、串珠一样卖出。他贪得无厌,大口大口地吞食土地之后,任由大地成为片片荒漠。

我不懂。

你我的生活方式完全不同。红人的眼睛只要一看见你们的城市就觉得疼痛。白人的城里没有安静,没地方可以听到春天里树叶摊开的声音,听不见昆虫振翅作乐的声音。城市的噪音羞辱我们的双耳。晚间,听不到池塘边青蛙在争论,听不见夜鸟的哀鸣。这种生活,算是活着?

我是红人,我不懂。

清风的声音轻轻扫过地面,清风的芳香,是经午后暴雨洗涤或浸过松香的,这才是红人所愿听愿闻的。

红人珍爱大气，人、兽、树木都有权分享空气，靠它呼吸。白人，似乎从不注意人要靠空气才能存活，他们像坐死多日的人，已不能辨别恶臭。若卖地给你，务请牢记，我们珍爱大气，空气养着所有的生命，它的灵力，人人有份。

风，迎着我祖父出生时的第一口气，也送走他的最后一声叹息。若卖地给你，务请将它划为圣地，使白人也能随着风尝到牧草地上浓郁的花香。

务请教导你的子女，让他们知道，脚下的土地，埋着我们祖先的骸骨；教你的子弟尊崇大地，告诉他们，大地因我们亲族的生命而得到滋润；告诉他们，红人怎样教导子女：大地是我们的母亲，大地的命运，就是人类的命运，人若唾弃大地，就是唾弃自己。

我们确知一事，大地并不属于人；人，属于大地，万物相互效力。也许，你我都是兄弟。等着看，也许，有一天白人会发现：他们所信的上帝，与我们所信的神，是同一位神。

或许，你以为可以拥有上帝，像你买一块地一样。其实你办不到。上帝是全人类的神，上帝对人类的怜恤是平等的，不分红、白。上帝视大地为至宝，伤害大地就是亵渎大地的创造者。白人终将随风消逝，说不定比其他种族失落得更快，若污秽了你的床铺，你必然会在自己的污秽中窒息。

肉身因岁月而死亡，要靠着上帝给你的力量才能在世上灿烂发光，是上帝引领你活在大地上，是上帝莫名的旨意容你操纵白人。

为什么会有这种难解的命运呢？我们不懂。

我们不懂，为什么野牛都被戮杀，野马成了驯马，森林里布满了人群的异味，优美的山景，全被电线破坏、玷污。

丛林在哪里？没了！

大鹰在哪里？不见了！

生命已到了尽头，

是偷生的开始。

大宪章：王权与民权的妥协
——国际理解课程讲义

扈永进

> 在你们未来的人生中，做一个慷慨大方的人。在任何谈判中，都把最后一点点利益留给对方。不要把桌上的钱都拿走。在合作中，不要把荣誉留给自己。成功合作的任何一方，都应获得全部荣誉的 90%。
>
> ——摘自朱棣文 2008 年在哈佛大学毕业典礼上的演讲词

一、约翰国王征重税

13 世纪初，英格兰出现了一位好战却又屡战屡败的国王约翰。在连年的对外战争中，他几乎失去了英格兰在欧洲大陆上的全部领地。因此，约翰王又被称为"失地王"。为了维持战事，约翰王加紧了对市民和贵族的盘剥。他把贵族的继承税上调了 100 倍，兵役免除税提高了 16 倍，与此同时，牛、羊、小麦的价格也都成倍上涨。约翰王越来越无所顾忌，他不断地开征新税和加税。这样，就破坏了贵族和国王之间那个不成文的却流传已久的契约。

二、马蹄声碎温莎堡

1215 年 6 月 15 日清晨，一阵阵急促的马蹄声"惊醒"了温莎堡。几十个英国贵族身带佩剑来到此地，齐齐地聚集在一片青草地上。他们聚集于此的目的，是要向一贯专横而粗暴的国王约翰递交一份请愿书，要求国王保证从今以后，遵守法律，不再侵犯贵族的权利。他们的随从和一大队铁甲骑兵则隐伏在附近茂密的树林里，时刻准备着。一旦这场与国王的"说法"谈判失败，他们便会全军出动，向会场冲锋。

三、羊皮纸上写的是什么

在紧张的静默和等待中，连太阳也不安地躲在了阴云里。上午9时左右，温莎堡方向终于出现了一支马队。人们逐渐看清了，那是约翰国王、教皇使节、坎特伯雷大主教和一小队卫士。国王一行在绿草地上漫不经心地下了马，随后，一个贵族代表迎上前去，简要地说了几句话，并向国王献上了那一卷羊皮纸。

约翰王展开那卷羊皮纸，大略地浏览了一下，只见上面写着："国王在没有征得贵族同意时，不可随意收取赋税，也不能任意向臣民勒索钱款……不经同等身份的人的合法裁决和本国法律的审判，国王不得将任何人逮捕囚禁，不得剥夺其财产，不得施加任何刑罚折磨……"还有许多鸡毛蒜皮的"不得这样""不得那样"。最后那一条，令约翰王皱了皱眉头，这一条写道："假如国王违背诺言，贵族则有权拿起武器驱除暴君……全国人民都应站在起义者这一边……"

据说，当时出现了短暂的静默，绿草地上的空气严峻得似乎要凝住。之后，国王竟出乎意料地点了点头，表示了同意，并将这卷羊皮纸——"贵族权利纲领"——转给了他的大法官。然后，国王不失尊严地离开了绿草地，返回了温莎堡。

四、人民自由之契约

四天后，以这卷羊皮纸为蓝本、经大法官们修饰敲定的"英国人民自由契约"——《大宪章》诞生了。这便是人类历史上第一部宪法的雏形。

五、限制国王滥用职权

1. 给予贵族权利，限制王权

《大宪章》的主要内容是要求给予贵族权利，限制王权。其目的是维护贵族的利益，结束约翰王滥用权力的局面。大宪章虽然是为了维护贵族的利益，但它的内容既包括了人民应该享有的消极权利，又包括了人民应该享有的积极权利，具有一定的进步意义。

2. 政教分离的原则

在消极权利上，《大宪章》着重限制王权，要求给予教会、贵族和骑士各种权利，特别是给予他们政治权利。由于英国是一个基督教国家，政教矛盾特别尖锐，所以《大宪章》首先争取教会的自由权利。《大宪章》明确宣布了政教分离的原则，第63条规定："我们的意志是坚定地使英国教会拥有自由的权利。"这一规定是一个划时代的宣言，它改变了英国的政治格局。在此之前，政教纷争严重，教会试图控制国政，而国王则要管辖教会。《大宪章》订立后，教会的地位不再受国王的干预。这对于削弱王权是有积极作用的。

3. 地方政府享有自由权

《大宪章》规定地方政府享有自由权。第13条规定，伦敦应"享有旧有之自由与自由习惯，其他城市、州、乡镇和港口也应有自由"。

4. 司法自由

《大宪章》的独特之处在于它要求司法自由。第34条规定："自由人享有司法权。"第40条和第45条又进一步宣布，"我们不会把权利和正义出卖给任何人"，强调自由人"享有同等审判权"，要求"公平听证"，成立独立和无偏见的法庭。

5. 人身自由

《大宪章》规定人身自由。第39条规定："非经法庭的审判和法律定罪，国王不得逮捕、关押任何自由人；不能宣布自由人不受法律保护，也不能用任何方式迫害自由人。"

6. 禁止国王向人民强加税收

《大宪章》在要求倾听人民的呼声时，谈到了代议制政府问题。第12条规定："非经'大会议'同意，禁止国王向人民强加税收。"

六、人民的积极权利

《大宪章》在强调人民的消极权利时，用了大量的篇幅来论述人民的积极权利。例如，大宪章要求国王不能侵犯贵族和骑士的封建利益，第16条规定："国王不能强迫占有骑士采邑或其他自由保存地之人服额外之役。"第15条禁止额外征税。

1. 财产权

在人的积极权利上，《大宪章》谈得最多的是保卫个人的财产权和保护妇女儿童的社会经济权利。《大宪章》共63条,其中有21条是论述财产权的,可见英国教会、贵族和人民对财产权的重视。英国贵族认为,财产权的核心是禁止国王剥夺人民的财产。例如,第31条规定:"任何人不得拿走任何自由人的马和车。"这一条规定是禁止国王任意强征人民的车马,夺走人民的生活工具。第31条规定:"除非得到所有者的同意,否则禁止任何人任意占领其他人的森林。"第52条规定:"如果没有主人的合法同意,不能剥夺其土地、城堡、自由和权利。如果被剥夺了,被剥夺者有权立即恢复这些权利。"

2. 家庭、妇女和儿童的权利

除了财产权以外,《大宪章》强调的最多的是保护家庭、妇女和儿童的权利。其中,至少有10条强调要保护各个家庭的家庭成员、妇女和儿童的权益。英国贵族之所以如此重视保护他们的家庭、妇女和儿童,是因为在中世纪的英国,国王有权控制诸侯、贵族和骑士家中妇女的婚姻和家务等事情,干涉了诸侯、贵族和骑士的自由。《大宪章》第8条规定:"在她失去丈夫时,不能扣押这个寡妇的财物而迫使她再婚。"第11条规定:"如果任何人死后需要偿还欠债,其妻子将得到亡夫的财产,而不必为亡夫偿还这笔债务。死者未成年的孩子也将从属于死者的地产中得到他们所需要的生活必需品。"为了保卫儿童的利益,《大宪章》特别规定,当继承人年幼时,由监护人"保管其房屋和草地,保管饲养小牲畜的围地、池塘、磨房和其他东西。当继承人长大后,就要把所有的东西归还给他们,把所有的地产还给他们,给他们犁和畜牧工具"。《大宪章》第27条中还规定:"如果一个财产所有者死亡时未能留下遗嘱,那么其财产将由其亲友分配给其寡妻和孩子。"虽然这些规定也涉及了财产权和继承权问题,但从根本上说,都是在保证死者的妻子和儿女的经济和社会权利。

3. 贸易、迁移和居住权

除了保护家庭、妇女和儿童的权利外,在社会经济权利方面,《大宪章》还对贸易、迁移和居住权作了规定。第14条规定:"所有进出英国的商人都享有安全权。无论在英国居留还是旅行的人,其安全都应该得到保障。"第27条又进一步规定:"任何人任何时候出入英国都将得到安全保障。"

1215年签署的《大宪章》,确立了国王必须遵守法律的原则,以及等级会议有权监督财政的原则。整个《大宪章》的精神就是要保护个人的尊严,反对国王滥用手中的权力,强调尊重人权,保证个人不受侵害,并要求制定宪法以保证上述权利的实现。这种法治的思想，不仅是在为贵族、骑士等人的利益服务，而且以长远的眼光来看，有助于推动普通百姓为争取人权而进行斗争。

七、光荣革命：大宪章运动的延伸

1. 英国是现代宪政的起源国

英国是公认的现代宪政的起源国，现代宪政的议会制度、三权分立制度、警察制度、责任内阁制度、文官制度等的基本内容都源自英国。17世纪英国的光荣革命缔造了英国的宪政传统。早在1215年，英国国王与贵族签订了具有划时代意义的《大宪章》，成为封建制下约束英王权力的唯一契约。可见，英国的宪政源自于体制内的发展，而不是体制外的革命。

2. 光荣革命的经过

1685年，詹姆士二世继承了王位，他释放了一大批被监禁的天主教徒，并起用天主教徒担任军官。1687年，他又发布了"信教自由宣言"，变本加厉地进行专制统治，严重威胁到了辉格党人和托利党人的利益。这时詹姆士已经年老，但尚无子嗣，辉格党人和托利党人怕推翻詹姆士后会引起新的人民革命运动，于是决定暂时忍耐，等詹姆士老死之后再说。

1688年，詹姆士得有一子，他们知道等待已经无望，就断然通过议会派遣代表去荷兰迎来了詹姆士的女儿玛丽和女婿威廉，并由各区代表组成代表会议，正式宣布詹姆士下野，议会重掌大权，而威廉亦即位成为威廉三世。因为这场革命未流血，故史称光荣革命。至此，英国议会与国王近半个世纪的斗争以议会的胜利而告终，这也是英国资产阶级取得的一次胜利。

3. 光荣革命爆发的原因

首先，在于英国传统政治体制的特殊性。英国的封建制与东方的集权式封建制完全不同。在英国拥有实力的贵族成为制衡国王的力量，而东方的贵族没有这种力量，这也是东方难于产生内生性的资产阶级革命的原因之一。

其次，英国国王只能以自己的财产收益管理国家，公民的私人财产权得到承认和保护，国王拥有的并不是整个国家的财产，这一点也和东方的封建国家不同。承认私人财产权是宪政诞生的一个前提，资产阶级宪政之所以无法在中国立足，根本原因就在于在封建传统体制中人民的财产没有获得承认。正是因为英王的财产是有限的，使其无法承担日益膨胀的国家事务的经济开支，事权和财权严重脱节，从而导致了国王与贵族之间对财富的争夺，并最终引发了战争。因此，很多学者都认为，光荣革命实际上是一场财政革命，最终的结果不过是将事权与财权统一到议会手中而已。

4. 光荣革命的后果

从1603年的斯图亚特王朝开始，至1689年《权利法案》通过，英国资产阶级革命的核心始终是以议会限制王权，实行君主立宪制。1688年的光荣革命，实现了议会统治和主权在民的统一，但一方面由于资产阶级还没有强大到足以依靠自身的力量来限制王权程度，另一方面由于英国的新贵族一直保有自由传统，并且长期以来都是在依靠议会同王权斗争，两者有着共同的目标——限制王权，所以两者在革命中均向对方作出了一定的妥协。

两者的妥协是自由和权利的复合物，反映了共同的社会基础——有发展资本主义需求的市民社会。黑格尔曾如此评价英国资产阶级革命：英格兰以极大的努力，维持着旧有的基础；英国宪法在惊涛骇浪之中，仍然保持了它的地位。英国宪法乃是若干纯粹特殊权利的复合物，政府在本质上属于行政管理性质——保护一切特殊阶层和阶级的利益。英国政府在世界各国的政府之中可以做的事情最少。

1649年英国革命第一阶段结束时，议会主权思想基本形成。在议会主权思想的形成过程中，代表新兴资产阶级力量的下议院多次提出议案，要求限制王权，而贵族院则主张保留王权。议会主权思想的形成反映了新兴市民社会各个阶层的要求，即建立限制绝对权力的民主政治。

1689年的《权利法案》重申了议会必须定期召开、言论自由、征税权属于国会、国民可以自由请愿等各项有关公民权利的规定。《权利法案》是对1215年《大宪章》以后的所有关于民主宪政的法案的重申，是对权利的重新保障。

洛克的政治思想与《权利法案》的精神是统一的，所以罗素认为英国宪法直到大约50年前为止，仍是以他的学说为基础。洛克认为财产是设立民主政治的主要原因，这同市民社会成长所要求的政治变革目的相一致。

5. 光荣革命的影响

光荣革命的影响有三。其一，确立了"君主立宪制"，国王不能随意解散议会，自此之后，国王便慢慢成为象征性的职位。其二，议会牢牢地掌握了增开新赋税的绝对权力，国王可以提出开支议案，但只有议会可以批准议案并划拨资金。其三，司法独立，废除了特权法庭。

首先而且也是最主要的是,这次革命开创了"议会至上"的时代。革命后不久,英国便确立了新的政体,即"君主立宪制"。国王不再以"君权神授"为由凌驾于法律之上。"议会至上"原则使议会在不断演变的政治进程中发挥固定、持久的作用,它直接制约着国王,国王再也不能随心所欲地召集或遣散议会了。

议会还在财政事务中获得了重要的地位,牢固地确立起了在开增新税赋方面的绝对权力;同时,国王独立的税收来源也受到了限制。这意味着,国王要实现自己的目标,就必须与议会建立良好的关系。总而言之,在审查政府如何花费方面,议会获得了前所未有的权力。议会对政府开支的否决权,以及对资金使用情况的监督权,都极大地限制了国王的权力。

支配现代世界的观念
——世界观与方法论课程讲义

扈永进

【教师的话】长期以来，我们一直都相信，历史总是在前进，一个新的社会形态比其前身总是一种进步，人类社会总是呈现出向着一个更美好的方向发展的总趋势。静下心来，我们不禁会想，是什么力量让我们的世界走向这样一条道路？这条道路是不是别无选择？是哪些人引导我们这样思考问题？世界上曾经出现过哪些观念，这些观念怎样决定着人类社会的走向？

一、古代西方的世界观

1. 古希腊的世界观

古希腊历史学家海西奥德把人类历史划分为5个时代：黄金时代、白银时代、青铜时代、英雄时代和铁器时代。他的排序结论是，一个比一个退化和粗俗——历史是一个衰亡的过程！

海西奥德在公元前8世纪写道：

黄金时代——鸿蒙初辟之时，奥林匹斯山上的诸神缔造了黄金般的生灵……他们像神一样地生活，无忧无虑，没有悲伤，没有劳顿。等待着他们的不是可悲的衰老，而是永葆的青春。他们欢宴终日，不知罪恶之骚扰。死亡之到来一如睡眠之降临。他们拥有一切美好之物，富饶而又慷慨的大地为他们奉献源源不断的丰收。在一片莺歌燕舞中人们和睦相处。

铁器时代——人们日间辛苦劳作，夜间则受尽侵害，不得安宁。父亲与子女离心离德，主人与客人反目为仇，友朋之间尔虞我诈……父母迅速衰老，受尽耻辱……光明磊落、恪守信用者不得重用，骄横行恶之士反而见宠。正义被暴力压倒了，真理不复存在。

【链接1】

现代人因为每周只需工作四十小时，而且每年又有二、三星期的假期而沾沾自喜。但是绝大多数狩猎—采集型社会成员会觉得这样的生活简直令人无法忍受。当代的狩猎—采集型社会的成员每周工作还不到十二至二十小时，而且每年有少则数周，多则数月根本不干活。他们有更多的时间来进行各种娱乐活动，包括游戏、体育、艺术、音乐、舞蹈、宗教仪式和探亲访友等。与一般人的看法恰恰相反，对世界上还存在的狩猎—采集型社会的研究表明，他们有些人也是世界上最健康的人。他们的食物十分有营养，许多人像非洲丛林人一样在没有现代医学帮助的情况下，能活到六、七十岁。很多狩猎-采集型社会十分重视合作与分享，彼此之间，甚至与外部民族也很少有战争或侵略行为。（摘自《熵：一种新的世界观》）

2. 基督教的世界观

基督教神学把历史划分为开始阶段、中间阶段和终结阶段，分别表现为创世、赎罪和最终审判。虽然人类历史的发展是直线的而非循环的，但它不会朝着一个完美的境界发展。相反，基督教的世界观认为历史是一场斗争，在这场斗争中罪恶的力量不断在尘世播下混乱与分崩离析的恶种。

在基督教的世界观中，另一个非常重要的概念是原罪。这个概念宣示人类的生活注定是每况愈下的，并排除了人类不断改善其命运的任何可能性。人的毕生使命就是寻求通往伊甸园的回归之路。在基督教看来，上帝干预着我们生活的所有方面，人该何去何从完全是上帝的旨意，创造历史的是上帝而不是人。

二、现代世界观的产生

1. 机器时代世界观的先导：雅克·吐尔古（法国）

1570 年的一天，巴黎大学教授雅克·吐尔古步入一个教室，取出讲稿，用拉丁文宣读了一篇由两个部分组成的关于新的历史观的论文。

他驳斥了循环往复的历史观，又批判了不断衰亡的历史观。他尖锐地指出历史是直线发展的，而且每个阶段与其前身相比都是一个巨大的进步。他认为历史是一个累进的过程，第一次肯定了不断地变化和运动。他也承认历史的进化过程是不平衡的，有时甚至会出现停止和倒退，但他却坚信历史呈现出一种向美满的现代生活发展的总趋势。

2. 机器时代的世界观之一：弗兰西斯·培根（英国）

英国科学家培根曾经说过："所有科学的真正正当的目标，应该是赋予人类以新的发现与力量。"可见，古希腊人曾认为科学和知识的任务是"认识世界"，而培根则认为其意义应重在"改造世界"。这令我们想起了他的另外一句话："知识就是力量。"

培根告诫人们要"按世界的本来面目，而不是按照我们理智的意愿，在人类的认识中建立起一个真正的世界模型。"他还认为，一个认识世界的新方法已经出现了，它能"大大地开拓人类帝国的疆域，并将是无所不能的"。培根认为客观认识能使人类"驾驭自然万物——包括人体、医药、机械力量等等一切"。

3. 机器时代的世界观之二：勒奈·笛卡尔（法国）

笛卡尔认为，认识世界，探索它的一切奥秘，并使之为人类服务的关键可以归结为两个字——数学。

他说："我苦思冥想，终于悟出了万物都可以归纳为数学的道理。数学探讨的是秩序与度量，而无论是数字、图形、星座、声音或是其他事物，都有一个度量的问题。我从而认识到，一定有一门概括性的科学来整体地解释这种引起秩序与度量问题的现象。我发现这门科学即是广义的数学。这样一门科学应该包含人类理智的精华，它的范围应该包含每门学科可靠结论的取得。"

笛卡尔提出了一个论点，这个论点后来成了机械论模式中的一个最为重要的公理："坦率地说，我坚信它（数学）是迄今为止人类智慧赋予我们的最有力的认识工具，它是万物之源。"就这样，笛卡尔成了第一位笃信机械论世界观的"真正信徒"。

笛卡尔的数学世界无色、无味，它滴水不漏，天衣无缝。说到底，还有什么比代数与几何学更加整齐规矩呢？数学代表彻底的秩序，而心有灵犀的笛卡尔更是用一句话消灭了所有零乱、混杂和存在嫌疑的东西。在笛卡尔的世界里，万物各得其所，相互之间的关系十分和谐。世间的一切都精确无误，不存在任何混乱。

4. 机器时代的世界观之三：艾萨克·牛顿（英国）

牛顿发明了描述机械运动的数学方法，他声称该定律能解释树叶落地的方式，他还声称："自然界的所有现象都可能产生某些力。出于一些我们迄今还不了解的原因，这些力驱使一些物体颗粒互相吸引并以一定图形相聚，并使另外一些颗粒互相排斥。"

牛顿的三大定律告诉我们："在没有外力作用的情况下，静止的物体仍处于静止，运动中的物体做匀速直线运动；物体的加速度大小与作用力成正比，方向与作用力方向一致；每一个作用力都产生大小相等、方向相反的反作用力。"

牛顿的数学研究方法发表后不久，就成了各主要大学的必修课程。他的名字在欧洲家喻户晓。1727年他去世时，英国还为他举行了皇家葬礼。

机械论模式把万物的质从它们的量中分离出来并排除在考虑之外，从而使它们的世界变成了一个完全由没有生命的物质组成的冷冰冰的世界。由此，人们把历史看成是不断进步的过程，把社会从杂乱无章的状态带到了牛顿的机械论世界观所阐述的井然有序、准确可靠的状态。

牛顿定律提出之后，有两个人立刻开始寻找这些普遍规律与社会运行之间的关系。他们是约翰·洛克和亚当·斯密。

5. 机器时代的世界观之四：约翰·洛克（英国）

既然牛顿已经告诉我们，自然界的运动是有规律的，那么，就会有人思考这样一个问题：为什么人类活动却是如此没有规律呢？洛克便是思考者之一。

他的结论是，社会的自然规律之所以没有被遵循，是因为人们把社会秩序建立于非理性的传统和习俗之上，这些陈规陋习来源于多年来一直盛行的神权统治。

洛克以理智作为武器，开始寻求社会的"自然"基础。他断言宗教不能作为社会的基础，因为上帝就其定义而言是不可知的，我们怎么可以用不可知的东西作为社会的基础呢？他提出，宗教作为个人的私事是合情合理的，但是不能成为公共事务的基础。由此，洛克把上帝驱除出了人类历史的舞台，正像培根把上帝驱除出了自然界一样。

为此，洛克提出了一个至今还统治着现代世界观的论点——我们看见的就是一个完全由为自身生存而奋斗的个人组成的社会；这个社会只有一个目的，就是保护社会成员的私有财产。彻头彻尾的个人利益，成了建立社会的唯一基础。个人应该努力积聚属于个人的财富，个人利益是社会的唯一基础。

在洛克看来，政府的神圣职责就是给予人民运用他们获得的征服自然的能力去创造财富的自由。洛克宣称："对自然的否定，就是通往幸福之路。"必须把人们"有效地从自然的束缚下解放出来"。

然而对私有财产无止境的追求会不会引起人与人之间的相互残杀，最后使一部分社会成员沦为财富积累过程的牺牲品呢？洛克认为不可能，因为人类就其本性而言是善良的，使人为恶的只是匮乏和贫困。只要不断增加社会财富，社会就可永保安宁。他认为大自然中"有着取之不尽的财富，可让匮乏者用之不竭"。人们可以为所欲为，因为他们之间没有利害冲突。就这样，洛克成了宣扬无止境增长与物质财富的哲学家。

洛克就这样决定了现代人的命运。从启蒙时代开始，人类就只能在生产和消费所带来的愉悦中寻找他们的人生目的和意义。人们的所有需求和欲望、梦想和追求，都被囿于对物质利益的追求之中了。

【链接2】

洛克很瞧不起美洲的印第安人，说他们是生活在世界最富饶的土地上，却懒散终日，不愿开发他们财富的人。"在那里，辽阔富饶土地的君主，其衣食住行还不如一个英国的普通劳动者。"

6. 机器时代的世界观之五：亚当·斯密（英国）

英国经济学家亚当·斯密对机械论世界观推崇备至，并决心建立起一种经济理论来反映牛顿模式的一般概念。亚当·斯密与洛克如出一辙，坚信人类活动的基点是物质的私利。既然"人不为己天诛地灭"，那么社会就不应该妨碍他们追求物质利益，谴责他们的自私自利。相反，我们应该实事求是地承认，人们满足自己需要的欲望其实是一种能使他人得益的美德。只有通过个人的自私活动，才能化贫乏为富庶。

他说："每一个人都在不断经营，使他的资本得到最为有利的使用。他关心的确实是他自己的利益，而不是社会的利益。然而对自己的利益深思熟虑之后，他自然也必定会作出一个同时也有利于社会的选择。"

就像洛克在论及社会关系时一样，亚当·斯密明确无误地把道德这个概念从经济学中剔除出去。任何把道德强加于经济之上的企图都妨碍了那只"看不见的手"。所谓"看不见的手"指的是制约经济的活动过程，自动调节资本投资、就业、资源和物质生产的自然规律。人们尽可能绞尽脑汁地去理解这个规律，但对这只"看不见的手"的活动还是无可奈何，就像他们无力控制万有引力定律一样。

既然这个控制着合乎情理的市场的"自然"力量具有最大的效率，那么，最理想的生财之道就是让明智而又贪财的个人，完全自由地进行贸易和竞争。因为经济学梦寐以求的，就是一个不断扩大的市场，那么任何能够带来增值效应的行动都应该受到欢迎。

亚当·斯密认为，人们追求物质利益从本质上来说都是以自我为中心的。他的理论把人类的一切欲望，都降低到以满足生理需求为目的的对物质财富的追求上。没有任何道德选择可言，只有蝇营狗苟的人们在作着功利主义的判断。

7. 机器时代的世界观之六：社会达尔文主义（英国）

达尔文1859年发表了《物种起源》。达尔文生物进化理论的成就，比牛顿在物理学领域的建树毫不逊色。其实它完全可以后来者居上，挤走机械论世界观。然而这一切都没有发生，达尔文理论最后反而沦为了牛顿机械论世界观的附庸。

赫伯特·斯宾塞等社会哲学家对达尔文的物种进化理论如醉如痴，用它为机械论世界观寻找依据。他们类比进化论得出这样一个结论——生物是进化的，所以社会也必然是进步的。斯宾塞等所谓的"社会达尔文主义者"，把自然选择理论变成了"物竞天择，适者生存"。他们进一步为鼓吹个人利益能带来物质文明和社会秩序的机械论世界观提供了依据。

他们对"适者生存"下了这样的定义：在自然界，每个生物都与其他生物无情地搏斗着；能够幸存下来并把它们的特性遗传给后代的，是那些最善于保持自己物质利益的生物。进化本身被看成是一个秩序不断完善的过程，这个日益完善的秩序的产生，是因为更新一代的物种都能更好地满足自己的物质利益与需要。

这种进步观是机器时代的一个重要特征。用最抽象的话来说，进步就是人们改造"较少秩序"的世界，把它变成更有秩序的物质环境的过程。对"进步"的迷信是机器时代最典型的哲学解读和社会心理特征。

三、结语：关于现代世界观

培根、笛卡尔、牛顿、洛克、斯密和斯宾塞都是机械论世界观的伟大普及者，其他许多人不过是他们的继承者。他们的基本观点流传至今，并深刻地影响甚至决定着现代社会的发展流向。

机械论世界观可用以下几句话来概括：

（1）宇宙间有一个可以在天体的运行中观察到的精确的数学规律，因此，必须在我们这个世界上建立一种井然的秩序。

（2）怎样安排自然万物，才能使之反映出宇宙秩序呢？答案是以最有利于人类追求物质利益的方式来安排自然万物。

（3）这个宏伟的新模式的逻辑结论就是：我们积累的物质财富越多，世界就必然越有秩序。物质财富的不断积累，成了进步的同义词。

（4）坚信人类活动的基点是物质的占有欲。个人应该努力积聚属于个人的财富，个人利益是社会的唯一基础。

（5）科学技术是履行这个使命的工具。

诸子百家之走近孔子
——诸子百家课程系列讲义

扈永进

一、孔子简介

孔子（公元前551～前479），名丘，字仲尼，春秋时期鲁国人。我国历史上伟大的思想家、教育家，儒家学派的创始人。孔子为我国古代文化的整理、研究和传播作出了不朽的贡献，他的思想和学说是中国文化乃至世界文明的重要财富。联合国教科文组织把孔子列为"世界十大历史名人"之一，由此可见他在世界文明史上的地位。孔子思想、学说的精华，比较集中地体现于《论语》一书。

二、教师的话

1. 希望我们能够以一个人的视角去看孔子，而不是将其作为一个文化符号。

2. 原作后面的文字是教师的读后感，也是给学生的导读，纯属一家之言，有待商榷，只希望能够作为引玉之砖。

三、《论语》选读

1. 子曰："学而时习之，不亦说乎！有朋自远方来，不亦乐乎！人不知而不愠，不亦君子乎！"

点评：圣人的快乐，君子的胸怀。

2. 子曰："巧言令色，鲜矣仁。"

点评：在这个技巧至上的时代，让我们记住这句来自古代的警告。

3. 曾子曰："吾日三省吾身——为人谋而不忠乎？与朋友交而不信乎？传不习乎？"

点评：自我反省，一个良好的习惯。

4. 子曰："君子食无求饱，居无求安，敏于事而慎于言，就有道而正焉，可谓好学也已。"

点评：形而下与形而上的人生追求。

5. 子贡曰："贫而无谄，富而无骄，何如？"子曰："可也，未若贫而乐，富而好礼者也。"

点评：还是老师棋高一着。

6. 子曰："不患人之不己知，患不知人也。"

点评：当我们选择认同别人的时候，一切将如期而至。

7. 子曰："《诗》三百，一言以蔽之，曰：思无邪。"

点评：你能用三个字概括一部名著吗？

8. 子曰："吾十有五而志于学，三十而立，四十而不惑，五十而知天命，六十而耳顺，七十而从心所欲，不逾矩。"

点评：人生，就这样走向丰富与博大。

9. 子曰："温故而知新，可以为师矣。"

点评：想当老师，很简单也很复杂。

10. 子曰："君子不器。"

点评：人是一种无限发展的可能。

11. 子曰："君子周而不比，小人比而不周。"

点评：原来，团结友爱与拉帮结伙大不同啊。

12. 子曰："学而不思则罔，思而不学则殆。"

点评：学习与思考，是谁的两个翅膀？

13. 子曰："由，诲汝知之乎？知之为知之，不知为不知，是知也。"

点评：科学的前提在于求真，首先要有一个真实的做人态度。

14. 子曰："唯仁者能好人，能恶人。"

点评：世上所有的坏人都是没有原则的，除非关乎自己的利益。

15. 子曰："朝闻道，夕死可矣。"

点评：当真理对你而言如同生命甚至高于生命的时候，你会成为谁？

16. 子曰："士志于道，而耻恶衣恶食者，未足与议也。"

点评：对生活方式的选择，是判断一个人的最简单的标准和方法。

17. 子曰："君子怀德，小人怀土；君子怀刑，小人怀惠。"

点评：你想什么，什么就是你。

18. 子曰:"不患无位,患所以立。不患莫己知,求为可知也。"

　　点评:现代人说,机遇总是偏爱有准备的头脑。

19. 子曰:"君子喻于义,小人喻于利。"

　　点评:每个人都有他的聪明,但是聪明的方向不一样。

20. 子曰:"见贤思齐焉,见不贤而内自省也。"

　　点评:有时候,我们选择的往往是嫉妒与张狂。

21. 子曰:"父母之年,不可不知也。一则以喜,一则以惧。"

　　点评:情感的悖论之一。

22. 子曰:"君子欲讷于言,而敏于行。"

　　点评:现代的标准似乎与之有异——既要能干,又要能说。

23. 子曰:"德不孤,必有邻。"

　　点评:这是我们对世界的最终信心吗?

24. 子曰:"道不行,乘桴浮于海。从我者,其由与!"

　　点评:失望是一种难以避免的情绪,即使聪明如孔子,也未能逃脱。

25. 宰予昼寝。子曰:"朽木不可雕也,粪土之墙不可圬也。于予与何诛?"子曰:"始吾于人也,听其言而信其行;今吾于人也,听其言而观其行。于予与改是。"

　　点评:哦,最伟大的教育家也有气急败坏的时候。

26. 子贡曰:"我不欲人之加诸我也,吾亦欲无加诸人。"子曰:"赐也,非尔所及也。"

　　点评:学生体会到了生活的无奈,老师说你别无选择。

27. 子曰:"巧言,令色,足恭,左丘明耻之,丘亦耻之。匿怨而友其人,左丘明耻之,丘亦耻之。"

　　点评:真诚是一种人生选择,更是一种勇气。

28. 颜渊、季路侍。子曰:"盍各言尔志?"子路曰:"愿车马,衣轻裘,与朋友共,蔽之而无憾。"颜渊曰:"愿无伐善,无施劳。"子路曰:"愿闻子之志。"子曰:"老者安之,朋友信之,少者怀之。"

　　点评:三个人——不,三种人!

29. 子曰:"十室之邑,必有忠信如丘者焉,不如丘之好学也。"

　　点评:孔子并不认为自己比谁德行高尚,但他可以自豪地说:"我比别人用功。"

30. 伯牛有疾,子问之,自牖执其手,曰:"亡之,命矣夫!斯人也而有斯疾也，斯人也而有斯疾也！"

点评：生离死别，不只在于爱情！

31. 子曰："贤哉，回也！一箪食，一瓢饮，在陋巷，人不堪其忧，回也不改其乐。贤哉，回也！"

点评：精神的丰富，往往可以淡化物质生活的贫瘠——颜渊的故事。

32. 子曰："质胜文则野，文胜质则史。文质彬彬，然后君子。"

点评：这才是孔子心目中的君子。

33. 子曰："知之者不如好之者，好之者不如乐之者。"

点评：真正的学问必然会给人带来莫大的快乐。

34. 子曰："知者乐水，仁者乐山。知者动，仁者静。知者乐，仁者寿。"

点评：随岸赋形、灵活多变、奔放激越的是谁？巍然屹立、大德好生、恒久不变的又是谁？

35. 子曰："志于道，据于德，依于仁，游于艺。"

点评：不但要做一个好人，而且还要做一个有才华的人。

36. 子曰："不愤不启，不悱不发，举一隅不以三隅反，则不复也。"

点评：所谓智慧，或许就是举一反三。

37. 子于是日哭，则不歌。

点评：其实做一个情感真实而统一的人很不容易。

38. 子谓颜渊曰："用之则行，舍之则藏，惟我与尔有是夫！"子路曰："子行三军，则谁与？"子曰："暴虎冯河，死而无悔者，吾不与也。必也临事而惧，好谋而成者也。"

点评：我觉得，孔子对子路的态度有些过分。

39. 子在齐闻《韶》，三月不知肉味，曰："不图为乐之至于斯也。"

点评：音乐给人的享受居然可以和吃肉相比——如果那两只小耳朵是豹子的呢？

40. 子曰："饭疏食，饮水，曲肱而枕之，乐亦在其中矣。不义而富且贵，于我如浮云。"

点评：不是不可以向往富贵——孔子坚持的焦点在于，是否合乎正义原则。

41. 子曰："二三子以我为隐乎？吾无隐乎尔。吾无行而不与二三子者，是丘也。"

点评：尽管隔阂是永恒的，但我们还是要说："理解万岁！"

42. 子钓而不纲，弋不射宿。

点评：斩尽杀绝从来就是一种残忍，尽管孔子不属于任何环保组织。

43. 子曰："仁远乎哉？我欲仁，斯仁至矣。"

点评：哦，原来做一个好人如此简单——只要你想，你就是。

44. 子曰："文，莫吾犹人也。躬行君子，则吾未之有得。"

点评：理念与行动的距离是永远存在的，但只要我们能意识到，距离就已经缩短了。

45. 子温而厉，威而不猛，恭而安。

点评：温和不等于软弱，威严不等于凶恶，恭敬也可以保持安详。

46. 曾子曰："士不可以不弘毅，任重而道远。仁以为己任，不亦重乎？死而后已，不亦远乎？"

点评：踏上仁义之途，度过你此生所有的岁月。

47. 子曰："民可使由之，不可使知之。"

点评：一个不能使老百姓理解自己的政府，它的失败是注定的。

48. 子曰："不在其位，不谋其政。"

点评：我想起了另外一句话——国家兴亡，匹夫有责。

49. 子绝四：毋意，毋必，毋固，毋我。

点评：凭空猜测，绝对肯定，固执拘泥，自以为是——大家常犯的错误。

50. 子曰："凤鸟不至，河不出图，吾已矣夫！"

点评：对大道不行的失望之情，老子比他更重——绝望。

51. 子在川上曰："逝者如斯夫，不舍昼夜。"

点评：如果生命也像时间长河一样浩渺，我们还有必要存在什么紧迫感吗？

52. 子曰："后生可畏，焉知后来者之不如今也？四十、五十而无闻焉，斯亦不足畏也已。"

点评：年轻是一种资本，但它绝不能保证你的投资一定成功。

53. 子曰："三军可夺帅也，匹夫不可夺志也。"

点评：所有的独裁者和暴君都意识不到这一点，他们总是忽略人民的意志。

54. 子曰："岁寒，然后知松柏之后凋也。"

点评：在冰雪的考验面前，你是一种怎样的乔木？

55. 子曰："知者不惑，仁者不忧，勇者不惧。"

点评：我不太赞同。比如，爱因斯坦的困惑肯定不比阿Q少。

56. 乡人饮酒，杖者出，斯出矣。

点评：所谓教养，不是宣言，而在于细节。

57. 厩焚。子退朝，曰："伤人乎？"不问马。

点评：两千年以后，有豪杰壮汉偕同保镖数人于自家车前痛殴老妪——谁叫她伸手乱摸，弄脏了名车，玷污了主人的尊严！

58. 朋友死，无所归，曰："于我殡。"

点评：死者入土，生者心安。

59. 颜渊死。子曰："噫！天丧予！天丧予！"

点评：他死了，带走了我们生命的一部分。

60. 季路问事鬼神。子曰："未能事人，焉能事鬼？"曰："敢问死。"曰："未知生，焉知死？"

点评：绝妙的回避艺术——中国哲学从此也回避了对终极的追索。

61. 子贡问："师与商也孰贤？"子曰："师也过，商也不及。"曰："然则师愈与？"子曰："过犹不及。"

点评：1.40 和 1.42——都不是 $\sqrt{2}$ 的正解。

62. 季氏富于周公，而求也为之聚敛而附益之。子曰："非吾徒也，小子鸣鼓而攻之可也。"

点评：孔子为什么愤怒——损不足而奉有余啊！造孽。

63. 子曰："论笃是与，君子者乎？色庄者乎？"

点评：有些时候，诚恳笃实、神色庄重都只不过是一种绝妙的伪装。

64. 子畏于匡，颜渊后。子曰："吾以女为死矣。"曰："子在，回何敢死！"

点评：颜渊最受孔子钟爱，看来不是没有道理的。

65. 颜渊问仁。子曰："克己复礼为仁，一日克己复礼，天下归仁焉。为仁由己，而由人乎哉？"颜渊曰："请问其目。"子曰："非礼勿视，非礼勿听，非礼勿言，非礼勿动。"颜渊曰："回虽不敏，请事斯语矣。"

点评："礼"的内涵包括两个方面，其一作为国家制度安排，其二作为个人行为准则。

66. 司马牛问君子。子曰："君子不忧不惧。"曰："不忧不惧，斯之谓君子已乎？"子曰："内省不疚，夫何忧何惧？"

点评：不忧不惧者，我想最少有三种人——白痴、恶棍、君子。

67. 司马牛忧曰:"人皆有兄弟,我独亡。"子夏曰:"商闻之矣:'死生有命,富贵在天。'君子敬而无失,与人恭而有礼,四海之内,皆兄弟也。君子何患无兄弟也?"

点评:只要我们够朋友,我们的朋友就遍天下。

68. 子贡问政。子曰:"足食,足兵,民信之矣。"子贡曰:"必不得已而去,于斯三者何先?"曰:"去兵。"子贡曰:"必不得已而去之,于斯二者何先?"曰:"去食。自古皆有死,民无信不立。"

点评:人民的信任是政府存在的唯一法理依据——现代政体理念之根本。

69. 齐景公问政于孔子,孔子对曰:"君君,臣臣,父父,子子。"

点评:秩序从来都是双方的——爸爸像爸爸,儿子像儿子。

70. 子曰:"片言可以折狱者,其由也与!"子路无宿诺。

点评:说到做到,一定是某种优秀的品质吗?

71. 子曰:"听讼,吾犹人也,必使无讼也。"

点评:做警察抓人,容易;能够让社会上无人可抓,难。

72. 子曰:"君子成人之美,不成人之恶。小人反是。"

点评:从古到今,总是会有一些人特别喜欢看见别人倒霉,那种时候简直就是他的盛大节日。

73. 曾子曰:"君子以文会友,以友辅仁。"

点评:文章的作用在于与朋友沟通,朋友的作用在于互相帮助。

74. 子曰:"其身正,不令而行;其身不正,虽令不行。"

点评:不在于你说的是什么,而在于你是谁!

75. 子夏为莒父宰,问政。子曰:"无欲速,无见小利。欲速则不达,见小利而大事不成。"

点评:有一则寓言故事,叫做"揠苗助长"。

76. 子曰:"君子和而不同,小人同而不和。"

点评:真正的朋友总是尊重彼此的差异,人际和谐绝不等于同流合污。

77. 子曰:"君子泰而不骄,小人骄而不泰。"

点评:小人虽表现得骄傲放肆,但他们的内心里可曾有过片刻的安宁和坦然?

78. 子曰:"有德者必有言,有言者不必有德。仁者必有勇,勇者不必有德。"

点评：真正的勇者，一定不是那些用心卑下的小人。

79. 子曰："志士仁人，无求生以害仁，有杀身以成仁。"

点评：孔子这样解释"仁"——仁者，爱人也。

80. 子曰："人无远虑，必有近忧。"

点评：有时，对快乐来讲，忧虑是其出现的必要前提。

81. 子曰："君子求诸己，小人求诸人。"

点评：失败的时候，你会埋怨别人，还是首先反省自己？

82. 子曰："君子不以言举人，不以人废言。"

点评：所谓科学，或许可以这样理解——钉是钉，卯是卯。

83. 子曰："巧言乱德。小不忍则乱大谋。"

点评：邓小平说过"韬光养晦，有所作为"。

84. 子曰："过而不改，是谓过矣。"

点评：过错是难免的，但最可怕的过错是什么呢？

85. 子曰："当仁，不让于师。"

点评：西谚云"吾爱吾师，吾更爱真理"。

86. 子曰："有教无类。"

点评：现代教育理念之一，承认学生之间存在差异，但不承认其存在差距。

87. 子曰："道不同，不相为谋。"

点评：或许存在另外一种可能——接触他，改变他。

88. 子曰："生而知之者，上也；学而知之者，次也；困而学之，又其次也；困而不学民，斯为下矣。"

点评：我想，我们不能为"上"，但也不要为"下"。

89. 子曰："君子有九思：视思明，听思聪，色思温，貌思恭，言思忠，事思敬，疑思问，忿思难，见得思义。"

点评：在利益面前，我们会及时想到正义吗？如此，才能成为君子。

90. 子曰："道听而途说，德之弃也。"

点评：据我所知，喜欢道听途说传播无聊消息的人，大多是一些好奇心得不到正常满足的家伙，而他们的智商比好奇心又低很多。其实，满足好奇心的方法很多，成本最低的选择是拿起一本书。

91. 子曰："唯女子与小人为难养也，近之则不逊，远之则怨。"

点评：孔子或许没错——那时候，妇女没有独立的经济和人格，奴隶

（小人）也没有。现在好了，妇女和奴隶都解放啦！

92. 子贡曰："君子之过也，如日月之食焉：过也，人皆见之；更也，人皆仰之。"

点评：光明正大地犯错误，光明正大地改正错误——没什么不好意思的。

三、正心的方法

心不在焉，视而不见，听而不闻，食而不知其味。

——《大学·传七》

我们的心理很容易受到外界环境的影响而无法保持平衡。当我们的意念与动机已经达到诚挚无欺时，我们就要由内而外，准备迎接挑战了。《大学》中提到了四种不恰当的心理状态为愤怒、恐惧、好乐、忧患。

愤怒的原因，或许是因为我们对某些现象"理有必然，事有必至"有所怀疑；或者是由于我们资讯有限而作出了错误的判断。愤怒容易使人冲动，让人无法冷静地思考问题。其实，很多事情从我们自己的角度与立场来看是错误的，但若换个角度与立场来看却未必如此。因此，古今许多贤哲之士都劝人在愤怒时不要轻易做决定。

产生恐惧的原因有很多，除了外在的具体威胁，如洪水猛兽、凶残之徒外，还有人内在的想象力，如妖魔鬼怪、太空异形等在起作用，而且因想象力而产生的恐惧是主要原因。以死亡为例，其实死亡并不可怕，可怕的是我们对死亡的想象。自古以来，没有人是长生不老的。这既然是无法改变的客观事实，那何必还要为此而担心呢？担心又有什么用呢？然而，想到自己一旦死去，就要离开现世所拥有的一切，每个人都会觉得依依不舍，因而就会对死亡感到恐惧不已。实际上，人只要以正确的态度来看待生老病死、世事变迁，便可以将恐惧化解于无形之中。

好乐是指嗜好、喜爱、贪图某些享受以至于沉溺其中。当人受到外在的诱惑，特别是感官的刺激时，往往会误认为人生的目的即在于此。有些人嗜赌成性，深陷赌场，无法自拔；有些人酷爱饮酒，常常是不醉不归。试问在充满酒色财气的世界里，又何谈"正心"呢？

忧患也会给人造成困扰，使人无法"正心"。儒家强调的忧患意识，主要是忧天下之无道，忧万物生存之不得其所。若只是为个人的出入进退而忧，则非儒家之所为。

点评：若不能正心，则"心不在焉，视而不见，听而不闻，食而不知其味"。如果一个人不能自觉地发挥自己的主观能动性，又怎能走上人生的正途呢？

四、修身的原则

故好而知其恶,恶而知其美者,天下鲜矣。

——《大学·传八》

"身"是生命的具体存在,它最终还是要落在人与人的关系上。因此,"修身"就是要人修养自己的品德。修养品德,首先要避免偏见,不能以自我为中心对别人进行判断,以免使人际关系不融洽。

我们通常会对哪些人有偏见呢?根据《大学·传八》所说,我们往往会对我们所喜爱的、所厌恶的、所敬畏的、所哀怜的、所轻视的人抱有偏见。譬如,我们亲近爱护某个人,就会觉得他处处都好。无论他做任何事,我们首先都会从好的方面去考虑,即使他做错了,也会找种种借口为其开脱,殊不知见人为恶而不加劝导,正是"爱之适足以害之"。反之,如果我们讨厌一个人,便往往会把天下所有的恶行劣迹都归诸此人,大有不将其彻底打垮誓不罢休之势。其实该人也未必就如我们想象的那么坏。

我们也佩服尊敬某些人,或者同情哀怜某些人。前者是出于自卑心理,后者是出于自负心理。这两种心理都会影响我们的判断及行动。事实上,每一个人都有其值得尊敬的优点与值得同情的弱点,只因我们往往先入为主,忽视了生命的发展变化,所以才会误判误评。芸芸众生,互不相同,有些人是"士别三日,当刮目相看",有些人则是"昔日芳草,今日萧艾"。如果我们偏见太深,见人不明,最后受害的还是自己。

此外,我们还会对人傲慢无视。殊不知人人都是平等的,一旦心存骄傲,自己的行为就无法中规中矩,就更谈不上"修身"了。

点评:很少有人可以不存偏见、就事论事,以开放的胸怀平等地与人交往。可见,修身确实不是一件容易之事。

五、君子有三戒

君子有三戒:少之时,血气未定,戒之在色;及其壮也,血气方刚,戒之在斗;及其老也,血气既衰,戒之在得。

——《论语·季氏篇》

凡是认真研究人性者,断不会走向盲目乐观和悲观失望这两个极端,不会绝对地论断人"性本善"或"性本恶"。儒家虽主张人性向善，但它并未忽略人性的弱点。由此我们可以看出其学说在平实之中蕴含的大智慧。

人的生命是一个整体，其生理机能、心理感受与伦理道德之间是相互影响的。人之所以为人，不能没有血气和身躯，也不能缺少心智和才能，更不能忘记伦理和道德。孔子规劝人"戒色""戒斗""戒得"，正是基于伦理方面的考虑，为的是使人不在这些方面行为不当。

"色""斗""得"这三种应该警惕戒备的毛病，是与人的生理条件相呼应的。

青少年刚刚完成发育，血气较为浮动，容易受到美色的诱惑。人一旦沉迷其中，不仅对身体有害，而且会错失求学立志的良机，无法习得一技之长，将来也难以在社会上立足。

人到了壮年，见识较为广博，血气旺盛，喜欢与人争名夺利。孔子告诫人们要少一些斗争，淡泊名利，方可"修身"。

人到了老年，常常会为自己的所得，如名利、钱职等所迷惑，从而失去对道德高尚的追求，因而，孔子在这里劝告人们一定要注意"得"。

点评：孔子这番话体现了他对人性弱点的深刻认识。没有人天生就是圣人，但是每一个人都有可能通过自身的努力而成为圣人。我们要把握人内心向善的本能，以戒慎之心克服血气的冲动，进而达到"修身"的目的。

通俗哲学系列之木桶定律
——文化专题课之通俗哲学系列讲义

马 忠

一、最长的不如最短的

众所周知,一只木桶的盛水量,并不取决于桶壁上最高的那块木板,而取决于桶壁上最短的那块木板。人们把这一规律总结为"木桶定律"或"木桶理论"。

"木桶定律"还有三个推论:

其一,只有桶壁上的所有木板都足够高,木桶才能盛满水;如果这个木桶里有任何一块木板不够高,木桶里的水就不可能是满的。

其二,比最低的那块木板高的所有木板的高出部分都是没有意义的,木板越高,浪费越大。

其三,要想增大木桶的容量,就应该设法加高最低的那块木板,这是最有效也是唯一的途径。

初听这个理论你或许会有疑问,最长的木板怎么反而不如最短的木板起的作用大?继而你就会表示理解和赞同。的确,木桶盛水的多少,起决定作用的不是最长的那块木板,而是那块最短的木板,因为水的界面是与最短的木板齐平的。

还有一个"链条定律"与"木桶定律"相似:一根链条与它最薄弱的环节有着相同的强度,链条越长,就越薄弱。

你很容易就会发现这两者的共同之处,它们说的是任何一个组织都可能面临的问题:构成组织的各个部分往往是良莠不齐的,而劣质的部分往往又决定着整个组织的水平。

"最短的木板"与"最弱的环节"都是组织中有用的一部分,只不过比其他部分稍差一些,但你却无法将其丢弃。和一个公司的领导可以开除一个屡屡犯错的"害群之马",却对办公室随处可见的浪费和低效率现象束手无策是一样的道理。

想要完全解决最薄弱环节的问题是不可能的。按照"木桶定律",薄弱环节是必然存在的,而且是永远存在的。一根链条中总有一节比其他环节要薄弱一些,尽管它可能比另一根链条中的任何环节都结实。强弱是相对的,因此也是无法消除的。

问题在于,你对这种弱点能容忍到什么程度?如果它已成为工作的瓶颈,你就不得不有所行动了。

二、木桶定律与团队精神

在一个团队里,决定这个团队战斗力强的不是那个能力最强、表现最好的人,而恰恰是那个能力最弱、表现最差的落后者。

因为最短的木板对最长的木板起着限制和制约作用,它会影响整个团队的综合实力,进而决定整个团队的战斗力。

也就是说,只有想方设法让短木板达到长木板的高度,或者让所有的板子维持"足够高"的相等高度,才能完全发挥木桶的作用。

说到"木桶定律",我们就不得不谈一下系统的概念,因为"木桶定律"所涉及的现象正是系统现象中的一种。"木桶定律"可以启发我们对构成系统的各个要素的思考,比如,一个生产流程、一种商业运作模式、一个组织系统中的各个要素。可以想象,如果在生产中缺少了一个流程或者是某个流程不合格,那么生产出来的产品肯定是次品,甚至是废品。

"木桶定律"还告诉领导者,在管理过程中要下工夫狠抓公司的薄弱环节,否则,公司的整体工作就会受到影响。人们常说"取长补短",取长的目的是为了补短,只取长而不补短,就很难提高公司整体工作的效率。

一个企业要想成为一个结实耐用的"木桶",有一点是绝不容忽视的,那就是要加强对每一个员工的教育和培训。

现在,我就以美国的惠普公司为例来说明这个问题。

惠普公司内部有一项关于管理规范的教育项目,仅这一个培训项目,每年的研究经费就高达数百万美元。他们不仅研究教育内容,还研究哪一种教育方式更容易被人们接受。

企业教育是一项既有意义而又实实在在的工作,优秀企业的员工都很乐意接受教育和培训,这对于培养企业的团队精神大有裨益。

三、培养你的合作能力

谈到对"木桶定律"的应用,我将主要谈一下"木桶定律"与团队精神。"木桶定律"的应用对象,可以分为组织和个人两种。而团队精神则是组织和个人共同努力的结果,团队建设也是组织和个人互动的过程。

"木桶定律"也在启发我们对团队建设的重要性进行思考。

随着知识型员工的增多,以及工作内容中智力成分的增加,越来越多的工作需要团队合作来完成。

传统的组织管理模式和团队协作模式最大的区别在于,团队协作模式更强调团队中个人的创造性发挥,以及团队整体的协同工作。

如何协调个人成长与团队成长之间的关系,使他们能够相互作用、共同发展是一个值得讨论的话题。

团队协作模式对个人的素质有较高的要求,团队成员除了应具备扎实的专业知识以外,还应该有较高的团队合作能力,这种合作能力,有时甚至比专业知识更为重要。

作为团队中的一员,你应该从哪几个方面来培养自己的团队合作能力呢?

1. 寻找团队的积极品质

在任何一个团队中,每个成员的优缺点都不尽相同。你应该主动去寻找团队成员的优点和积极品质,学习它们,并克服你自己的缺点和消极品质,让它们在团队合作中被弱化甚至被消灭。

因为团队强调的是协同工作,一般没有命令和指示,所以团队的工作气氛很重要,它直接影响团队的工作效率。

如果团队的每位成员都主动去寻找其他成员身上的积极品质,那么团队的协作就会变得很顺畅,工作效率就会提高。

2. 对别人寄予希望

每个人都有被别人重视的需要,对那些具有创造性思维的知识型员工来说,更是如此。有时一句简单的鼓励和赞许的话,就可以激发他们无限的工作热情。

3. 时常检查自己的缺点

你应该时常检查一下自己,比如,对同事是不是还那么冷漠?言辞是不是还那么刻薄？在孤军作战时，这些缺点可能还可以被接受，但在团队合作中，它会成为你进一步成长的障碍。

团队工作需要其成员在一起不断讨论，如果你固执己见，无法听取他人的意见，或无法与他人达成一致意见，团队的工作就无法进行下去。

团队的效率在于默契的配合，如果没有这种默契，团队合作就不可能成功。

如果你意识到了自己的缺点，不妨就在某次讨论中坦诚地将它讲出来。承认自己的缺点，让大家共同帮助你改进，这是最有效的进步方法。当然，当众承认自己的缺点可能会让你感到比较尴尬，但你不必担心别人会嘲笑你，因为一般情况下，别人只会给你理解和帮助。

4. 让大家喜欢你

你的工作需要得到大家的支持和认可，而不是反对，所以你必须让大家喜欢你。但如何让别人来喜欢自己呢？除了和大家一起工作外，你还要尽量和大家一起参加各种活动，或者礼貌地关心一下大家的生活。总之，你要使大家觉得，你不仅是他们的好同事，还是他们的好朋友。

5. 保持足够的谦虚

任何人都不喜欢骄傲自大的人，这种人在团队合作中也不会得到大家的认可。你可能会觉得自己在某个方面比其他人强，但你更应该将注意力放在他人的强项上。因为团队中的任何一位成员，都可能是某个领域的专家，所以你必须保持足够的谦虚。谦虚会让你看到自己的短处，这种压力会促使你在团队中不断地进步。

【哲学依据】

整体是指由事物的各内在要素相互联系构成的有机统一体及其发展的全过程。部分是指组成有机统一体的各个方面、要素及其发展全过程的某一阶段。

整体与部分的区别主要有两点。第一，两者的内涵不同。不应把事物的整体与构成它的"元件"等同起来。第二，两者的地位和功能不同。整体居于主导地位，"统率"着部分，整体具有部分根本没有的功能。当各部分以合理的结构形式形成整体时，整体就具有全新的功能，整体的功能就会大于部分之和。当部分以欠佳的结构形成整体时就会损害整体功能的发挥。

整体和部分的联系主要表现在三个方面。第一，两者不可分割。整体由部分构成，整体功能的形成离不开部分原有的功能；部分是整体中的部分，部分离开整体就不再具有部分的功能。第二，两者相互影响。整体的性能、状态及其变化会影响到部分的性能、状态及其变化；反之，部分也制约着整体，甚至在一定条件下，关键部分的性能会对整体的性能、状态起决定作用。第三，整体和部分的地位在一定条件下是可以转化的。

【方法论意义】

整体和部分的关系在一定意义上也是系统和要害的关系。系统是诸多要素相互联系的整体，要素是组成一个整体的相互作用着的部分。

首先，要树立全局观念，做事情要从整体着眼，寻求最优目标。在整体和部分、系统和要素的关系中，整体和系统处于统率的决定地位。因此，我们在一切活动中都应该有全局观念和整体观念。人们要从整体出发，在整体和部分的相互联系和相互制约中，综合地考察对象，立足整体，统筹全局，选择最佳方案，以实现整体或系统的最优目标。

其次，搞好局部，使整体功能得到最大的发挥。任何整体都是由部分组成的，部分的变化会影响整体的变化，有时甚至还会对全局产生决定性的影响。因此，在强调局部要服从整体的前提下，我们必须要十分重视局部的作用，只有把局部搞好了，才能达到整体的功能大于局部功能之和的理想效果。

《楚门的世界》(The Truman Show) 电影赏析
——世界电影名片欣赏系列讲义

阮 婧

一、剧情梗概

作为一个不被期待的生命，电影的主人公楚门没有父母，他从小便被一家电视网络公司收养，生活在一个宁静和谐的小岛上。他与周围的人愉快、融洽地相处着，还娶了一位美丽的妻子。每一天对楚门来说都是美好的。然而，令他没有想到的是，这一切竟然都是虚假的，都是电视公司刻意安排的。他所生活的社区实际上是一个巨大的摄影棚。他的朋友、邻居，甚至妻子，都只是电视台的演员而已。从他小时候开始，他的一切行踪都被隐藏起来的摄像机拍了下来，并被制作成了一部受全球观众喜爱的电视剧。为了维持收视率，电视台的幕后操纵者千方百计地对楚门隐瞒这一切。然而虚伪总有被撕破的一天，真相终究会暴露出来。知道真相后的楚门厌倦了这种监狱似的生活，于是踏上了逃亡之路，开始了对新生活的追寻。

二、参考影评

（一）公众窥视欲与个人隐私

随着技术进步与商业化运作，电视已经由最初的信息传播工具演变成一种无形的文化控制力量。电视节目并不都是不可取的，然而我们不得不承认，电视的控制力量是强大的，它会让人失去某种自由，比如，对个人时间的分配与掌控，当然，你可以将这种不自由归因为自制力的低下。在《楚门的世界》这部电影中，观众数十年如一日地观看这个漫长的肥皂剧，像吸食毒品一样对它已经产生了依赖心理，当节目彻底结束后，他们不知该看什么电视剧了。

正是在这种情况下，公众的窥视欲同个人隐私之间的矛盾被严重激化了，电影《狗仔队》就是一个很好的例证。而在现实世界中，被窥视的对象已不仅仅局限于娱乐明星，这种窥视已经渗透到普通人的日常生活中。

《传媒权力与意识形态》一文中说，电视对整个大众文化的基本价值立场起着引诱和控制的作用。真人秀节目是公众道德沦丧的结果吗？其实这一说法并不确切。因为"沦丧"一词本身带有一种从高处跌落的动态色彩，然而事实上并没有证据证明公众道德在过去很高尚，而现在很低下。确切地说，公众的窥视欲一直就存在，只不过以往人能够窥视的范围很有限。而如今，随着商业的发展，个人隐私的弹性不断受到检验与冲撞；随着科技的发展，个人隐私的被窥视范围也在不断扩大。《学徒》《老大哥》《幸存者》《阁楼故事》《诱惑岛》《超级真人秀》等五花八门的真人秀节目，简直令人眼花缭乱。正如德国电视业资深分析家居尔根·克莱斯切纳所说的那样，"真人秀的成功很大程度上是因为满足了公众潜意识里窥探他人隐私的癖好"。

看看那些为楚门下赌注的大众！影片中，公众的窥视欲被夸张到了极致。诚然，人们的初衷是希望从楚门身上看到一种真实、安宁、幸福的生活，以此获得自身存在性的确证。通过窥视他人感知自己的存在，多么荒唐！难怪这样的世界里充满了讽刺——楚门失踪后那探照灯如往常一样四处扫射的"月亮"；那半夜里升起的"太阳"，不合时宜得近乎可笑；还有那个"最好的朋友"信誓旦旦地保证自己"绝不是他们（欺骗者）之一"；责备"丈夫"不够专业的"妻子"；欺骗"儿子"却毫不愧疚的"母亲"；手挽手出来寻找楚门却口口声声地叫他"杂种"的群众演员；还有千方百计接近楚门并以此为乐的猎奇者。楚门就像是养在变态鱼缸里的金鱼一样，失去了自由，身上的隐私、自己的生活被人一览无余。

其实，与其说电视权力助长了公众窥视欲的猖獗，还不如说是公众的窥视欲指导了电视权力。片中，面对克里斯托夫这样魅惑、专制的独裁者，楚门拒绝被蒙蔽、被洗脑。然而，是谁赋予了克里斯托夫这样的权力？恰恰是收看节目的观众！正如没有纳粹党人的支持作基础，希特勒根本无法立足一样，假如没有观众的追捧，克里斯托夫也无法获得他手中的权力。

（二）克里斯托夫——导演形象

克里斯托夫这个角色远比楚门复杂得多，他可以象征电视权力、独裁者或者代替孩子选择生活的父母。澳大利亚导演彼得·威尔和编剧安德鲁·尼科尔想要透过这个角色向人们传递更多的信息。

正如格非所言，"一个尘世中的人要想获悉上帝创造这个世界的密码，除了把自己变成上帝之外，他没有别的办法"。克里斯托夫是这场漫长真人秀节目的主导者。如果他仅仅是个利欲熏心的骗子、一个视一切为商品的商人倒也罢了，他偏偏对自己的行为持有坚定的信念和充足的理由："我们早看够了演员给我们虚假的情绪感动，我们也早厌倦了夸张、煽情且充满特效的情节。当它出现在这个世界时，就某些方面也许是伪造的，但楚门这个人绝不是伪造的。没有剧本，没有提词卡，虽比不上莎士比亚，却很真诚，这是活生生的。"

克里斯托夫坚信自己的节目是最真实的一种呈现，他也竭力使节目的参与者坚信此观点。这使得这个角色更为病态。一方面，他主宰着楚门的生活；另一方面，他又死死地捍卫自己的私生活，使人不禁要质疑他的制作理念的合理性。他把一个婴儿的生活变成商品，他何以认为楚门从来不了解世界的真实特质呢？克里斯托夫的回答倒也干脆："而这世界，你所生活的地方，是个病态的地方！"

克里斯托夫的饰演者艾德·哈里斯对角色的独特理解有助于塑造这个人物的复杂性，他说："我不认为克里斯托夫是邪恶的。他基本上是从小把楚门养大，就某种程度来说，他很关心楚门，不过他更关心他的节目。他这人很复杂，他扮演导演、上帝和父亲的角色。"

一方面，克里斯托夫似乎充满了人情味，另一方面，他又极度地冷酷、漠然，当楚门打破心理障碍要出海找寻生活的真相时，他宁愿置其于死地也要将其控制在自己手中。当然，最终他失败了，但他的理由却依然温情："外面的世界并不像我为你创造的世界那样真实，那里一样充满谎言，一样充满欺诈虚伪，可是在我的世界里你没什么好恐惧的，我比你更了解你自己。"他活在自己的谎言里，连自己都信以为真，这种欺骗真是彻底！

（三）配乐、摄影、服装及其他

影片一开始的音乐就很平静而又充满隐隐的张力，在表现海上风暴时，更是用扣人心弦的鼓点起到振聋发聩的作用，极富震撼力。到最后一幕，当楚门发现真相时则配以悲伤、发人深省的音乐。这些音乐无不是对伯格曼"没有什么艺术比音乐更像电影"这句话的有力诠释。

为了自然地展现出楚门正被隐藏式摄影机拍摄的事实，该影片采用了广角镜头、不寻常的摄影角度以及特别的镜头处理，而摄影人员用录像机拍摄的生活片段又使观众顺畅地了解到楚门的生活只是电视节目的一部分。

其他演员的华丽服饰和楚门的便装也很好地映射出楚门受到蒙蔽的真相。导演彼得·威尔说，他一直都想象故事是发生在20年后，但他却认为片中的创始人克里斯托夫一定会以二战前后的风格建构人造环境，于是他和工作人员一起参考当时的报刊设计了人物的生活细节，并且和编剧合作创造出了楚门30年来的各种经历。

《楚门的世界》这部电影以夸张的手法改编了乔治·欧威尔的政治寓言小说《1984》，它蕴含了丰富的社会意义、人生意义。或许在我们的内心深处都有打破既有生活轨迹的想法，每个人都想要看看自己所知世界的外面的景色。当然，这部影片并不是没有败笔。当楚门驾着船撞上"海的尽头"时，发现那只不过是绘着蓝天、白云的画布而已，他痛苦地撞击着画布，这种震撼力已经足够强大，可惜导演似乎并不了解适可而止、余味悠长的道理，偏要画蛇添足地给出主人公明确的判断与抉择，抹去了一切悬念，设计了一个大团圆的结局，这实在令人惋惜。也许他是舍不得放弃楚门与克里斯托夫的那段对话（见下面注）的场景，其实这些内容完全可以安排在别处。

注：小时候，我听说过某个小岛无法收看电视的时间长达一年，结果人们的户外活动增加了，身体变好了；交往增加了，社会关系密切了；阅读增多了，思想充实了……等到电视信号恢复以后，"关掉电视"成为一场运动。回想起来这也像是一则寓言。

三、教学引导

《楚门的世界》这部电影用一个近乎残忍的故事，以一种寓言式的叙事方式，向我们提出了一个耐人寻味的问题。

很显然，楚门只属于楚门的世界——一个被操纵的虚拟世界。他的出生、成长，他一切的喜怒哀乐，如果不出意外的话，包括他的死亡，都将在一个被人为操纵和设计好的舞台上上演，并被生活于光鲜富足的现代世界的男男女女驻足观看。他们与楚门融为一体，一起经历着成长，没有"楚门"，他们的生活将无以为继，将没有意义。

但一场被设计好的持续了30年之久的旷古未有的真人秀，却终因楚门的疑心和探求欲被击碎了。在楚门经历了人造的风暴、雷电、巨浪的考验后，承载着他走向真相的船，无情地撞破了那个蓝得刺眼，虽美丽却虚假的天空。在那一刹那，一个神话结束了，一个阴谋被曝于阳光之下。这狠狠的一撞证明了只要人性尚存，人的心灵便无法被永远操纵。

然而，楚门又绝不仅仅属于楚门的世界。他其实就是生活在这个弥漫着电子硝烟的世界里的你和我。

　　从出生，到成长，再到死去，我们对世界的认识，从来都是有局限的，我们永远对这个世界不能了然于胸。因此，我们不得不借助各种载体来打破肉体的藩篱，以满足我们无限的好奇心和求知欲。从这个意义上来说，我们不得不赞同麦克卢汉的至理名言："媒介是人体的延伸。"

　　对这种傀儡般的生活，早已明白真相的其他演员视如圭臬，他们称之为"典范的生活""完美的生活""我的全部生活"。当人懂得和体制交换的时候，他们便可以将真实的自己和盘托出，因为在他们的眼里，在与体制作出等价交换之前，真实对他们来说无任何价值。而一直被欺瞒的楚门在真相大白的那一刻选择了与操纵者决裂，虽然导演苦苦地规劝楚门，告诉楚门外面的世界和他给楚门创造的世界一样虚假，一样充满了谎言，但楚门还是决然离去，去寻找没有"导演"的生活。电影的结局虽然大快人心，可是看过之后还是不免让人陷入悲观之中。也许楚门面对的是又一个圈套，所不同的是他又回到了被欺骗的起点，就像他刚刚出生时一样。怪不得有的人看过之后不觉得释然，反而会感到失落。

　　我们的时代究竟是一个怎样的时代？技术的发展、物质的充裕究竟是解放了人还是束缚了人？究竟是把人领向了更加自主的方向，还是把人置于自己的对立面，使其失去了自我，远离了真实的世界，失去了鲜活的人生？

　　文明发展的怪异之处正在于，它常常走向自身的反面，成为剥夺人的自由和消解主体性的帮凶。今天，电子媒介在全球范围内的普及和迅速扩张，已经完全证实了麦克卢汉关于"地球村"的天才预言。也正因为如此，全世界的人们才得以在同一个地球上，同时观看电影《楚门的世界》，从而在如此广阔的时空范围内把人性中的窥探欲演绎得淋漓尽致。

　　现实的悲剧性就在于，在这个被媒介统治的时代，谁都难以逃脱楚门的命运，谁也没有十足的底气说自己与楚门无关。在各种形式的电视真人秀节目中，难道没有楚门的影子吗？当我们在为"超级女声"选秀节目而狂热欢呼的时候，难道我们在自己的身上没有看到那些抱着电视与楚门厮守的观众的影子吗？在经济利益驱动一切的今天，商业逻辑的泛滥已经逼迫我们不得不把自己玩弄于股掌之间。我们只有自娱自乐，并在狂欢的刹那间，出卖我们的金钱、隐私、自由，乃至生命。

　　如此看来，《楚门的世界》这部电影作为一个时代的操纵隐喻，不仅讲述了真实和虚假的边界问题，更重要的是它提醒我们要走出时代的骗局，走进我们的心灵，能在一种深刻的反思中，保留一份不那么时髦的自由。

而说到偷窥，有人不禁要问：是什么原因使有些人热衷于"偷窥"呢？除了狗仔队可能是为了追逐经济利益的原因之外，可能还有以下几个原因。

人人都有好奇心。心理学家说，偷窥源自于人类天生的好奇心，是人人都具有的欲望。人们总是想了解别人的一切，然而，有些资料是人们可以通过媒介获取的，有些则只能通过偷窥这条途径获取。喜欢窥探别人隐私的人，大多是为了向别人炫耀自己"知道得比别人更多"，从而获得心理上的满足，是宣泄个人欲望的需要。

按照弗洛伊德的观点，人对别人隐私的窥探欲，源自于童年对自己身世和来历的好奇心。儿童通过窥探自己父母的隐私来了解自己的来历，这是成长过程中的一种正常的欲求。如果一个人在童年时期了解了父母的全部情感隐私，从理论上讲，他长大之后，将不会过分热衷于别人的隐私。只有那些儿童期的窥探欲没有得到足够满足的人，到成年后才会疯狂地窥探别人的隐私。当然，也有极少数人，会通过窥探别人的隐私来满足自己扭曲、变态的原始欲求，这是一种变态的人格。

比如，微博的出现，满足了一部分人的偷窥欲，同时又满足了另一部分人被关注的欲望。"被关注"本是一种正常的心理需求，因为人活在世界上，更深层次的心理追求是一种"存在感"。为了获得更多的存在感，我们在生命历程中，会不停地通过各种各样的方式来引起别人的注意。如婴儿通过哭泣让妈妈注意到自己的存在，学生通过好成绩来获得教师的关注。

【链接1】

从1961年柏林墙树立起来至1989年柏林墙倒塌的28年里，东德秘密警察的最大任务就是防止人民逃往西德。28年里，曾有75000人因企图逃亡而被监禁，有809人因逃亡而丧生。

大约有7500名边境警察"监守自逃"，其中约有1/3的人成功逃走了，不成功的则被关进了监狱。东德共雇佣了9万名正式的秘密警察和17万名秘密线民去监控1700万人民——相比之下，希特勒只用了3万名秘密警察便成功地监控了整个德国。这些线民中，包括妻子监视丈夫、学生监视教授、儿女监视父母、情人相互监视。

东德人并不那么愿意去翻看自己的历史。在秘密警察的档案里，有太多的"真相"，但是知道"真相"究竟会带来幸福还是更大的痛苦，大多数电影对东德的阴暗历史都只是轻描淡写地带过。是不是人们并没有那么大的力量去承受痛苦的原因？或者说，人们没有那么大的力量去承受罪责？

【链接2】

　　火在希腊历史上代表着创世、再生和光明。在古希腊神话中，火是赫菲斯托斯的神圣象征，是普罗米修斯从宙斯手中偷得并赠送给人类的礼物。

　　有关火的一切均起源于这个故事。

　　在古希腊神话传说中，有无数个史诗般的英雄，他们就像繁星一样在众神的天空中绽放出灿烂闪耀的光芒，其中有一个英雄特别耀眼，那就是普罗米修斯。

　　当初，众神之王宙斯为了永远统治大地，故意不给人类火种，所以人类便生活在黑暗和寒冷之中。伊阿佩托斯的儿子普罗米修斯想出了一个极富创意的办法。他扛着一根又粗又长的茴香秆，走近飞奔而来的太阳车，点燃了茴香秆，然后带着闪烁的火种回到地上，点燃了第一堆木柴。火越烧越旺，把天都烧红了。宙斯见人间升起了火焰，雷霆大怒，于是脾气暴躁的他精心地策划了一个阴谋。

　　他命令以工艺精湛而闻名的火神赫菲斯托斯造一尊美女石像，天上的众神为了取悦宇宙之王宙斯，纷纷使出看家的本领，使这尊美女石像具有种种诱人的魅力，然后众神又赠给她一件危害人类的礼物。最后，宙斯给这美丽的女子注入了恶毒的祸水，并为其取名为"潘多拉"，意为"具有一切天赋的女人"。一切准备就绪之后，她便被派去勾引普罗米修斯的弟弟埃庇米修斯，请他收下宙斯给他的礼物。善良的埃庇米修斯愉快地接受了这份礼物。

　　于是，潘多拉趁机打开了她手中紧闭的盒子。盒子里面的灾害一股脑地全飞了出来，并在人世间迅速地蔓延。盒子底部本来还深藏着唯一一件美好的东西——希望，但潘多拉依照宙斯的命令，在希望没有飞出来之前就关闭了盒子。从此，人世间便充斥着各种各样的灾难。接着，宙斯又向普罗米修斯展开了疯狂的报复。宙斯命令他的仆人克拉托斯和皮亚，即强力和暴力，用结实的锁链把普罗米修斯锁在高加索山的悬崖上，他的脚下就是万丈深渊。普罗米修斯被直挺挺地吊着，不仅无法入睡，甚至连弯曲一下双膝都是不可能的，只能任凭风吹日晒，这样的惩罚要持续3万年！凶狠的宙斯为了加重对普罗米修斯的惩罚，每天都派一只恶鹰去啄食被缚的普罗米修斯的肝脏。

　　后来，普罗米修斯的救星终于出现了，他就是英雄赫拉克勒斯。当他来到高加索山，看到恶鹰在啄食可怜的普罗米修斯的肝脏时，他勇敢地取出弓箭，把鹰一箭射死，然后松开锁链，解放了普罗米修斯。但为了满足宙斯的要求，赫拉克勒斯把半人半马的肯陶洛斯族的喀戎作为替身留在了悬崖上。同时，为了满足宙斯的虚荣心，普罗米修斯要永远戴着一只铁环，环上还要镶上一个高加索山上的石子。这样，宙斯就可以自豪地对外宣称，他的仇敌仍然被锁在高加索山的悬崖上。

思考：

(1) 楚门为什么那么久才发现自己的世界是虚拟的？

(2) 谁是虚拟世界里最不幸的人？

(3) 是什么促使楚门下定决心离开摄影棚的？如果是你，你会离开吗？

(4) 请你设想一下，楚门今后的人生的 N 个故事。

①楚门与初恋女友在回到现实世界后，因彼此性格不合而分手。分手后，初恋女友写了一本书，叫《我与楚门在一起的日子》。

②楚门不适应外界的生活，最终又回到了摄影棚。

现代西方哲学思潮之人本观念
——文化专题课现代西方思潮专题讲义

姚小平

一、人本观念

古代西方哲学研究的主要问题是本体论问题，即"世界是什么"的问题；近代哲学研究的主要问题是认识论，即"认识的基础和标准"问题；现代哲学则将关注的焦点转向了"人"的问题。

人本观念在西方哲学思想史上由来已久，它指的是一种以人的经验作为人对自己、对自然、对社会认识的出发点，从人的自身来看待宇宙的思想观念。

古希腊著名的智者普罗泰戈拉就提出了"人是万物的尺度"的口号。他强调人的智慧和创造力，充分肯定人的地位和主观能动性。

苏格拉底曾提出"认识你自己"这样一个重要的命题，把哲学研究的方向转到了人的问题上，使哲学从天上降至人间，苏格拉底因此也被誉为"西方人本主义的始祖"。

现代哲学的人本观念认为，哲学以个人为本。人本观念是一种强调个人的尊严、个人的理性和非理性精神、个人的行动和创造，以及个人的自由的观念。

思考：

（1）你是如何理解人本观念的？

（2）想一想，人本观念在人的发展史上具有怎样的作用？这种观念改善了人们的生活方式了吗？你能举出这样的事例吗？

二、为了神，还是为了人

14、15世纪时，最早在意大利半岛产生了资本主义生产关系的萌芽。新生的市民阶级为了争取本阶级在政治、经济上的独立和权利，开始在意识领域宣扬人本主义。他们反对中世纪以基督教为核心的抬高神、贬低人的"一切为了神"的思想,提出"一切为了人"的观点;他们认为人是宇宙的精华、万物的灵魂,人不应该崇拜神,而应该崇拜人自己,强调人的独立、尊严及价值。文艺复兴时期的许多思想家的人本主义思想对后来人本观念的发展都产生了极大的影响。

英国培根:人就是人的上帝。

法国笛卡尔:理性是人的最高存在,人在世间的地位不可取代。

德国康德:人为自然立法,自然围绕着自我这个中心旋转。

德国费尔巴哈:只有人性的东西才是真正的实在的东西,因为只有人性的东西才是有理性的东西,人乃是理性的尺度。

近代的人本观念由此发展到了顶峰。

思考:

从以神为中心到以人为中心,对于我们今天的生活有着怎样的意义?

三、人的本质是非理性的意志

进入现代社会,这种观念发生了很大的变化,德国的唯意志主义最早举起了非理性主义的旗帜,它对传统的人本观念提出了挑战,并把非理性意志看做是人的本质和世界的本质。

非理性刚好与理性相对,这种唯意志主义在西方人本观念的发展过程中至关重要。因为它首开现代人本主义哲学思潮的先河,最早公开举起了反对理性主义的旗帜,它主张哲学注意力的中心应该从外部转向人真正的内心世界,研究人的生命、人的情感和本能冲动,把这些东西作为人最本质的东西,建立真正重视人、以人为中心的哲学。

德国柏格森:"生命之流"或"生命冲动"是人的本质,是创造万物、使世界不息的宇宙意志。

奥地利弗洛伊德:精神分析学强调人的本能冲动对人的活动和社会的影响才是决定性的。

德国叔本华:"生存意志"才是人和世界的本质,意志的基本特点就是求生存,"人生在本质上就是个形态繁多的痛苦"。他认为"人被一种现在的要领规定了其存在的方式,服从理性的世界,遵循奴隶的道德,而不敢正视自己的价值,创造新的东西。哲学只有用人性代替理性,真正从人出发才能看清世界"；人永远处在欲望不能满足的痛苦之中；人如果停止了追求，就会陷入空虚和无聊，这本身也是痛苦。

在叔本华看来，人生就是一出悲剧，人要摆脱这种困境，唯一的出路就是灭绝欲望，否定生存意志。人要摆脱世俗的一切利益与要求，去除一切理想，进入无我之境，这样人就可以摆脱痛苦了。

德国哲学家尼采说过："上帝死了！""在生存的意志的信条上去觅真理，必须迷途，因为求生存的意志并不存在，只是有着生命的地方有着意志，但不是求生的意志，我教你——只是求权力的意志。"尼采从其权力意志论出发，引出了要求自我超越、自我创造的"超人哲学"。权力意志的实现要求人不断地创造自己、超越自己，以最终成为权力意志达到顶峰的超人。"人是不定型的动物，可以改变自己，选择自己的活动和前途，从而创造自己的未来。人的这一物质性使其面临着多种发展的可能，究竟选择什么样的发展方向，有什么样的结果，这取决于个人的尝试、奋斗和冒险。人的本身就是一个试探。""超人是自然和社会的立法者，本身不受任何法律的约束；他是道德和真理的创造者，判定善恶是非；他敢于藐视一切，重新估价和创造价值。""超人"代表了尼采要求人不断努力向上、积极进取的愿望。

思考：

（1）叔本华与尼采的观念的相同点和不同点各是什么？你更赞成哪一种观点？

（2）你思考过你生命中的冲动吗？它对你产生了怎样的影响？

四、对于人的效用是哲学的出发点

美国杜威指出哲学不是关于知识的学问，而是关于智慧的学问。"智慧与知识不同，智慧是运用自己的知识去明智地指导人生事务之能力。"

杜威强调，不能像传统哲学那样从理性出发讨论人，而应从人的行动出发探讨人。人是行动的人，于是，一个新的主义产生了，那就是实用主义。

杜威称："凡是有生命的地方，就有行为、有活动。而要维持生命，活动就要连续，并与其环境相适应。"人是具有各种利益和需要、为了生存要不断行动的实体。人首先是行动者、实践者，人要靠行动创造自己的生活，实现自己的价值。没有行动，就没有了人的一切。"人生贵在行动，行动贵在效用。""人之有思想并不是单纯地为了认识事物或寻求真理，而是为了更好地解决人生存中遇到的问题，为采取一定的措施，选择一定的方式调节人的行为，使行动达到满意的效果。"

思考：

(1) 你对实用主义的观点有什么看法？
(2) 实用主义于今天的我们有怎样的现实意义？

五、西方人本观念与中国的民本观念

"民本"与"人本"这一对概念存在明显的区别。我国传统的民本观念是相对于"君本""官本"而言的，其原意是中国古代的明君、贤臣为了维护和巩固其统治而提出的一种统治观，其基本思想主要表现为重民、贵民、安民等；而"人本"理念是相对于"神本"而言的，最初属于哲学范畴，之后人本观念逐渐被扩展到了政治、经济和管理等领域。两者在关注的对象、追求的目标等方面存在着诸多内在差异。

1. 关注的对象

民本思想中所提及的"民"，实际上是属于"类的群体"的概念，阶级性和阶层性是民的基本属性。中国的语境中所提及的"民"一般是指相对于"君"而言的普天之下的民众，具有较宽泛的群体性含义。人本思想是以"类的个体"为关注焦点的，并以此为理论基点和逻辑起点衍生出对人类普遍价值的颂扬。基于对个体利益和权利的重视，人本思想才为更多的人所认可和接受，其理论才得以逐渐发展、完善和传播。

2. 追求的目标

统治者遵循民本思想的根本目的是想通过整合民意，以维护、巩固和强化特定的统治秩序和社会秩序，进而谋求特定的阶级利益并实现特定的政治目标。人本思想的根本目标主要是对人的个性解放及其利益权利的追求，价值多元、个性差异及利益多样是其必然的逻辑。

六、"人本观念"与"个人观念"

"人本观念"即"人本位"。人是社会的中心，是衡量社会的尺度。"本位"者，标准也，人是衡量一切的标准。从以君王为标准，到以人为标准，或者说，从"君本位"到"人本位"，是人类社会的一次伟大变革，是人类价值观的一次伟大变革。其实"人本观念"还是一个整体性的概念，即全体人类都应该如此。

"个人观念"，即承认和尊重个人的哲学观念，是针对"君王主义"而言的。古代的君王，总是打着"国家""天下""组织""集体"之名，行专制主义之实。因此，"个人观念"也是针对专制主义而言的，它是保护个人、反对专制的，尤其反对专制主义利用"国家""集体""组织"的名义侵犯个人的权利。在这里，对于专制主义而言，个人是神圣的、伟大的，是不容侵犯的。"人权"包括三个相关联的基本思想：第一，人权就是指个人的权利；第二，人权是生命权、自由权和财产权不可分离的权利；第三，人权是不可替代，也是不可代表的，是属于每个人自己的权利，而且是生而有之的权利。

作为个人，既要尊重自己，也要尊重他人。只有尊重他人，才能尊重自己；也只有尊重自己，才能尊重他人。正因为要尊重个人，所以任何人都不能损害他人的个人利益。"个人观念"是同专制主义作斗争的伟大武器，所以为专制主义所不容。同时，"个人观念"也是道德的源泉。因为"个人观念"告诉人们，自己有个人利益，要理直气壮地保护自己的个人利益，不容别人侵犯；同样，别人——和自己一样，也有自己的个人利益，所以任何时候都不能损害他人的个人利益。于是，"保护自己，不损害他人"就成了社会的力量，成为社会的道德基础。

思考：

（1）人本观念对我们今天的生活有怎样的意义？

（2）人本观念是完全正确的吗？你发现了什么？

从"9·11"到央视大楼火灾
——材料化学的探索专题讲义

邹文生

一、"9·11"世贸大厦倒塌的原因

1. 资料1：美国官方认定世贸双塔系大火摧毁

2001年9月11日上午10时23分，纽约世贸中心南北两栋大楼彻底倒塌。

据人民网2002年3月30日报道，美国联邦紧急事务管理局和美国民用工程师协会联合发表的研究报告认为，"9·11"恐怖袭击事件中，世贸中心南北主楼先后经历了两架客机对其猛烈冲撞引起的剧烈震荡但却"岿然不动"，最后使其倒塌的原因是撞击引发的熊熊烈火。

《纽约时报》披露了这份报告草案的有关内容，称其提供了迄今为止有关世贸大楼倒塌的最详尽的细节。报告说，两架民航客机撞上大楼后引发的火焰温度高达数千摄氏度，巨大的热能导致楼内最初设计的防火设备、救火系统和供水系统完全失灵。

草案认为，由于设计和建筑特征方面的独到之处，这两栋大楼在遭到客机的撞击后并未立即倒塌；大楼的最终倒塌是飞机冲撞和其随后引发的大火共同作用的结果。但也有一些研究人员对大火本身是否足以摧毁两栋大楼依然存在着疑问。

报告指出，两座大楼在飞机冲撞后的一段时间内曾顶住了冲击力的影响。世贸中心北楼遭袭后支撑了122分钟才倒塌，南楼则支撑了57分钟。在这段时间里，尽管大楼外部的支撑部件遭到了破坏，但是其主体结构成功地将力量分散到了其他支撑点上。如果没有大火的因素，这两座大楼的"遗体"或许可以长久地保留，除非遇到地震或严重风暴的侵袭。

草案说，飞机的燃料在世贸大楼倒塌事件中扮演了很关键的角色。飞机撞上大楼后，巨大的火球立即消耗了每架飞机上10000加仑燃料的1/3，但

这对建筑物本身并没有造成太大的损害。然而剩下的燃料继续燃烧，并在数分钟内点燃了大楼内部的家具、电器、纸张及飞机上的货物，最终导致了两座大楼整体倒塌这一灾难性的后果。

2. 资料2：双塔倒塌的原因是防火材料被破坏

新华网2005年4月5日报道，美国商务部国家标准与技术研究所的专家在对"9·11"恐怖袭击中倒塌的世贸大厦研究后发现，如果飞机的撞击没有破坏大厦内的防火材料，那么这两座摩天大楼可能就不会倒塌。

据此，有关媒体援引负责此项研究的希亚姆·森德的话说，"双塔倒塌的原因是防火材料被破坏"，飞机撞击和起火本身并不足以导致大楼坍塌。如果防火材料仍存在，火焰就会逐渐熄灭，也就不可能破坏大楼的主体结构了。

相关专家在一份研究建筑物缺陷的报告中说，当飞机撞击大楼时，破坏了建筑物内部的核心支柱，并使防火材料从墙体上脱离，飞机燃料引起的大火在大楼内部和从破裂的窗户以及墙体进入的空气的帮助下不断地燃烧。在火焰和高温的作用下，地板开始软化下沉，将周边支柱不断地向下拉，周边支柱出现侧弯，接着大楼便坍塌了。

森德说，相关部门现在应该着手研发新型防火材料，这种防火材料应在受到巨大外力时也不会从主体上脱落。

3. 资料3："9·11"美国世贸中心大厦倒塌的原因

美国当局认为，"9·11"恐怖袭击造成纽约的两座世贸中心大楼倒塌是由于火灾。对此，日本筑波大学的研究者们持有不同看法，他们认为大楼瞬间垂直垮掉是由于客机的冲击使大楼的脊椎骨（内筒的钢柱）像弹簧一样向上延伸，周边结构与内筒钢柱的连接被破坏而导致的恶果。

两架飞机分别撞进了北大楼的93～99层和南大楼的78～85层，两座楼高均为110层。一个多小时后，两楼先后以排山倒海的气势垂直向下垮掉。

美国联邦紧急事务管理局2002年的调查报告认为，航空燃料所引起的火灾的高温使结构钢材的强度突然降低，导致大楼的整体结构遭到了破坏。但是，在两座大厦倒塌之前，下面楼层的许多玻璃已经破碎了，地下停车场的许多车辆也都受到了极大的破坏，这些现象都很难用火灾来解释。

日本筑波大学系统情报工学研究专业的矶部大吾郎教授，根据美国联邦紧急事务管理局等提供的数据，用计算机重现了南楼被破坏的过程。

他认为，受客机的冲击，大楼中心部分直通顶层的47根钢柱（内筒钢柱），在距离柱顶1/4的地方断裂。由于上部各层的压力（重量）突然减轻，断裂点以下的内筒钢柱向上弹性延伸，使得各层楼板与内筒钢柱的连接几乎全部被破坏（剪力破坏）。整个大楼变成了一个极其不稳定的体系，导致其在很小的外力作用下崩溃。

二、对央视大楼元宵节火灾的思考

1. 资料1：央视大楼元宵节火灾报道

2009年2月9日20时20分许，中国农历元宵节，位于北京市东三环的中央电视台新址北配楼突发火灾，大火燃烧了近6个小时。被称为北配楼的电视文化中心高159米，主楼为30层，裙楼为5层。早在2006年年底，该楼就已经实现了结构性封顶。

钱江晚报：大火烧出了四个问号。

（1）北配楼修修补补能否再用

大火刚被熄灭，一个问题便产生了：这幢大楼能不能经修缮之后重新使用？

有关方面表示，大楼的主体结构并未被损坏。但也有建筑界的专业人士指出，想仅仅依靠简单修缮便再度使用该大楼，恐怕不行！

建筑师吴朝辉是起火大楼设计者库哈斯的学生，他也参与了大楼的前期设计。对这栋倾注了自己很多心血的大楼的未来命运，吴朝辉认为："烧了五六个小时，楼的主体结构也差不多了。"清华大学土木工程系教授阎培渝也认为："在大火的作用下，大楼的强度会下降，虽然没有塌，但是以后的结构强度会受到很大影响。还可能在高温的作用下，发生结构变形，受力状态都会发生改变。"

（2）不幸中的万幸，大楼为何屹立不倒

据现场目击者描述，在将近6个小时的燃烧过程中，已经多次听到大楼中发出巨大的爆鸣声，而且楼内高达10多层的中庭也已经倒塌。

就在大火燃烧的过程中，有网友发出预测，大楼可能会在火中被烧塌。他们的依据是美国发生"9·11"事件时，世贸大楼不是被撞塌，而是被烧塌的。

但最终的结果却是大楼依然屹立在原地。据了解，起火的大楼是大型钢筋混凝土结构，而非纯钢结构，耐热性能比钢结构好，因此挺过了将近6个小时的大火高温考验。

清华大学建筑学院的教授秦佑国告诉记者："摩天大楼大多采用钢结构，因为混凝土结构太重了。"对于这些摩天大楼，尽管钢结构具备各种优点，但其致命弱点就是怕火——虽然钢本身并不燃烧，但普通钢材在600摄氏度的环境下，强度就会变得和面条差不多。钢结构安装后会在表面喷涂一层厚厚的防火涂料，耐火时限为2～3小时，以供建筑内部人员逃生。

有专家分析，如果这幢大楼也是纯钢结构的，那么它或许真有可能会在火灾中倒塌，那时将会酿成更大的事故。

（3）火势蔓延为何如此之快

央视大楼起火的时间为9日晚8时27分，最初只是顶楼冒出黑烟，到了9点钟，大楼顶部已经烈焰滚滚了，大火失去了控制，不断地向下蔓延。火势蔓延为何如此之快？有人认为，大楼内部还处于装修末期，可能大量建筑材料成了助燃之物。

建筑专家表示，玻璃幕墙也成了"帮凶"。为了追求建筑的外观效果，央视这栋大楼的外墙分为两种形式，一种是可透光的玻璃幕墙，另一种是铝板幕墙。发生火灾时，大火正是从玻璃幕墙中汹涌而出的，而铝板幕墙的一面基本无火。

目前，中国有很多高楼都采用玻璃幕墙。其实建筑界对此颇有争议，其中日本、德国等国都明文规定禁用此材料。原因在于玻璃幕墙虽然本身并不燃烧，但其很容易达到耐火极限而掉落，这样就会因为出现抽风作用而导致火势蔓延。

此外，由于高层建筑内多种专业竖井林立，火灾发生时这些竖井就像直通烟囱，有利于烟火流动，导致火势迅速蔓延。相关专家表示，其火势比低层建筑凶猛百倍。

（4）现场扑救为何收效甚微

有关报道中都提到过一个数字：北京有近百辆消防车抵达火场进行扑救。但另外一个现实是，不少消防车其实并不具备扑救高空火灾的能力，云梯车根本够不到起火楼层。

不少媒体报道中都有这样一个细节：现场消防车云梯升起，却只能升到高度为130多米的大楼的四分之一处，而大火是从近150米的大楼高处向下蔓延的，消防水龙对无法够到的楼层中喷出的滚滚大火束手无策。

据了解，目前全球最高的消防云梯约为130米，而北京市消防系统最高的云梯也不超过100米，消防云梯车通常只能升至限定值的80％左右，自然无法对百米以上的大火形成有效的压制。因此，有网友说这次央视大火最后不是被扑灭的，而是可燃物基本烧完之后自己"熄灭"的。

在国际社会，摩天大楼的防火能力一直备受质疑。

1974年，芝加哥高达443米的西尔斯大厦落成后，美国便有一大批建筑工作者开始拒绝设计摩天大楼。欧洲人则保持着一贯的克制，目前世界上高度在300米以上的摩天大楼中，没有欧洲建筑的名字。此外，欧洲许多城市已开始有计划地拆除高楼了。

然而，中国却仍在大造摩天大楼，因为这样可以有效地解决城市的空间问题。按照超过90米的摩天大楼的数量进行排名，中国已经是世界上摩天大楼最多的国家了。

面对这次央视大火烧出的这么多问题，我们该问一句，中国真的有必要造那么多高楼吗？我们能处理好这么多高楼的消防问题吗？

2. 资料2：央视大火让板材及管材、管件的防火性备受关注

第一，建材产品的耐火性普遍不高，因此在火灾发生时，建材产品便成了大火的"推手"，以木材、板材为代表的建材及装饰用材首当其冲。正因如此，国家相关部门早在2000年时便明确要求，家具、办公用品等木制品材料中必须加入耐火性木制板材。可惜的是，耐火性木制板材的造价相对较高，导致加有此板材的家具市场推广结果并不理想。这使得国家出台的该项规定形同虚设。

第二，PVC管材类产品在内部装修时应用比较广泛，其耐火性也同样被忽略了。

当前建材市场上的PVC管材的价格不等，其中具有耐高温性能的、质量好的管材的价格自然要高出普通产品许多。不少购买者只考虑到成本问题而不太关注管材的耐火性，所以高品质PVC管材的市场占有率也很难提高。

第三，一般办公大楼多会大量使用地毯等纤维制品作为走廊地板的装饰，而纤维类产品极易燃烧，是重大的火灾隐患之一。因此，在今后的装修

过程中，多使用地砖等耐火性强的产品才是上策。

总之，防火问题重于泰山，若想在火灾发生时将损失降到最低，对于建材的选择是非常重要的。在此，笔者呼吁建筑装饰企业从业者及进行室内装修的普通房主，切勿因小失大，一定要选择质量过硬的建材及装饰产品！

思考题

（1）"9·11"事件中世贸大厦倒塌的原因是什么？

（2）央视大楼在火灾中未倒塌的原因是什么？

（3）高层建筑应选用什么样的建材及装饰产品？

两句话的艺术
——中国楹联的欣赏与创作（节选）

徐华宁

一、新年纳余庆，嘉节号长春：中国楹联史话（第一讲）

楹联（又称对联，间或称对子），是写在纸、布或刻在竹子、木头、柱子上的对偶语句，言简意深，对仗工整，平仄协调，是中国独特的语言艺术形式。

（一）起源

1. 桃符说

春联，起源于桃符（周代悬挂在大门两旁的长方形桃木板）。

据《后汉书·礼仪志》记载，桃符长六寸，宽三寸，桃木板上书"神荼""郁垒"二神。"正月一日，造桃符著户，名仙木，百鬼所畏。"

2. 孟昶说

在我国，过年悬挂桃符这个习俗延续了一千多年，到了五代，人们才开始把联语题于桃木板上。据《宋史·蜀世家》记载，五代后蜀主孟昶"每岁除，命学士为词，题桃符，置寝门左右。末年（公元964年），学士幸寅逊撰词，昶以其非工，自命笔题云：新年纳余庆，嘉节号长春"。现在，许多人认为，这是我国最早出现的一副春联。

3. 唐代说

对联产生于唐代，有史可依。陆续发现的一些出现于唐代的实实在在的对联作品，便是有力的说明。

【小资料】

为什么会是唐代

对联的产生，除了得益于对偶的修辞手法外，最关键应得益于律诗。律诗除排律外，八句中要求中间的颔联和颈联必须对仗，且符合一定的平仄要求。对联也讲究对仗平仄。这说明对联最基本的东西，是从律诗中直接继承和发展而来的。据史料记载，唐代很多诗人创作时，并非先得全诗，而是将律诗中比较精彩的中间两联写出，最后再配全诗。

除了律诗以外，在唐代，也还有一些其他因素从不同程度上促进了对联的产生。这些因素，主要是联句、摘句和书壁等。总之，从以上几个方面可以看出，在唐代，对联产生的各方面的条件都具备了，不管通过何种途径，对联作为独立的文学体裁，都可谓瓜熟蒂落、水到渠成。

(二) 发展

1. 宋代

唐代以后，对联便逐步推广开来，到宋代就正式进入社会生活的各个领域。在民间，新年悬挂带联语的桃符已经相当普遍，王安石诗中的"千门万户曈曈日，总把新桃换旧符"之句，就是对当时盛况的真实写照。

宋代时，胜迹联、书斋题联、寿联和挽联等已经出现，同时，对联开始被用于文学作品中。宋代话本小说，常常用对联进行章节的总结。总之，对联在宋代被广泛应用于社会生活的各个方面。

宋代楹联大家有苏东坡、黄庭坚、欧阳修、王安石、苏小妹（传说）等。

2. 元代

元代对联录载不多。赵子昂奉忽必烈之命所书的两副对联是为元帝歌功颂德的，影响比较大。一副是录王维的诗句：九天阊阖开宫殿；万国衣冠拜冕旒。另一副是：日月光天德；山河壮帝居。赵子昂还在扬州迎月楼题了这样一联：春风阆苑三千客；明月扬州第一楼。

元代楹联大家为赵子昂。

3. 明代

由于朱元璋的提倡，对联在明代得以普及。"春联"这个名称，就是朱元璋提出来的。据史书记载，朱元璋建都金陵后，"除夕传旨，公卿士庶家，门上须加春联一副"。为了检查执行情况，朱元璋还"微行出观"。据说，他还亲自题写对联。由于朱元璋对对联的重视，于是上行下效，每年春节家家户户都贴春联，久而久之，便形成了一种习俗。

明代的解缙就是一位对联高手。而杨升庵所著的《谢华启秀》则是今天所能见到的较早的一部对句专集。

明代楹联大家有朱元璋、刘基、解缙、唐伯虎、汤显祖、邱浚、徐渭等。

（三）鼎盛

1. 清代

清朝出现了许多撰写对联的高手，与他们有关的对联轶事，至今还在流传。这一时期，凡值大典庆成，皆有进御文字，因此为对联的鼎盛时期。

清代汪升刻了一部《评释古今巧对》，汇集了康熙以前的趣联巧对，为当时趣巧对联的集大成者。乾隆年间，李谦堂所著《联经》共四卷，集儒家经语或根据经意自撰而成的对联。有影响的还有王有光的《吴下谚联》，梁章钜的《楹联丛话》《楹联续话》《楹联三话》。个人专集有曾国藩的《求阙斋联语》、俞樾的《楹联录存》等。章太炎、吴恭亨等也有专门的对联集，而且其中多精华。另外，还有诸如《对联汇海》《对联大全》之类的联集。

清代对联的发展在四个方面比较突出。一是越写越长，号称"海内第一长联"的昆明大观楼长联，有180字，但就字数来说，清代光绪年间以来有不少对联都超过了它，每副从192字到1612字不等，可谓"鸿篇巨制"。二是越写越巧，对联开始运用多种艺术手法。三是使用越来越普遍和广泛，风景甚佳有景物联；某人去世，有挽联；感于世情，有喻志联；交朋会友，有娱兴联。诸如此类，官民皆有。四是对联独有的整套格律——马蹄韵不仅形成，而且已经完善。总之，自清代以来对联的发展进入了鼎盛时期。

清代楹联大家有乾隆、孙髯翁、郑板桥、纪晓岚、曾国藩、俞樾、李调元、王尔烈、袁枚等。

孙髯翁有"海内第一长联"之称的昆明大观楼长联（请同学背诵）：

五百里滇池，奔来眼底，披襟岸帻，喜茫茫空阔无边。看东骧神骏，西翥灵仪，北走蜿蜒，南翔缟素。高人韵士，何妨选胜登临，趁蟹屿螺洲，梳裹就风鬟雾鬓；更蘋天苇地，点缀些翠羽丹霞。莫孤负：四围香稻，万顷晴沙，九夏芙蓉，三春杨柳。

数千年往事，注到心头，把酒凌虚，叹滚滚英雄谁在？想汉习楼船，唐标铁柱，宋挥玉斧，元跨革囊。伟烈丰功，费尽移山心力，尽珠帘画栋，卷不及暮雨朝云；便断碣残碑，都付与苍烟落照。只赢得：几杵疏钟，半江渔火，两行秋雁，一枕清霜。

二、诗词添锦绣，平仄起风云：中国楹联的规则和技巧（第二讲）

本讲分四个方面来谈中国楹联的规则和技巧。概括为四个字就是"对"

"联""格""律"。

(一) 对

对联的首要特点是上下句在词性上彼此对仗。对联的对仗按不同的要求和标准分类有几十种，最常用、最主要的有十多种。

1. 工对和宽对

工对有三个基本要求：

一是词类必须相当。北京大学的王力教授在《诗词格律》一书中说，在诗句中，词可分为九类，即名词、形容词、数词、颜色词、方位词、动词、副词、虚词（连词、助词之类）和代词。先看解缙的一副词类对仗十分工整的对联：

墙/上/芦苇，头/重/脚/轻/根/底/浅；
山/间/竹笋，嘴/尖/皮/厚/腹/中/空。

二是结构必须相应。所谓结构相应，就是上下联具有相同的语法结构。句中的主谓结构、偏正结构、联合结构等具体小类的结构都应该完全一致。

三是节奏必须相同。也就是说上下两联停顿的地方必须一致，如下面两联：

四季/笙歌，尚有/穷民/悲夜月；
六桥/花柳，浑无/隙地/种桑麻。

万井/桑麻中，点缀/六桥花柳；
一城/灯火下，浑映/十里湖天。

对于节奏相同这一点，短联、长联都应该如此。

综上所述，如果一副对联做到了词类相当、结构相应、节奏相同（再加上平仄协调），那就是工对了。工对是对联的最高境界，它可以产生一种整齐和谐的美。

如果不能完全做到以上三点，就是宽对。古人把词性相同而词类不同的对联，都放在宽对之列。我们常说形式必须为内容服务，对联也不例外。如果一味拘泥于对仗、平仄，有时可能会损害内容。因此，宽对的存在，是出于不拘泥、不苛求的需要，但是，达到形式与内容的统一则是我们追求的最高境界。

2. 自对与借对

在工对的前提下，对仗的词还有许多变化。在对联的艺术技巧中，有很多特殊的表现形式，其中最常见也最需要掌握的两种，就是自对与借对。

（1）自对，就是当句对，即于一句中自成对偶。这种对法起源很早，唐代以后，自对在对联中已经逐渐开始使用。例如柳州柳侯祠上有这样一联：

山水来归，黄蕉/丹荔；

春秋报事，福我/寿民。

上下联的后一句，都是自对。由于上联的"黄蕉/丹荔"各自是偏正结构，而下联的"福我/寿民"各自是动宾结构，结构不相应，上下自然不对仗。但因各自属于自对，自对之间的词性与结构是相同的，因此整联也就工整了。

（2）借对。所谓借对，就是在用某个词的甲义的同时，又借用乙义来与另一个词相对。借对分借上与借下两种。

借下联的词语以适应上联的，叫借下。例如：

灯明月明，照得大明一统；

君乐臣乐，求彼永乐万年。

这副题明成祖观灯的对联中，下联的"永乐"就是用"永远快乐"的联意的同时，借其表明成祖年号的意思来与上联的"大明"相对。又如：

红白相兼，醉后怎分南北；

青黄不接，贫来尽卖东西。

红白指两种酒。这副对联中，下联的"东西"就是在表明物件意思的同时，借其表示位的意思来对上联的"南北"。

同理，借上联的词语来对应下联，叫借上。例如：

沧海月明珠有泪；

蓝田日暖玉生烟。

这副对联中的"沧"本意是"寒"的意思，因与"苍"同音，这里便借以表示颜色的"苍"（深绿色）同"蓝"相对。由于借对有较高的技巧性，所以是难度比较大的巧对。大家多看、多练自然熟能生巧。

3. 正对、反对、串对

根据上下联在意思上联系的不同，对仗又分为正对、反对、串对三种。正对的上下两联，角度不同，意思是互相补充的。例如：

山势巍峨，翱鸟不能越过；

崖壁峻峭，飞猿亦苦攀登。

上下两联都是讲摩天岭的高峻。上联极言其高，下联极言其峻，两联的意思是互为补充的。

反对，是上下两联，一正一反，意思互相映衬。如河南函谷关犹龙阁联：

> 未许田文轻策马；
> 愿闻老子再骑牛。

串对，又叫流水对，意思是顺连的，分别独立出来都没有意义。如长沙岳麓山联：

> 直登云麓三千丈；
> 来看长沙百万家。

"登"是为了"看"，"看"是"登"的目的。这副对联不过是一句话分成两句说，上下联意思是顺连的。

4. 无情对

无情对又名羊角对，在晚清士大夫中非常流行。它的特征是字面对仗愈工整愈好，两对的内容隔得越远越好。还规定即兴属对，不能拖时间，比如：

> 三星白兰地；
> 五月黄梅天。

其中字字相对，而且上联指酒名，下联指天气，互不相干，是无情对的典范。

无情对主要有三个要点：一是逐字相对；二是上下联必须具备极强的歧义效果，以能让人会心一笑或拍案叫绝为标准；三是大量采用借对法。

（二）联

就是上下联意思要相连，或相同，或相反，或顺承，或递进。意思不能跳跃太大，不能毫无关系（除非是无情对，否则就是出了"隔"的问题）。比如，下面一副有名的对联上下联谈的均是学习和读书，意思较统一。

> 书山有路勤为径；
> 学海无涯苦作舟。

（三）格

就是对联的修辞。对联可以使用我们平常使用的修辞格，比如比喻、拟人、夸张等，当然上下联使用要一致，实际上对联使用的修辞更多，主要有以下几种：

（1）嵌名——把某些自成系统的名或字分别嵌入相关的成分里，使对联意中有意。

> 季子敢言高，仕未在朝，隐未在山，与吾意见大相左；
>
> 藩臣独误国，进不敢攻，退不能守，问他经济有何曾？

这副对联乃曾国藩与左宗棠戏做，上联含左宗棠（字季高）的名字，下联含曾国藩名字。再如悼秋瑾女侠联：

> 悲哉，秋之为气；
>
> 惨哉，瑾其可怀。

（2）谐音——利用同音字，使语带双关。例如：

> 因荷而得藕；
>
> 有杏不须梅。

"荷""藕""杏""梅"另有谐音，第二层意思是：因何而得偶；有幸不须媒。再如：

> 莲子心中苦；
>
> 梨儿腹内酸。

第二层意思是：怜子心中苦；离儿腹内酸。

（3）回文——对联的上下两句，首尾循环。例如：

> 客上天然居，居然天上客；
>
> 人过大佛寺，寺佛大过人。

在回文联中，还有一类是全句皆用玻璃字，这样联句左右就是从中间对称的，造成一种镜像效果。这种玻璃回文难度极高，有的成为无人能对的绝联。如中央电视台的征联"山大王大山"。

（4）两兼——让一个字既属前词，又可同后面的字直接组词连读。例如：

> 李东阳气暖；
>
> 柳下惠风和。

（5）拆拼——把字拆开，重新组合。有一副戒烟联就是用的这种技巧。

> 因火成烟，若不撇开终是苦；
>
> 欲心为慾，各宜捺住始成名。

这副对联中，除"烟"和"慾"拆开外，更难的是"若"——"苦"，"各"——"名"，虽只有一撇一捺，却需要有深厚的文学功底。这类联中也有无人能对的绝联。

（6）顶针——让前一句末尾一字去做后一句的开头。例如：

天心阁，阁飞鸽，鸽飞阁未飞；
　　水陆洲，洲行舟，舟行洲不行。

这副对联中既有同音的技巧，而句中"阁""鸽""洲""舟"又是顶针式的选用。

（7）同异（又称转品或趣读）——利用同形字组合成联，通过异读来区别，例如：

　　长长长长长长长；
　　行行行行行行行。

据说这副对联是写在一个大商人家门上的，人们乍看不知何意，但如读作"常涨常涨常常涨；航行航行航航行"，就可转出"货利长年有增，商行个个通达"之意。能够形成同异之趣的汉字还有"朝""乐"等。

（8）用典——借历史典故或有出处的词语来说明问题。例如：

　　观瞻气象耀民魂，喜今朝祠宇重开，老柏千寻抬望眼；
　　收拾山河酬壮志，看此日神州奋起，新程万里驾长车。

这是赵朴初先生为岳飞庙题的对联，用了五典。许多都出自岳飞的《满江红》。

（9）反复——有层次地反复描写一事一物或强调一个论点，包括意思的反复和用字的反复。这种修辞手法是从不同的角度、用不同的材料反复说明观点，因而不同于一般的重复。如：

　　蔺相如，司马相如，名相如，实不相如；
　　魏无忌，长孙无忌，人无忌，我亦无忌。

这是间隔反复，还有一种称为叠字或连珠，例如：

　　风风雨雨暖暖寒寒处处寻寻觅觅；
　　莺莺燕燕花花叶叶卿卿暮暮朝朝。

可以看出，凡是上联出现反复、叠字的地方，下联也必须在相应的地方对应，否则就要失对。该技巧要懂，但不提倡。

（10）组串，或称串组，就是将一些本来没有联系的事物的名称按一定的规律串联起来，从而使之表示出某种意思。用组串法制作的对联，常见的有组串人名、地名、植物名、词牌名等。请看下面这副对联：

　　中国捷克日本；
　　南京重庆成都。

这副对联是一位爱国人士为庆祝抗日战争胜利而写的。乍一看这副对联的上联是三个国名，下联则是中国的三个城市名。但其有更深层的意思，上联是中国胜利地打败了日本（这里的"捷克"转义为"克敌"），下联是南京重新庆祝成为首都。这样，就用三个国名和三个城市名，巧妙地组合成了一副庆祝抗日战争胜利的贺联。

再看这样一副对联：

碧野田间牛得草；

金山林里马识途。

上下联各由三个人名连缀成句，意义连贯，毫无生硬之感，堪称组串佳对。

（11）缺如——指人们在作对联时故意空出某个字让别人去填补，两联意的重心则正在空出的字上。例如：

一二三四五六七；

孝悌忠信礼义廉。

这副对联是过去骂汉奸的，意思是"王（忘）八无耻"。

再如过去有人在家门口贴了一副对联："二三四五；六七八九。"

横批为"南北"。上联表示缺衣（一），下联表示少食（十），横批表示无东西。

据说，袁世凯死后，有人写过这样一副对联：

袁世凯千古；

中国人民万岁。

这副对联故意不按对联创作常规去写，上联5个字，下联6个字，这样的对联按属对要求是绝对不可以的。但此联正是用属对中的"失对"，向人们暗示"袁世凯对不起中国人民"之意，作者利用缺如的手法出其不意地表达了言外之意，使这一巧联流传于世。

对联的艺术技巧千变万化，花样繁多，除上面介绍的几种外，还有同韵叠字、同偏旁部首叠字、翻新、夸张等。就艺术风格来讲，更有庄严、诙谐、警策、趣味等，需要我们慢慢体会。

另外，对联也可以从不同的角度分类。从字数上可分为短联和长联；从创作方式上可分为创作联、集句联和仿改联；从实际用途上可分为春联、挽联、寿联、贺联、行业联、风景联等。

（四）律

对联的另一个突出特点是平仄的交替与对立。如要熟练运用平仄，我们首先必须要分辨平仄。

1. 怎样分辨平仄

古汉语将汉字分为平、上、去、入四个声调。平，所指的就是古汉语中的平声；仄，所指的是古汉语中的上、去、入声。古代四个声调后逐渐衍化成近代的阴平、阳平、上声、去声四个声调，人们将其称为新四声，凡声调为阴平、阳平（指标准拼音一、二声）的称为平声，凡声调为上声、去声（即标准拼音三、四声）的称为仄声。

现在专家写联大都依照古音，而级别较高的征联比赛则要求"古今音皆可，但不得混用"。对于中学生来说，提倡使用今音，但要熟悉一些古今音的相关知识，不然会把古联和许多使用古音的对联判定为不合平仄律。

2. 对联平仄交替与对立的方式

（1）平仄交替：是指一联之内，不能只用平声或仄声字，应当有规律地交替使用。因为汉字多以两字为一个音节，而且音节的重点一般落在第二字上，因此上句或下句中处于二、四、六等偶数位置上的字，一定要交替使用平仄，对于一、三、五等奇数位置上的字则可以忽略，这在诗律中叫"一三五不论，二四六分明"（当然特殊情况下可以变通）。

（2）平仄对立：是指上下联之间，相同位置上的字平仄应该是相对的。既上仄下平，或上平下仄。除了在规则允许范围内的变通（如可平可仄）之外，不能违反。例如长沙爱晚亭联：

西南云气来衡岳（平平仄仄平平仄）；

日夜江声下洞庭（仄仄平平仄仄平）。

再看峨眉山万年寺联：

海到天边云是岸（仄仄平平平仄仄）；

山登绝顶雪为峰（平平仄仄仄平平）。

（3）句脚平仄：对联的句脚（最后一字）要安排成上联仄收、下联平收，除极少数特殊情况外，都是如此。

世界视野与现代意蕴
校本课程开发的二元思维

第三辑

教师视角下的校本课程开发

校本课程开发给教师带来了什么？在校本课程开发过程中，教师要克服哪些困难？教师开发校本课程时有怎样的心路历程？本辑收录的文章展现了广外外校教师对该校校本课程开发的独特感受和理性思考，在一线教师的视角下解读校本课程开发。

学习哲学的理由

姚小平

新学期来临，又一轮文化专题课开始了。我们首先面对的问题是，学生需要什么？我认为，学生的需要就是我选课的方向。

我们都曾经抱怨学生的思想太简单，很少以理性的思维去思考自己的生活，因此，许多人只能在迷茫中前行，看不到方向，看不到未来。那么，我们该用什么方式去改变这种现状呢？我想到了哲学。

周国平说："哲学不是一门学问，而是一种思考的状态。"我从这句话中找到了灵感。可是，我也有自己的担心，给高一的学生讲哲学，他们能够理解吗？而且，哲学家那么多，我该从哪里入手呢？

经过与学生的交流，我发现他们最关心的就是，专题的内容是否贴近他们的生活，是否能开拓他们的思维和视野，是否会让他们有发现的惊喜。从这三点出发，我打算讲卢梭的民主哲学、叔本华的人生哲学、弗洛伊德的心理哲学。

讲这几个哲学家的哲学观，并不是要学生记住这些哲学家有些什么哲学观点，而是要提醒学生时刻保持"思考"的状态。

为什么要学习哲学？我想，这是一个很难回答的问题，但也是不能回避的问题。

一、什么是哲学

哲学一词的本义是"爱智慧"，通俗地说，就是不愿糊里糊涂地活着，要活得明白。苏格拉底有一句名言是"未经省察的人生没有价值"，讲的就是这个意思。而要活得明白，就必须用自己的头脑去思考世界和人生的根本问题。从这个意义上来说，哲学就是世界观和人生观。我不太赞同哲学是学问的提法，因为学问容易凝固化。

严格地说，哲学不是一门学问，而是一种思考的状态。请注意"观"这个词，世界观就是"观"世界，人生观就是"观"人生。第一，要用自己的眼睛去"观";第二,所"观"的应是世界和人生的全局。

我们平时往往沉湎于身边的琐事之中,但有时也会从中跳出来,想一想世界究竟是什么、人生究竟有什么意义这样的问题,这时候就是在进行哲学思考了。哲学是"观"全局的活动,其最重要的特征:一是独立思考,二是思考根本问题。

哲学就是教你如何挖掘出你本来具有的、但深藏不露或被严重压抑了的能力。

苏格拉底说:"未经考究过的生活是不值得过的。"你为何不以轻快的步伐迈进哲学的殿堂,静下心来认认真真地进行一番探究,培养一点"把讲道理进行到底"的精神,给生活增添几分豁达和深沉?如果你不想一味地被人牵着鼻子走,想要在原则问题上有自己系统而深入的看法,那么来学习哲学吧!

二、我们的思维与视野

我曾经有一个非常得意的发现,那就是我们每个人其实都是井底之蛙!这个比喻显然不好听,但是确实很真实。我们通常会觉得那只小青蛙很可笑,因为它觉得天空就只有井口那么大。当然,在那时,我们很欣赏那只飞在天空里的鸟。只是那时候,老师并没有告诉我们,其实那只鸟也是生活在自己的"井"里,只不过,那只鸟生活的"井"比那只青蛙生活的井要大一些而已。

我们注定要在"井"里生活一生。不过,倘若井底之蛙连叫都不会叫两声,也不知道把自己的井壁向四周扩大,那才是真正的悲剧。

当然,人不能只生活在自己的"井"里,事实上,世界本是透明的,是连接在一起的,但我们的视野未能让我们看到这种一体性。于是,以人为中心的观点就生发出三种基本的关系,即人与自然或世界、人与人、人与自己的关系。这三个层面的延伸即人对世界的看法,人如何认识世界,人与世界的对立统一;人与人的关系构成了社会,产生了伦理、道德、法律、政治等,同时按照马克思主义哲学观的观点,产生了人与人之间的生产关系;人与自己的对立产生了自省,即人对自己的认识。古希腊那句"认识你自己"的名言成了无数哲人的终极追求。

三、我们面对的世界

(一) 人与自然——世界的本源

哲学史告诉我们,哲学的产生在于人对世界的追问,即对世界构成的探索。经历了古代朴素唯物主义时期,人对于世界的种种认知已经构成了哲学的根基,即从基本的实在物不断概括抽象出观念上的原子。哲学完成了方法论上的第一个跨越——抽象。世界是人类存在的基础,当时,自然界作为人思考的唯一对象,便形成了哲学的第一个问题。

现在,我们要学习哲学、学习认识世界的意义已经改变了,我们更多的是从科学(历史、地理)那里认识世界。今天,科学日益发达,神学已经衰落,哲学在精神上的指导意义便在于能让人进行思辨,通过理性分析来认识世界。

学会思辨,学会从具体中得到抽象,就能提升我们的思维层次。

另外,自然是人类的生存环境之一。其实,人类根本不能控制自然,从伟大神话的神力虚幻到现实自然的反击,都证明了人在面对自然时的渺小与无力。据科学分析推断,人类用了几千年时间改造的自然,会在人类消失后的3年时间内,全面夺回属于自己的地盘。不知道,这算不算是一个讽刺。

但是,人可能会通过思考自己与自然的关系找到更好的生存状态,这是毋庸置疑的。

(二) 人与人——现世的分析

前苏格拉底时代之后,苏格拉底、柏拉图、亚里士多德等人奠定了哲学的现世基础,这集中体现在苏格拉底的辩论术、柏拉图的乌托邦国家构想与理念观,集大成者则是亚里士多德。亚里士多德是现代的科学之父,他的理论奠定了形而上学、伦理学、政治学、逻辑学、物理学、数学和天文学等学科的理论基础,其中伦理学与政治学是关于人与人之间关系的最深层次的见解。

人与人之间的关系体现在对人性善恶的分析基础上,东西方文化的差异即在于此。西方假设人是恶的,需要现世的救赎。而东方(中国)则认为人是善的,只需要保持就可以了。柏拉图依据西方对人性的认定,开始思考人与人之间的关系,并据此构建了完美的社会关系。亚里士多德在伦理学方面细化了人与人之间的联系,依靠哲学的认识构建了较为完善的道德体系。

今天,人们学习哲学时往往带有太多的功利目的,对人与人之间关系的考察已严重世俗化,如《厚黑学》等书籍的大量出现。

(三) 人与自己——心灵的探索

这个层面应该是最吸引人的。我是谁?我从哪里来?我将到哪里去?科学似乎已经能对此给出确切的答案,但无可否认,人对自己的认识还十分浅薄。人对自己认识的第一个层面是对本体的认识,即对人的存在的认识。通过对"我为什么而存在"这个问题的考察,我们可以从不同的层次理解自己,思考自己作为独立的个体究竟有何存在的意义。

人对自己认识的第二个层面在于对价值的思考,即我该如何活着。人是否如科学所描述的那样,是由碳水化合物合成的动物?是否有些生活方式是高贵的,而另外一些生活方式是卑贱的?如果有高贵的生活方式,那它包含的内容是什么?如何才能达到?为了能得到别人的尊重,就必须保持永恒的善吗?若宇宙注定要趋向灭亡,什么才是最值得追求的?为什么要回答这些问题呢?

罗素认为,人的行动是建立在人们对世界、人生、自己的认识之上的,即什么是善、什么是恶的理论。一个人最难于面对的,就是自己的心灵。然而可悲的是,这世间的许多生命一生都不曾思考过这样的问题。我坚信,遇到过此类问题,并且作出正确选择的人,必定都会成为优秀的人,而且会对这个世界文明的发展作出自己的贡献。

"形体与舞蹈"校本课程实施现状与思考

曾 勇

校本课程是在学校本土生成的,既能体现各校的办学宗旨、学生的特别需要和本校的资源优势,又与国家课程、地方课程紧密结合的一种具有多样性和可选择性的课程。这一界定试图反映校本课程的三种基本属性,即关联性、校本性和可选择性。

校本课程主要分为两类:一是使国家课程和地方课程校本化、个性化,即学校和教师通过选择、改编、整合、补充、拓展等方式,对国家课程和地方课程进行再加工、再创造,使之更符合学生、学校的特点和需要;二是学校设计开发新的课程,即学校在对本校学生的需求进行科学的评估,并充分考虑当地社区和学校课程资源的基础上,以学校和教师为主体,开发旨在发展学生个性特长的、多样的、可供学生选择的课程。

"形体与舞蹈"作为广外外校校本课程实施已有9年时间,到目前为止,该课程仍然保持着规范化、常态化、特色化的发展方向。"形体与舞蹈"校本课程开设的目的和需要与我校的办学宗旨"培养走向世界的现代人"密切相关。培养走向世界的现代人,一个重要指标就是要注重学生发展的多元化。为了给学生一个多元化发展的平台,我们设置了艺术审美教育体系下的"形体与舞蹈"校本课程。

"形体与舞蹈"校本课程主要根据中学生的性格特征与心理特征来设置课程的内容,主要包括知识与体验两个方面。知识主要是相关的舞蹈理论知识,如芭蕾舞的起源、分类、发展、现状。体验主要是舞蹈的优秀剧目赏析与基本动作的体验。"形体与舞蹈"课程的内容涵盖了芭蕾舞、中国古典舞、中外民族民间舞蹈、国际标准舞、现代舞、爵士舞、街舞等舞蹈种类,从古典到现代,从传统到流行,让学生既能了解古典传统的精髓,又能感受现代时尚的魅力。同时,我们还在课程中融入文学、音乐、戏剧、历史、美术等来丰富课堂的知识内容,让学生在潜移默化中做到融会贯通。

这门课程该如何考核与评价,可能是很多人会去思考和质疑的一个问题。在课程实施的过程中,这个问题也是我的一个研究课题。我校现行的学生考核与评价方式主要有：（1）课堂动作生成组合；（2）书面知识储备试卷测试；（3）舞台活动参与；（4）舞蹈评论与文字。以上几种考核方式，我们都已经实践过了，每一种方式都各有优点。当然，能兼顾到四种方式的评价与考核是最好的，这样对学生的考查也是相对全面、客观的。

对于"形体与舞蹈"这类实践性较强的课程来说，提供相应的实践平台是很重要的。为此，学以致用，对于课程的良性发展也能起到一个很好的推动作用。学校坚持活动育人的办学理念，为学生实践提供了一个开放的、多元的平台与空间。在艺术节、舞蹈节、戏剧节、英语节、读书节、DJ 大赛、卡拉 OK 大赛、合唱比赛、社团活动、对外交流等一系列活动中，都可以看到学生舞动的身影。这些年来，学生在舞台上的自我表现能力越来越强，自信心得到了提升，这些无疑是对"形体与舞蹈"课程设置合理性的一个最好的佐证。

学校艺术教育，特别是舞台艺术教育，不仅仅需要课本内的知识，而且需要与时代和社会的发展接轨。校外实践是"形体与舞蹈"校本课程在教学上的一个探索、一种大胆的尝试。例如，组织学生外出观摩广东芭蕾舞团的《风雪夜归人》芭蕾舞剧演出，组织学生集体观摩广东现代舞团的《紧急事件薄》现代舞剧，等等。这些活动无疑会对学生的艺术熏陶起到非常大的作用，而且其发挥的作用是学校教育远远达不到的，因为直观的感受与视频的欣赏还是有一定差别的。节目观摩属于体验式的实践，而学生参与表演的校外实践则是真正意义上的活动实践。学校在这方面也为学生提供了大量的机会与广阔的空间，例如，2007 年的澳洲墨尔本文法学校艺术交流回访活动，2009 年的"文化中国·维也纳金色大厅"演出活动，2010 年的"联合国·非物质文化遗产"专场演出活动等。这些活动为学生提供了充分学习和展示舞蹈的空间与平台，同时起到了传播中国文化的作用，更开阔了学生的艺术与文化视野。

社会与时代在不停地发展，课程的设置也会随着实践的变迁而有些许的变更，但这门课程将会一直在我校的校本课程体系中存在，并且将逐步走向完善与规范。因为，广外外校的办学宗旨不变，办学理念不变，教育主要是关注人的发展的宗旨也不变。

作为一门艺术类校本课程，"形体与舞蹈"课程的规范化、常态化、特色化尤为重要。如何吸引学生，如何提高学生的学习兴趣，如何增加学生的艺术知识储备，如何为学生提供更广阔的艺术实践空间，如何为学生制订更完善的学习目标,这些都是我们需要思考的问题。

为了促进"形体与舞蹈"校本课程的完善,我们需要进一步加强和完善以下几个方面。首先是教材的进一步优化,要更科学地设定适合初中一年级年龄段学生的教学内容与形式,以便于学生了解与掌握教材的内容。其次是课内与课外的结合。单单一周一节课,对于有舞蹈天赋的学生来讲是不够的,我们需要在课程以外多给这类学生一些时间,最好能把舞蹈队和社团的作用发挥到极致。最后是采取"请进来"与"走出去"相结合的教学模式,多交流,多学习,多参与。

以人为本的教学理念,要求我们尊重学生的个性发展,培养学生多元化的知识体系,提高学生的活动参与能力,促使学生全方位地感知艺术、领悟艺术、实践艺术。作为基层舞蹈教师,我们所需要做的就是让更多的学生走近艺术,走近舞蹈;让他们感受艺术之美,感受舞蹈之美;让所有的学生动起来,舞起来,为学生的快乐、健康成长尽一份微薄之力。

小学武术课堂教学随想

袁宁海

一、设置合理的、符合学生特点的教学目标

目前,校园武术还处于一个起步阶段,还没有一套规范的、符合学生身心发展特点的武术教材,所以教师在设置教学目标时还存在一定的随意性,这种随意性又导致了许多不合理的教学现象。因此,设置合理的、符合学生特点的教学目标在课堂教学中至关重要。同时,学生对武术的热爱程度各有差异,水平也有所不同。有的学生曾在武术学校、武术培训班学习过,有一定的武术功底;有的学生却从来没接触过武术。记得在以前的教学过程中,每个班级都有一部分学生难以完成教学任务,这部分学生在学习中找不到快乐,时间久了,不但不能练就扎实的基本功,而且还会对武术课产生厌倦心理。针对这种现象,我进行了深刻的反省,并得出了以下结论:武术课的教学目标有其自身的特点,它不仅要求训练学生的基本手法、步法,而且要求提高学生的整体身体素质,培养其思想品质。而这些目标的实现要经过一定的过程和时间,所以教师要根据教学对象的年龄、身心特点设置一个长期的教学目标(如学年目标),然后将其体现在各个短期的教学目标(如学期、月、周目标等)中,而每一节武术课的内容都要根据短期目标制订。

二、合理活化教材

由于缺少教材,没有教学依据,武术教师往往需要自己动手编排教学内容,这样就会出现动作难度高、套路成人化或是一味追求简单等弊端,而忽略了学生动作发展特点等各种各样的问题,达不到学习武术的目的。因此,教师在编排教学动作时,应选择较优美的动作,如马步劈拳、弓步轻身抱拳、弓步连环冲拳、高虚步亮拳、仆步亮拳和弓步分掌等,以增加学生的练习兴趣;也可以采取广播操的形式,将各种教学动作编成武术操或剑操;当学生练到一定水平时,还可采用按图练习法,如按圆形、梅花形或"人"字

形等队形来练习。但在选择动作时要注意难易适中,对于难度大的动作可以将其分解为多个动作来教。如大跃步前穿可分解为提膝双摆掌、望月平衡、仆步穿掌等3个动作;仆步抢拍可分成左(右)手单手抢拍练习。一般情况下,基本功都是分散在每节课中去练习的,但是单调的基本功练习很容易让学生失去兴趣,所以最好能将基本功编入各种动作组合,在完成动作组合演练的同时,完成对各项基本功的练习。

为了更好地开展教学,我自创了一些武术套路,将原有的武术套路进行拆分,变成了各种简单易学的短套路,分别供各个年级练习使用。当然,武术套路中的各个动作还可以进行再次拆分,只要拆分得当,就可以有效地帮助学生学习。在本学期开学之初,我将完整的套路有机地拆分成了虚步亮掌、并步对拳、大跃步前穿、仆步穿掌等若干个招式,并将其列入每星期的武术动作练习之中,然后在平时的活动中进一步加以落实和完善。在组织教学活动时,我会按照由易到难、由简至繁的原则,先让学生学会几个简单的动作,然后将几个动作组合成一个招式,最后将若干个招式串联成一个完整的套路。这样一来就会减轻学习的压力,让学生在轻轻松松、快快乐乐的氛围中有效地学习武术。

三、灵活的课堂教学技巧

1. 注意保持武术教学的魅力

武术的魅力主要来源于武术的三大特点:美、体、用。

美——武术的姿势、动作富有艺术性,每一招、每一式都舒展大方,造型优美,节奏鲜明,充满力量。武术运动要求"手到眼到,手眼密切配合,手腿相随,上下协调,内外合一,形神兼备,动迅静定,动则快速有力,静则稳如磐石",这也构成了武术所固有的艺术特色。

体——以套路为主,目的是强身健体。武术套路以踢、打、摔、拿、手、眼、身、法、步等为基础,按照武术的运动规律,把它们串联起来,形成成套的拳术或器械武术动作结构。长期进行套路练习,不仅能提高学生的身体素质,而且能培养学生顽强的意志。

用——突出攻防含义。各种武术套路都有利于健身,而且套路中的招式实际上都是格斗的攻防动作和姿势,这叫做体用兼备。学生通过练习武术,学会一些格斗的技巧,不仅能增强体质,而且能培养攻防意识。在现阶段的教学中，存在着重"套路"学习、轻攻防技击的问题，其结果是导致学生学习兴趣减弱，积极性下降。这对全面继承与发展武术运动非常不利。武术的发展历史告诉我们，必须把传统的武术套路与现代散打技击相结合进行教学，才有利于保持武术的魅力，提高武术教学的效果。

2. 注重基本功、基本动作及相关动作组合的练习

武术课中的许多基本动作难度大、要求高，在刚开始学习时，要使学生在较短的时间内掌握练习方法并不是件容易的事。事实上，基本功、基本动作的内涵是密切相连、相辅相成的，任何复杂的动作都是由几种基本动作组成的。学生的模仿能力普遍较强，只要抓住由易到难、由简到繁的原则，指导学生循序渐进地进行练习，就会有立竿见影的效果。武术教学要根据学生的武术基础、身体素质、接受能力，以及其刻苦与勤奋程度等各种实际情况而定。有的动作看起来简单，但学生一时就是接受不了，教师此时必须面对现实，耐心辅导，采用分解教学法；有时某个动作看起来很复杂，但由于学生各方面的素质均较好，经过几次反复练习之后，做起来也比较顺畅，就不必进行分解教学了。武术教学是一个多层次、多侧面、多变化、注重现实的训练过程，应根据学生的具体情况实施分段教学和训练，只有让学生容易接受，教学效果才会理想。

3. 把握好课堂节奏

教师某一堂课上得好与坏，与这堂课的课堂氛围有相当大的关系。而一堂课课堂氛围的好坏，在很大程度上取决于教师对课程节奏的把握。要想把握好课堂节奏，教师必须在课前做一个详尽的教学计划。一堂没有任何准备的课，是无论如何也激发不起学生的学习积极性和主动性的。那么，如何才能使一堂武术课生动有趣，并且能为学生所接受呢？

首先，要撰写教案。在写教案时，教师要对上课的全局有一个把握，即要在大脑中模拟上课的场面以及可能会出现的情况；要重视对训练场地的安排，避免因场地不合适而影响教学效果；要考虑学生的情绪，尽量使学生在武术训练过程中保持良好的精神状态。准备部分至关重要，精心准备会为教师的教学开一个好头，如一个结合上次课所学内容而展开的小比赛，或是一个新颖别致的小游戏等，都能使学生很快地进入你所安排的"节奏"当中。

其次，要合理安排整节课的运动量。根据小学生的身心发展特点，每节武术课均应在准备活动以后，采取短时间大强度的练习方式，随后要在不降低强度的基础上逐渐延长休息时间和练习次数，以提高学生的运动能力。但

是，由于小学生的稳定期比成人更短促，在紧张肌肉活动时也会更快地出现缺氧反应。因此，在大强度的练习之后，教师要控制学生的运动量，防止运动负荷过大过重。一般来说，学生的最高心率不得超过 180 次/分，最低不低于 130 次/分，平均心率为 140～170 次/分，整节课的运动密度为 50％～60％为宜。在课程中，我往往会采取休息的方式让学生恢复体力，以便使他们更快地投入下一个环节的训练。但在一堂节奏感很好的课中，纯粹休息的形式过于消极，也容易使教师精心设置的课程内容在节奏上被打断，所以要选择某种积极的方式让学生休息。我会让学生借助一些柔韧性练习来休息，如学生两人一组做互拉肩、拉腿等动作。但这种练习也要保持一定的时间，不要过长，最好规定组数或次数，这样就可以达到保持课程节奏的目的。只有合理、科学的运动量安排，才能让学生在练习武术时产生健康、积极的情绪，很好地完成教学目标。

4. 快乐教学

在武术教学中，我们经常会遇到这样的困惑，那就是小学生往往对机械枯燥的动作练习兴趣不大，尤其是低年级的学生，很难长久地保持兴奋状态，要求他们持久地学习武术这项较为枯燥的运动是比较难办到的。因此，教师要针对学生的年龄特点，在语言技巧、活动趣味、组织原则等方面尽量满足学生的需求。

（1）教师的讲解要形象化、趣味化

武术中的术语较复杂，一味干巴巴地说教会使学生感到索然无味，而形象化的讲解、艺术性的语言却能诱发学生听讲的兴趣和求知欲。因此，教师要努力使教学中涉及的术语和动作名称形象化、趣味化。如在讲架掌动作时，要求两臂伸直成"一条直线"，然而学生对直的概念比较模糊，所以很难把动作做到位。这时就需要教师幽默风趣的讲解。在教学中，我有时会把一些武术动作编成简单的儿歌，并配上学生感兴趣的音乐。如学习弓步冲拳时，我们配上了《懒惰虫》的曲调："我是大力士，力量大无比，我是一个大力士。两腿蹲一蹲，右右冲冲冲，敌人吓得赶快逃。"学生学起来劲头更大了，而且在这种情况下，学生比较容易抓住动作的要领。

（2）让学生在快乐学习中快速掌握知识

要让学生喜欢练武术，就要让学生在练习的过程中感受到趣味和快乐，他们才能将动作乐此不疲地练下去。因此，教师要做个有心人，不断挖掘武术动作的趣味性。如在学习推掌这个动作时，学生连续推几次都是软绵绵

的，没有力度。于是，我就郑重其事地对学生说："前面有块很大的石头，我们要用很大的力气才能将石头推倒，我们来用力将它推倒吧！"于是，我带领学生使劲地推"石头"，当连续推了几次以后，学生的力度变大了，手臂也能够伸直了。于是，我又对学生说："你们的力气可真大，大石头都被你们推倒了。"话刚说完，学生就欢呼起来，他们感受到了成功的快乐。又如在马步冲拳的练习时，大多数学生打了几下就没兴趣了，而且大部分人都没有送肩。于是，我便给每个学生发了一个软式排球，让他们用拳头去击打排球，看谁打得远、打得正。学生都想试试自己的力量到底有多大，一时间整个场面热火朝天。当学生练到一定程度时，我又在前方挂起几个呼啦圈，将学生分成几组进行比赛，看哪一组将球打进呼啦圈的次数最多。这样一个原本乏味又累的动作，学生们却在课堂上练得如火如荼。他们既感觉到了快乐，又真正地得到了训练，同时还收获了一种成就感。

四、在教学中选择合适的教学方法

新授课时，由于小学生的方向感比较差，所以在武术教学过程中要固定学生的站位，加强方向练习，这样学生就不会分不清方向了。并且，在示范动作时，教师最好选用背面示范，这样容易使学生看清方向、路线，以免产生站位和方向错误。

此外，为了方便学生记忆武术动作，我使用了以下教学方法。

1. 将难点提炼出来先学习

武术中的难点动作方向、路线变化复杂，需要的练习次数较多，教学时间相对较长。如果按照动作顺序进行传授，当教完整套难点动作之后，学生往往已经忘了前面所教的内容，或者在练习前面所学动作时熟练程度大打折扣，这样就会影响整套动作的连贯性。因此，只有将难点提炼出来先行学习，等学生对动作要领熟练掌握之后，再将要学习的内容按动作顺序传授下去，这样才可以一气呵成，加快学生对动作要领的掌握，提高教学质量。如初级长拳第三路第一段的大跃步前穿、第二段的转身踢腿马步盘肘、第三段的赴步亮掌和第四段的腾空飞脚等，都是每段的难点，可以提出来先行学习。

2. 善于给动作归类

武术的特点有三多，即动作数量多、方向路线变化多、每一个动作包含的因素多，这就给学生的学习增加了难度。教师应善于将现学的某个动作与已学的某个相似或相近的动作结合起来，归类对比，分析二者的相同之处和不同之处，这样省时又省力，也便于学生记忆。如初级长拳第三路第三段的换跳步弓步冲拳和第四段弓步顶肘中的换跳步动作，与第一段大跃步前穿中的换跳步动作基本相同。

3. 运用形象比喻法

对于武术中的一些动作，光按教科书上的动作要领进行讲解和示范，不但费时费力，学生还难以掌握，对动作记忆不深。如果将这些动作与现实生活中或其他运动项目中的一些动作挂钩，互相穿插，就能收到事半功倍的效果。如初级长拳第三路第二段转身踢腿马步盘肘中的两臂向前抢摆动作和自由泳动作相似。再如第四段提膝挑掌中的两臂向后抢摆动作和仰泳动作相似。

4. "转"的方向要重点提出

在武术教学和考试中，学生错误较多的地方就是转的方向，所以教师在教学过程中要将"转"的方向重点提出来，在集体练习练到有"转"的动作时要事先提醒学生注意方向，遇到有学生转错方向时就要集体重来。如在初级长拳第三路第二段的虚步栽拳和转身踢腿马步盘肘、第三段的赴步亮掌、第四段的赴步抢劈拳中都有转动动作，要提醒学生注意方向。

5. 闭眼练习法

我们在形容做某件事情很容易或很熟练时，会说"闭着眼睛都能做"。同样，在进行最后一遍集体练习时，可以要求学生闭着眼听教师报动作名称或数字进行练习，这样不仅能提高学生对动作的熟练程度，而且还能使教师对那些"滥竽充数"者一目了然，便于教师在以后的教学过程中对这些学生进行重点辅导。

6. 快速练习法

在李阳的"疯狂英语"训练中，就有一种快速读英语的练习方法，我们把它引入了武术教学。在大部分学生都已对动作较为熟练的基础上，教师较快地报出动作名称，学生跟着教师的节奏进行集体练习。通过多次练习，就可以使肌肉脱离神经的控制，完全达到自动化。

7. 学生自喊自练法

牢记武术的动作名称，可以帮助学生提高对武术动作的熟练程度。在武术教学的集体练习过程中，可以要求学生边小声跟教师报出动作名称边进行

练习，在分组练习和个人练习中则要大声报出动作名称。通过多次的这样练习，学生就能牢牢地掌握动作，即使在暂时遗忘某个动作时，也能通过动作名称的提示而回忆起动作来。

8. 运用攻防含义

任何武术套路都是具有攻防含义的，关键是教师要能把它挖掘出来。教师可采用启发式提问的方法告诉学生，假如遭到袭击时自己可以用什么动作打到对方的什么位置，以此来提高学生对套路的理解记忆。如教学初级长拳第三路的弓步冲拳，可以让学生想象自己的左侧头部被立于自己身体左侧的敌人直拳打来，学生会想到以小臂格挡对方来拳，随即出右拳猛力击打对方的胸腹部。这样能提高学生的学习兴趣和抽象思维能力。

五、多进行表扬激励

表扬、鼓励及激发学生的竞争意识，是吸引学生的注意力，帮助学生树立学武信心的关键。在整个武术教学过程及一堂武术课的若干环节中，教师要始终以鼓励和表扬来增强学生的学习兴趣和信念。在教学过程中，我会认真观察，当发现某个学生的动作标准时，会为他跷起大拇指；当顽皮的学生专心地完成一节武术课的练习任务时，我会给他开心的微笑和"下次继续努力"的鼓励。另外，武术兴趣班学生的示范和"小教练"的选用，同样对学生学武积极性有着极大的促进作用。当学生掌握了武术的知识和基本技能后，我们就需要通过比赛督促和刺激他们练习。因此，学校每学期一次的武术操评比活动，可以说是对学生武术学习效果的一次大检阅。在评论活动中，教师以及家委会的成员从队列队形、动作规范、注意力、精神状态等方面对学生的表现作出相应的测评。而也正是这一次次的评比活动，促进了教师和学生的学武积极性，让师生与武术共同成长了起来。

随着学校教学改革的不断深入，教师的专业知识要精深，业务技能要熟练，教法要灵活而新颖、科学而实用。总之，在小学武术教学中，我们要设置合理的、符合学生特点的教学目标，合理活化教材，用更多的心思去挖掘课堂上的技巧，用"玩"的形式来开展武术教学，让学生在玩中学、在玩中练、在玩中创，让学生在课堂上快快乐乐地学习，这是小学武术教学改革的一条有效的途径。

我的创作和我的教学

王岳盛

我的兴趣爱好，就是我的专业和工作，这使我十分惬意。经过不懈努力，我取得了些小小的成绩，成为首届广东画院签约画家、岭南画院特聘画家、广州市白云区美术家协会副主席、中国美术家协会会员。在此，我要聊聊我的创作和我的教学。

一、创作

广外外校5209是我的工作室。2001年，这里只有简单的工作台，后来画渐渐多了起来。十年来，我的大部分时间都是在这里度过的。在此期间，我创作了很多作品，也参加了很多艺术活动。

我的大部分作品都是在5209创作的。《一片收割后的稻田》《诗行在田间》《寂静》《微风》《暖风》等一系列作品，都是在5209孕育而生的。《一片收割后的稻田》获第二届全国漆画展铜奖（金奖空缺），厦门人民政府委托厦门美术馆永久收藏。2008年全国第三届青年作品展开展，我把《一片收割后的稻田》从厦门美术馆借出，寄送到中国美术家协会参选，这幅作品顺利入选了该展览。本次展览中入选的263件作品，分别是从全国各地近4万件作品中遴选出来的，最终所有入选作品都在中国美术馆展出。

《夜班车》是件大尺幅的作品，画面人物众多，共有四十多个，被像沙丁鱼一样框定在车厢里。作品中的人物只有鸡蛋般大小，所以绘制的难度很高。此作品参加了第二届全国漆画作品展，并获得了优秀作品奖，该奖是本次展览的第二级别奖项。该作品还被中国美术专业最权威的杂志《美术》选作封底，本人也凭此画荣获了第二届广州市白云区委、区政府颁发的"文化宣传荣誉奖"。

《言语》的创作灵感来自中国的传统艺术——书法篆刻。画面中白色的底、红色的图案、不规则的图形，不是自然物象的再现，而是我创作的抽象图形。具体而言，是书法字体笔画的组合，但又不是哪个单字的笔画。该作品运用大漆材料作载体，白色用蛋壳镶嵌，红色图形使用了大漆和金箔，通过特殊的工艺制作，使作品既传统又现代，有很特殊的视觉效果和深厚的精神内涵。该作品参加了第十一届全国美术作品展（壁画），同时入选并获得了第二届全国壁画大展的大展奖。这两展合一，同时在中国美术的最高学府——中央美术学院美术馆展出，并举行了学术研讨和颁奖仪式。之后，该作品还受邀参加了广东画院五十周年特展。

一些知名的评论家曾撰文评述我的作品，现节选如下。

钟耕略，旅美艺术家、中国油画院特聘艺术家：王岳盛的画显得宁静、平缓而深远。其取材均为秋收后的稻田，收割后留在田中的稻草头一排排向远方延展，消失在画幅上方的天际，然而他的许多作品都没有把天空纳入画面，营造了一种无限延伸的苍茫气氛。王岳盛的田园画之所以能吸引我的视线，是因为他的作品萦绕着一种朴实的乡土气息，一种如农人般对耕地的纯朴感情，在金色的秋阳下被演绎得如此真诚和透彻。王岳盛在静心、老实地描绘禾田的泥土和稻草，试图从中发掘他个人意欲探索的奥秘，故其创作的视觉方向是纵深的。王岳盛的田园风景在承继了西方先贤的绘画精神之后，摸索到一个重新出发的起点。

晏滔，北京人文大学策划系教授、艺术评论家：王岳盛对于本土意蕴的守护，十分契合我对当代中国油画审美价值的取向。他不是把还有多少形式可以翻新，还有多少技法可以试验，还有多少先锋性可以发现，来作为自己前行的"课题"。他坚守传统媒材的架上绘画，可能是受唐明修先生的影响。他还以漆为媒介创作了一批"油画肌理"的漆画。这里，他没有盲从当代流行的新媒体艺术或观念艺术，而是扎扎实实地在油画源流基础上塑造油画中的本土人文形象，并以此来丰富其艺术语言和个人品格。王岳盛是当代已穿越歧路彷徨的一批平和稳健的油画家之一。

二、艺术创作的影响力

一些人有意地把艺术教学和艺术创作分割开来，认为艺术创作无关艺术教学，我认为这是不正确的。

1. 将艺术创作直接应用于教学

高一年级的美术课以"美术鉴赏"为主要学习模块，注重将理论学习和艺术品鉴相结合。每周只有一节美术课，对于学生而言，一些美术概念、美术理论显得非常陌生。

在教材中,"走进具象艺术""走进意象艺术""走进抽象艺术"为一个教学单元。当上"走进抽象艺术"一节时,我把自己不同时期不同表现手法的原作搬到教室,把教室布置成了一个小型的个人作品展。黑板的右边摆放480cm×200cm,以屏风为展示形式的抽象的漆壁画作品——《言语》。此作以漆材料为媒材,有丰富而独特的绘画语言("艺术语言"为本年级美术鉴赏的另一内容),既富有传统美又具有现代感。左边挂着写实绘画《金潮又至》,尺寸是80cm×100cm。教室后面中间墙面摆放漆屏风作品《好山》,尺寸是200cm×240cm,为意象作品;右边是漆作品《新款》,尺寸是180cm×122cm,为意象作品;左边挂着油画作品《大木屋》,尺寸是80cm×80cm,该作品创作于1992年,为超级写实主义风格的作品,作品中大木屋的木板已达到了乱真的地步。

如此大尺寸、大数量、高质量的作品,绝大部分中学美术教师是无法创作出来的。把教师本人创作的作品用在中学美术课的教学中,应该也是很少见的。有了多媒体之后,教师可以在互联网上下载资料,或者自己拍些照片,做成课件在上课时使用。这样做确实有一定的效果,以至于很多人把上课时是否利用多媒体、是否有课件,作为评判一节课好坏的标准之一。我认为,过分依赖多媒体,至少存在一个很大的缺陷,那就是无法在同一时间将所有的内容都展现给学生,以至于学生常常是看了这个忘了那个,这样特别不利于学生获取对美术作品的直观感受。而在教室里展示教师的原作,可以给学生视觉和心理上的冲击,他们不但可以近距离地观看、揣摩,而且可以触摸作品,感受作品的材料和肌理,这一切都非常有利于学生理解作品所表达的思想内涵和其所传达出的各种内容内在的美。

在中小学里,美术教师普遍不画画,能画好的简直是凤毛麟角。

应该说,大学毕业生一般都可以胜任中小学美术课的教学工作,这些课程的内容十分浅显,对绘画技巧的要求也不高。教研部门对美术教师教学能力的考查,也主要是以上课的技巧为标准,如教师的课堂组织能力、语言表达能力、课堂结构的设计等。因此,为了提高美术教师的教学能力,很多学校都要求教师多听课,做听课笔记,设计教案,写课后反思等。有些教研部门也会动员中学教师听讲座、观摩、模仿等。在教学过程中,的确需要注重一些技巧,但不能仅有技巧没有创作。绘画创作只重视技巧是没有出路的,技巧只是一种表达手段,更重要的是绘画的内容及其所蕴含的精神。同理,上课技巧、教案设计等也仅仅是手段，学生上课听讲，并不关注教师的讲课技巧如何，他们关注的是教学内容，以及由此透出来的科学精神和人文精神。在艺术教科书里，许多艺术问题只是一些冰冷的概念，只有创作者才能深刻体会艺术的核心思想。教师的创作心得，可以成为教学内容，更可以引导学生朝着正确的、本质的艺术方向去思考。

技巧是容易模仿、学习和运用的，短时间内便可以达成，然而对于中学美术教师而言，本学科的中高端知识很难在短时间内完全掌握，而若想完全领悟由本学科的高端知识所折射出的科学精神和人文气质，则非经过长期的修炼不可。

能否传授给学生科学、人文知识，主要不是取决于教师的教学技巧，而是取决于教师自身的科学、人文知识积累，以及个人的精神修养。这些都是无法设计的，教师只有不断地充实自己，才能指引学生朝着正确的方向前进。

好的教学，应该是用心灵和学养去教学，而不能靠技巧和模式去教学。人们常说，教师是蜡烛，燃烧了自己，照亮了别人。我想，教师不能是蜡烛，他不能燃烧自己，毁灭自己，而应该在照亮别人的同时使自己更加灿烂，使自己得到精神层面的升华。因此，教学、科研和创作都应该成为美术教师的重要工作内容。

2. 工作室是学生了解艺术创作的最佳场所

若想了解一个艺术家，你一定要去参观他的工作室。艺术家的工作室，就像一个家庭一样，有着岁月留下的痕迹。通过观察艺术家的工作室，我们可以了解艺术家的生活态度和艺术观念，以及他的工作习惯和创作方法等。

旅美画家钟耕略先生在广州的工作室，虽然不大，但各种物品摆放得井井有条、一尘不染。其中一张桌子是画彩色铅笔画的，码放着各色铅笔。朋友一来，钟先生便会讲解彩色铅笔的性能，甚至亲自示范，有时还会把新作拿出来让大家一起欣赏。还有一个精致的画架，架上总有将要完成的作品，边上有个台阶，上面放着油画颜料和调色板。通过他的工作室，我们可以认真琢磨油画的制作程序，了解颜料的种类和品牌。

著名漆画家唐明修先生则有两个工作室，一个在福州北峰 14.5 千米处，一个在杭州的中国美术学院。福州的工作室，是他一砖一瓦亲自在一个山涧边建起来的，分为起居室和工作室。从小溪引来的溪水，穿过工作室的一层，被修成了隐秘的荫房。山涧的雾气从一个窗子穿过大厅，又从另一个窗子飘出,这种湿度极大的环境很适合漆画创作。雾气中,弥漫着漆的香味。他的工作室是漆艺术界"朝圣"的地方,许多人不远千里而来。

我的工作室,则是满满当当的,油画、漆画、各种材料和工具充斥其间。学生只要敲敲门,就可以进来,比较自由地参观。他们对作品、对材料都颇感兴趣,有时候我会停下手中的工作,为他们解释一番。每年新学期的第一节课,我都会组织学生参观我的工作室,让他们了解老师,了解艺术创作。

对学生而言,在教室里上课很正常,但不是每个学生都有机会在艺术家的工作室里学习。为了弥补这一不足,我们可以把教师或个别学生的访问拍成录像和照片,并制作成课件在课堂上播放,以便与所有同学共同分享。

3. 利用室外写生进行艺术宣传

我喜欢画风景,因为我喜欢大自然。

我习惯在自己工作和生活的周边写生,什么景物在什么季节、什么时间、什么光线下好看,我都了如指掌。这里的植物长得很快,景色带有典型的岭南特色,别说高大的树上开满了鲜花,就是一些树木的新鲜叶子也像花似的非常美丽,如阔叶榕、芒果树等。

校园里师生很多,在这里写生难免会有学生围观,这无异于一场表演,虽然会分散作者的注意力,却可以让学生直观地观看写生,让学生知道用什么颜料,用什么画布,怎么观察,怎么用笔,怎么用色,为什么对象与画面有差距,为什么要画好它,等等。这就是艺术宣传,是在间接地进行艺术教学,它与画家在工作室里闭门造车,而后把作品放在美术馆里展出,或者在发行量很少只局限专业人士阅读的杂志上发表的小众运作方式截然不同。画家走出工作室,走进校园、社区、街道、工厂、兵营时,可以接触到各种行业、各种阶层的民众,与他们交流互动,吸收大众的智慧,提高艺术修养。把不同的写生环境当做画家的工作室,把它作为巨大的、观众极多的展览厅,这无疑是一种大众的艺术行为,更是一种行为艺术。

4. 校内美术展览也是一种教学方式

美术展览是美术家与民众交流的一种主要方式。美术家通过作品展览向观众传递美术学与社会学的信息,以此实现作品的价值。观众则通过对作品的品鉴,或对作品的联想,实现对美术作品的再创作。因此,美术作品只有经过展示,才能实现它的价值。

2010年2月,"风景——王岳盛写生教学作品展"在本校举行,共展出作品 60 幅，作品的创作时间跨度为 20 年。对学生而言，这是一次教学活动。不但作品本身是教学内容，而且此次展览的展板排列、观众的看展线路、展品的位置、标签的设计以及展板前黄线的设立、温馨提示，都是仿照专业美术馆的操作方式做的，这一切都在提示学生，他们面前所展出的是艺术品，从而指引他们正确地观看、保护艺术品。

5. 用美术公益回报社会

美术作品有审美价值和文化价值，承载着文化信息，可以用于文化交流。我的作品多次参加各种展览，承载了这样的价值，如在香港中文大学的展览，又如在湖南、云南、江西等地的展览。

此外，美术作品还具有商业价值。2010 年，我的作品《绿·春的消息》，参加了由广东画院、广州日报集团联合主办的扶贫活动，作品拍卖所得，全部捐给了农村扶贫工作，为公益事业尽了一份微薄的力量。

艺术家的活动已经不仅仅是个人的行为或从属于某个单位的行为，它已经成为一种社会行为。

三、设想：创建艺术创作与教学研究室

若要建立艺术创作与教学研究室，可以从以下几个方面开展工作：（1）继续艺术创作；（2）对美术教学进行总结研究；（3）建立美术馆，展示优秀作品；（4）参与校园文化策划与建设。

如此一来，美术创作室可以与教学的各个环节紧密结合，形成统一的整体，区别于一般的中小学美术教学，从而迈向新台阶，形成新品牌。

只有继续从事高端的美术创作，才能高屋建瓴，为学校的美术教学提供坚实的美术基础。

建立美术馆，是我在学校生活与工作中产生的大胆想法。

我初到学校时，教学楼的中庭是没有任何展览的。后来，我设计了展板内容，并由学校定制了三十多块展板摆放在这里，展板可以自由组合、固定，灰色的板与灰色的大理石地面形成了和谐的整体。这里是学校的枢纽地带，每天都有师生、家长从这里经过，此外，还有校外的参观者经过。他们每次经过都可以欣赏到精美的艺术展览，如师生美术作品展、学生素描展、剪纸系列展、岭南画派系列展、教师绘画展、师生摄影展，还有学科展、社团开放展等。

如果把中庭的架空屋打通，进行整体的装修设计，配以灯光和安保系统，既方便人们从中穿行，又可以展示本校师生的作品、外校师生的作品，以及校外艺术家的作品。若再辅以专业美术馆的艺术操作理念，多引入一些大家的作品，那么就可以使几千名师生与高雅的艺术相伴，培养师生的文化品位和精神气质，提升学校的文化氛围。

有一年，我想把学生的课堂水墨作品在校园的某一处以壁画的形式进行永久的展示。当时，校园里某一处的墙壁上有很多球印，那是学生踢球时留下的"杰作"。我请工人在整面墙上安装了木板，然后把许多小块的水墨画裱在上面，形成了一幅黑白分明的水墨壁画。画面没有用玻璃进行遮挡，四年多了，它已慢慢变旧，但上面没有一个球印！这是我始料未及的。当它仅仅是一块墙壁时，人们有意无意间把它当作了练习场地；当它变身为一幅脆弱而又美丽的壁画时，人们却可以如此爱惜它！这样既展示了学生的作品，又美化了环境。

目前，国内大部分人认为，只要在建筑四周种上花草树木，在建筑内部摆上盆栽，就是设计与美化了，而后期的维护主要靠工人来进行，所谓的设计要么七零八落，要么大同小异。目前，国内较成功的设计是贝聿铭设计的苏州博物馆，它集苏州园林、日本枯山水、现代艺术于一体，建筑与园林结合得天衣无缝，堪称经典之作。而校园环境建设的典型例子，要数王澍设计的中国美术学院象山校区。我曾数次造访该校，每一次皆惊叹于其校园文化的深厚、自信与朴实！该校区的建筑完美结合江南风格与现代风格，室内装修是一样的水泥色，厕所里最奢华的是白色瓷质的洗手盆与不锈钢的水龙头。校园的绿化，则是用真实的庄稼，如玉米、高粱、萝卜、青菜。够绝！够自信！够实用！够环保！

由此及彼，我们的校园能否装扮得更有文化、更有艺术气息呢？我们的艺术教学能否更上一层楼呢？

校本课程：疼痛的"拓展"

聂德森

一、疼痛的拓展

本人有幸厕身语文拓展课堂，为校本课程开发尽绵薄之力，这是令人愉快的事。记得开课之初，教科室及学部领导曾正告我，语文课重文学，而拓展课要重文化。经典文本、精深文化、精准定位，加之丰富多彩的选修课，学生们又将饱览一场文化大餐了。作为任课教师，我没有理由不替自己的学生感到激动和幸福。

读图时代的少年，太需要经典来拓展其视野了，或者说，经典太需要他们来传承了。我知道，在他们的文学山川旷野中，在那种简单质朴而又朦胧和谐的人生里，并非都是"蒹葭苍苍，白露为霜"的苍天厚土、云冠雾袖的山岳雄姿、铁石铸就的江海筋骨。他们所迷恋或流连的，是情迷幻城的梦里落花、飞动不羁的漫天彩霞、徘徊在爱恨边缘的泪眼婆娑，以及回首"三重门"后的无语凝噎。这些由卡通、"80后""新概念"等青春偶像派搭建起来的文学风景，实在比不得藏之名山、传诸后世的经典永恒。因此，再为学生的精神家园植一根高耸如苍松翠柏的标杆，拓一方浑厚如大地胸怀的文化风景，非常必要。

然而，这"幸福"对学生来讲未必就不是痛苦，"必要"未必就是需要。当我们，确切地说，当我的课按设想推进不久之后，我就觉察到，我可能仅凭自己的一腔热情给学生的学习带来了被动、盲从以及不适应。我的课堂气氛开始逐渐沉寂，学生对我的提问逐渐少有反应。有人会说，拓展课就是要由教师唱主角。我不反对这种说法，但至少要能看到渴望的眼神与会心的颔首以及由此引发的智慧碰撞。有那么一两节课，我犹如站在人类童年的旷野，面对文明时代的青年衣袂飘飘地高歌：韩非子好啊，韩非子妙！猎猎风过，我的话便消失在无边旷野的寂静中。我看不到那洋溢着青春和热情的面孔，也失去了最初为他们感到激动和幸福的理由。

是学生不需要传统文化的熏染吗？调查结果显示，他们认为进行传统文化的熏染应该且必要。是我们选择的文本不经典，缺少文化含量吗？如果老庄、孔孟、韩非不经典、缺文化，那么泱泱大国的五千年文明还从何谈起？我们的拓展没有得到应有的反响，未达到预期的效果，到底原因何在？我想，除了因为学生没有充分认识到该课的重要性以外，作为任课教师的我在很多方面都难辞其咎。

我几乎是一厢情愿地带着韩非子走进课堂的。之前，学生除了知道要开设语文拓展课以外，并没有人向他们打过招呼，说我要为韩非子做宣传。这种几近不宣而战的做法，无异于搞推销的人破门而入，尽管卖的是上等货色，但由于行为过于粗鲁而很难得到顾客的认可。是的，我带着"尚方宝剑"，按国家的课程要求来推销韩非子，但我的冒失、我的不合时宜，还是打乱了学生们原有的生活秩序和内心的平衡，我硬性摊派给他们暂时并不需要的东西。现在想想，他们大概是看在韩非子老人家的面子上，才没有愤怒地将我扫地出门。

我本想给学生一个惊喜，却没想惊喜变成了惊诧；我一心只考虑到他们需要，却没有关注他们何时需要。我们在文本的选择上至少忽略了这样一个问题，高一上学期广州版新教材中古文占了大量的篇幅。常规的语文课堂中，来来往往的，不是爱而不见的静女搔首踟蹰，就是峨冠博带的屈子披发行吟；不是凭虚御风的苏轼扣舷而歌，就是酾酒临江的曹操横槊赋诗。一时间，谈情说爱的、吟诗作赋的、登高望远的、怀古幽思的，应有尽有，简直成了古人代表大会。再加之这些文本的选择跨度大、难度高，学生学起来很费力。试想，《逍遥游》的精深玄奥、《离骚》的佶屈聱牙、《登池上楼》的艰涩雕琢，对于刚刚升入高中、仅具备古文基础知识的学生来说，理解起来该是多么困难？如果再要求篇篇背诵，他们会不会有点力不从心？而就在这时，我又把韩非子掺和进来了，他们不畏惧就已经不错了，还奢谈什么学习时的激动与幸福？

在浩浩乎如江河入海、恢恢乎似日月经天的文化典籍中，我为什么没有选择更现代一点的东西来调节一下学生的神经？而韩非子也完全可以放到下学期再来讲啊！

好在大多数学生能理解老师的良苦用心，知难而进，慢慢接受了古代文学和古代文化一锅烩，并从中找到了某些乐趣。到了期末调查时，大部分学生还是认同这门课的。

不断摸索、多次反思、积极改进、认真总结，让我和我的同事在步履维

艰的拓展路上收获了很多。与上学期相比，本学期在课程开设的合理性、知识的系统性、学段安排的科学性等方面，大有改观。然而，就我个人而言，具体的课堂教学中还存在着某些令人痛苦的地方，至少在教学内容的把握和方法的拿捏上存在着是否准确、到位的问题。比如韩非子，要对他的核心思想"霸道"和"王权"，以及种种稀奇古怪的"御臣术"找准批判的角度、设计最佳的传授方法，很费力气。一旦拿捏不好，其思想就会变成"阴谋诡计"。我清楚地记得上第一节课时，因为有一些内容把握得不好，结果讲成了玩权术。真是惭愧！

我不想让眼睛像启明星一样清亮、思想像冰一样透明的学生，仅仅因为我和韩非子，眼睛就过早地蒙上月亮上的阴影，思想的底色变得像夜幕般沉重。否则，真是罪莫大焉！

还有本学期开讲的"晚生代小说家"毕飞宇的《玉米》和《青衣》，我分别将二者定位为"审视人性和历史，拷问时代和政治""透视心理的隐秘和微妙，展示生命的激越与沉重"。玉米是王者，是鹰，但玉米又是一个内心复杂而丰富的人；筱燕秋是诗性的，但她通身又弥漫着悲情。要讲清时代、生命、人性的关系，既不能脱离人物，又不能唯人物而论人物，不然就回到了常规的语文教学，违背了"文化"的初衷。可惜，我挖空心思、费尽周折，最后的讨论仍没能开展起来，尽管学生对这两堂课都比较感兴趣。但一堂课下来，少见别的看法，听不到反对的声音，那多没意思！

好在在我化力量为悲痛之时，我的拓展课的同事们正筚路蓝缕、挥汗如雨，一路高歌猛进。我想，今后我无论是急流勇退还是壮烈地牺牲在拓展的路上，我的后继者们都会化悲痛为力量，为学生们开拓出一片更加辽阔高远的天空。

二、玉米：给我说个男人

一个姑娘家，如果不是无耻得山穷水尽，或绝望到山高水长，是不会向家人提出"给我说个男人"这种要求的；对于她的家人来说，如果没有足够的心理准备，未必不会为之大惊失色、呆若木鸡的。尽管谁都知道做姑娘的最终都要"说"个男人。

玉米说："给我说个男人。"然而，她的父亲王连方听过之后仅是"闷下头"，并没震惊，他只是纳闷玉米为什么会提出这种怪怪的要求。我们不觉得震惊，也不会纳闷，因为我们知道，玉米的要求一点儿也不突兀。不仅不突兀，而且合情合理。这样的要求只有玉米才能提出，也只有玉米才会提出。

但是，我们心里面分明有东西在涌动着，进而撞击着、噬咬着。我们疼痛不堪，却又手足无措。就连王连方，这个历经时代变迁，摸爬滚打了大半辈子的人物，在知道了玉米那边所有的变故后，也"不说话了，一连吸了七八口香烟，每吸一口，香烟上的红色火头都要狠狠地后退一大步，烟灰翘在那儿，越拉越长"。

玉米在说这句话之前，是"静了好半天"的。她不是难为情，一点儿也不。面对曾给她的家庭带来权势、地位，更带来屈辱和祸害的父亲，她不仅不难为情，甚至还有点儿理直气壮。她的"静"，仅是提醒她从未正眼看过、曾权横一时又自以为是的王连方，应该正视她的要求，她玉米不是儿戏。玉米仰起脸，说："不管什么样的，只有一条，手里要有权。要不然我宁可不嫁！"

玉米是如此地平静，又如此地斩钉截铁。玉米的平静和决绝，让我们不寒而栗，让我们不知如何是好。但玉米还是稳稳地站在那里，在王连方的面前，在你我的面前，静静地，一副有血有肉、视死如归的样子。从她的眼里，我们看到的是那种随时都可以面对生死才有的沉着和坚定。我们差不多被玉米击倒了，全身透凉，没有了力气，可是我们的胸腔内却在翻江倒海。我们想冲上去大喝一声：玉米，你不要这样！或者含泪给她一个耳光。然而，除了帮她表达苦痛和绝望之外，我们什么也做不了。

我们眼睁睁地看着玉米走向权力的祭坛、婚姻的坟墓。除了一脸的无奈和茫然，我们百无一用，一点儿也插不上手。但玉米是不需要帮助的，过去不，现在不，将来也不。玉米有的是心计、手段和智慧。在王家庄，玉米求过谁？现在王连方倒台了，妹妹们受辱了，彭国梁毁亲了，玉米落难了，但落难的凤凰还是凤凰，玉米有能力挽救自己，扭转一家人的命运。

玉米不再需要一腔热血，它已天荒地老了；玉米也不需要满天满地月光般的柔情，它已海枯石烂了。玉米现在唯一需要的就是靠自己年轻、动人的身体换来"权"，她要借助"权"的风力，再次把自己这只鹰送上青云。她要始终盘旋在王家庄的上空，俯瞰着王家庄的兴衰沉浮、生老病死。王家庄的人们也会永远把她作为训子的楷模和治家的典范，只可仰视，不能企及。

"给我说个男人"，"不管什么样的，只有一条，手里要有权。要不然我宁可不嫁"。这深思熟虑的冷静和出人意料的抉择里，是难以言说的绝望，更是力挽家庭于既倒的再一次主动出击。玉米是王者，过去是，现在也是，将来还要是。玉米可以打败任何人，唯独不能打败自己。同样，我们对玉米怀有各种感情，唯独不会怀有鄙视，尽管她最终成了男权社会下权力的牺牲品。

以上文字，是为语文拓展课《玉米》写的备课手记。

三、无知，但不无畏

我在书桌前枯坐了半天，却一字未著，空洞茫然得像个无知的婴儿。当初接到讲"国际理解课"任务时，我也是这副呆相，不明白"国际理解"该去怎样理解。而今理解倒是理解了，却又不知该如何总结。无奈之下，只得向组稿的编辑推脱，说自己在这方面的理论很浅薄、很无知，怕写出来闹笑话。没承想对方却说："那就写你的无知吧，能坦白自己的无知，也不失为一种进步。"

话已说到了这份儿上，我只有恭敬不如从命了。苏格拉底说："我唯一知道的就是我什么也不知道。"大哲学家都敢如此自曝隐私，我也就没必要羞羞答答地遮掩自己的无知了。

有人说无知是福，大概无知人的"傻样"常常会受到聪明人的错爱。就在上个学期末，教科室的文言兄召集了本科室的几个人，向我们郑重宣布："校本课程开发了新项目，叫'国际理解教育'，在座的下学期均将参与上课。"点头称是的那几位，都一副波澜不惊、轻车熟路的样子。唯独我一脸惶惑，新鲜得不知所措。这是我第一次听说"国际理解教育"一词，而且还破天荒地是"课"，且是我将要上的课。我说："闻所未闻啊！"文兄道："可以闻所有闻。"我又问："不懂怎么教？"对方突然眼睛睁大了，说："不懂不会学吗？"

学习就这样开始了。最初的过程忙乱而无目的。我在书刊、网络或随便什么地方，逮到与选题相关的内容就读、就搜集。为准备"雅典城邦的民主政治"这节课，我翻阅了有关雅典那个时期的政治、经济、文化、外交等方面的文章，细读梭伦改革和克里斯提尼改革的过程，比较后人对这两次改革的评价以及对城邦民主制得失的评价。我还找到过那个时期的雅典版图并对着它咂摸了半天，还把阅读中顺手逮到的希腊神话、英雄传说又重读了一遍。那些日子，我像个不靠谱的文物贩子，看到有东西带泥或发霉，就以为是上了年头的。读到后来，一大堆东西横七竖八地在脑子里躺着，没身份、没番号、没秩序。到该派上用场时，我才发现这群乌合之众竟然找不着首领，听不到号令，绝望得只有被正法的份儿而无捐躯的可能。我花费过不少时间对材料的价值进行审定，掂量来无用，掂量去又觉得有用，颠来倒去，最后是自己把自己给掂糊涂了。

这一糟糕的结果让我想起了福楼拜和他的创作。据说福楼拜想写一部人类白痴的史诗，创作了《布法和白居谢》。布法和白居谢这两个白痴，阅读过大量的书，却搞不懂这些书。福楼拜为了使这两个白痴的反应更真实、更生动，他自己看了1500种有关农业、教育学、医学、物理、形而上学等方面的书，目的也是为了搞不懂它们。福楼拜是苦于自己太聪明，想通过超量的阅读把自己弄傻以便于创作，而我的想法和福楼拜正好相反，结果却成了他笔下的布法和白居谢。真是无知的人是相似的，聪明的人则各有各的聪明。

我的无知不只是表现在阅读之前没有建立明确的目标，还表现在知识面的空白上。我说过我是第一次听说国际理解课，其实早在20世纪40年代，联合国教科文组织就提出这一课题了。到了1953年，已有15个国家的33所学校开始了此项教育实践活动。20世纪末，国际教育大会还专门就该课程提出了"和平文化"的概念，好多国家开设了此课程。在中国，北京、上海、杭州也开有此课，并取得了一定的成效。半个世纪过去了，作为教师的我，竟然对自己研究领域内的东西闻所未闻，无论从哪个角度讲，都属于无知的表现。

备课过程中遇到的某些基本常识我也不甚明了，等弄懂之后，才知道自己以前是多么浅薄。看到伊拉克人民饱受战争之苦，我曾在电视前咬牙切齿："都怪布什啊，这家伙是个好战分子！"谁知只有美国国会才有宣战权。我对电视里风光的切尼不屑一顾："副总统有什么好显摆的，纯粹是摆设嘛。"哪知副总统是总统的第一候选人，还担任参议院议长，权力大着呢。克林顿因为莱温斯基的"裙子"差点儿滚下台，我是这样认为的，后来才知道主要原因是他在该事件的调查中撒了谎。我不知道美国国会有权向国民征税，不知道美国联邦法院大法官是由总统任命的，不知道联邦法院有权对总统进行司法审查，如此等等，不一而足。

写到这里，我有点不寒而栗。还有多少过去闹过的笑话，将来还会闹出

的笑话,是我自己浑然不觉的?

在收集资料和备课的过程中,也不是没有遇到较为熟悉的东西。但随着阅读范围的扩大、知识面的增加,过去的认知就显得相当肤浅、狭隘和偏颇了。比如说政治大选中的"选票",我一向认为都是献给有声望、有能力的人的。在选票上恭敬地写下候选人的大名,是我们对候选人的最高礼赞。可是,在希腊民主城邦制时期,选票却是献给有负众望的政客的重磅炮弹。每年的国民大会选举时,国民都会在选票——陶片或贝壳上写下最不受欢迎的政客的名字。谁的得票最多,谁就会成为民主的最大敌人并遭到放逐。

我鄙视法国国王路易十四,是因为记得他说过"我死之后,哪怕它洪水滔天"这句臭名昭著的话(也有人认为是路易十五说的)。在准备"法国大革命"那节课时,我才知道这位我认为既骄奢又专制且没什么作为的君主,竟然把法国带入了当时世界上最文明繁荣的国家的行列。他不仅在巴黎创立了世界上第一所皇家舞蹈学校,还创立了法国科学院、法国建筑学院和法国戏剧院等著名的学校。他所在的年代经历了古典学术和艺术的伟大复兴,仅从高乃依、莫里哀、拉辛、拉封丹、笛卡尔这些鼎鼎有名的人物就可以看出,路易十四时代的文化是多么的昌盛。

我还有好多好多不知不懂的东西和粗陋褊狭的认识,在此就不再坦白了。好在我知识浅薄却脸皮深厚,懂得不耻下问,在向书本求教的同时,又不断地向专家、同行求疑问难,才得以备好课、上好课。也因为尽早地明白了自己的无知,没敢在新的领域无畏地乱来,并尽最大的努力来补救,才保证了所传授知识的准确和可靠。这也许是我愚笨无知中唯一值得称道的地方。记得某日,遭遇美国大选里的"胜者全拿"这一问题,我绞尽了脑汁还是弄不清布什是如何"拿"胜戈尔的,便去求教于文言兄。文兄笑道:"这等于问公鸡是公的还是母的。"待帮我弄明白这个问题之后,文兄夸我道:"不错,无知,但不无畏。"

是的,谁都可能有无知的时候,但不能因为无知就无畏地乱来,尤其是在面对知识的时候。

快乐戏剧教育

逯懿瑶

戏剧具有丰富的人文教化价值，它与教育结缘已久。戏剧教育有着悠久的历史，在古希腊雅典城邦的公民教育中，戏剧教育是非常重要的一部分，政府甚至还要给公民发"观剧津贴"。我国古代的"六艺"中也包含戏剧教育的元素。戏剧与教育自古以来就有着千丝万缕的联系，但戏剧教育理论的系统化和戏剧教育方法的多样化探索，大约始于20世纪二三十年代。而今戏剧教育现已成为一个大的教育门类，戏剧教育思潮已在全世界兴起，许多国家和地区都已成立了自己的戏剧教育组织。戏剧教育何以能够在近20年来蓬勃发展？这是因为戏剧教育既有悠久的历史传统，又能适应教育现代化的需要，契合当代教育改革和发展的趋势。快乐戏剧教育非常符合21世纪复合型高素质创造性人才培养的目标。

一、快乐戏剧教育运用于基础教育

（一）中小学戏剧教育应用的框架模式

1. 学科性戏剧教育

学科性戏剧教育，严格地说，是指开设专门的戏剧课程，即把戏剧当做一门学科纳入学制内来教学。目前，把戏剧课程纳入中小学课程体系的有美国的单科戏剧教学、英国的复科统整的戏剧教学、我国台湾的跨科统整的戏剧教学等多种课程模式。2001年，教育部颁布的《全日制义务教育国家艺术课程标准（实验稿）》开始明确把戏剧列为其教学内容之一，与音乐、美术、舞蹈等学科相互支持和补充，构成了整体的综合艺术课程。这门包含戏剧在内的综合艺术课程的设置，被教育专家认为是21世纪初基础教育课程改革的最大亮点，戏剧作为学制内的学科性教育，从此有了政策依据。目前，不少国家级实验区都在尝试开设包括戏剧在内的综合艺术课程，并已积累了不少成功的经验。

2. 活动性戏剧教育

活动性戏剧教育，指的是教学活动之外的，以戏剧为主要形式的主题活动。它是课堂教学的延伸，属于学校教育的范畴，同时又是校园文化建设的重要组成部分。在基础教育阶段，活动性戏剧教育不仅指校园剧的演出，而且可以是课本剧编演、角色扮演、化妆表演、包含戏剧成分的主题班会活动、戏剧观摩等，形式非常丰富。例如，课本剧一般以语文教材为基础，将课文的文学性与戏剧性相融合，是一种融课文教学和戏剧演出于一炉的，能对学生进行德、智、体、美教育的，新鲜活泼的教学辅助形式。在学校开展戏剧教育活动，非常重要的一点是要常规化、有组织化。学校可以成立学生剧社或戏剧兴趣小组以开展长效性的戏剧活动，并定期举办艺术节、戏剧节展演，由学生自编、自导、自演，让人人都来参与戏剧活动。有了固定的组织和节日，活动便得到了保证，戏剧教育也才能深入人心，使戏剧真正渗透到学生的精神深处，发挥积极的育人功能。

（二）快乐戏剧教育的实践意义

1. 鼓励创造性，唤醒主体意识

快乐戏剧教育能鼓励学生的创造性，唤醒学生的主体意识，可以有效地修正当前学生在学习生活中突显外在规范性、弱化内在生成性的偏失。戏剧是一片自由的天地，是虚拟的时空、奇特的想象，它给每一个参与者都提供了自由、广阔的创造空间。戏剧当然也有成规，但在艺术领域最大的规则就是要"突破规则"，艺术的每一次发展都是建立在"突破成规"上的。戏剧舞台永远是变化的、开放的，总是充满了各种各样的可能性。学生在舞台上愈是异想天开，就愈能产生新的创意，就愈能得到鼓励。这种"突破成规"的快感与现实中必须严守各种规则形成了鲜明的对比。学生在现实中被压抑的热情和想象力通过他们所钟情的舞台获得了释放，现实中不能实现的愿望也得到了代偿。因此，校园戏剧对当前学校教育过度强调规范、强调监控的偏失具有制衡意义，对促进学生精神的健康发育、促成其心灵的自由生长、激发生命的活力都有十分重要的正面价值。

2. 强调情感体验，重视生活参悟

校园戏剧强调情感体验和交流，重视对日常生活的参悟，对当前学生学习生活远离体验性、背离日常生活的偏失是一种矫正。与课堂教学突出逻辑性、强调确认性不同，校园戏剧在实践过程中更强调体验性和与个人情感的关联性。当学生要饰演某个角色的时候，总是通过"化身"的方式来创造角色。演员要反复钻研剧本、把握人物性格、体验情感反应，要不断地寻求最恰当的外部表现形式，在心目中形成明晰、完整的艺术形象。斯坦尼斯拉夫斯基认为：人的天性有无限发展的可能性，这是人与人相互理解的基础，也是演员化身表演的心理前提。导演总是要求表演者从自我出发，运用自己所有的生活体悟与情感经验，不断地趋同角色的内心世界，最后彻底地化身为角色。在这一过程中，表演者与角色、学生切身的生活体验与艺术世界之间就有了一条可以彼此沟通、自由往返的通道，学生可以借此发现自我与世界、艺术与现实之间的相互感应，在内心产生体悟，引起思想的波动、情感的升华，增强在学习生活中的幸福感，从而对学习生活充满积极的体验。

二、戏剧教育是实施人文素质教育的重要载体

戏剧教育是使人回归本性的教育，所以我们强调戏剧教育对于学生的普遍适用性。学校的戏剧教育不是"天才教育"，不只着眼于培养少数校园精英，也不走专业化教育的路子。我们提倡的戏剧教育是普适性教育，面对的是全体在校人员，为全体学生所享有，为全体学生而服务。1994年，美国颁布了《艺术教育国家标准》，其所设置的艺术课程包括舞蹈、戏剧、视觉艺术，戏剧开始作为一门独立的单科课程在中小学开设。我国也于2000年首次将戏剧纳入国民义务教育"艺术与人文"领域的"表演艺术"学习与统整教学之中，并从2002年开始展开实际的学校课程教学，高中阶段也已将戏剧列在了"艺术生活"科的"表演艺术"选修课程中。基础教育课程改革的一大亮点，就是把戏剧、舞蹈纳入了艺术课程之中，使之与传统的音乐、美术并列。

加强人文素质教育，促进学生和谐发展，提高其创新能力和社会适应性，是20世纪80年代开始掀起的世界教育改革浪潮中的一大趋势。针对当今世界普遍存在的重科技、轻人文的倾向，加强人文素养教育将在很大程度上克服目前由于教育过于专门化所造成的公民人文素养的缺失，改变各专门人才的"单向度"倾向，使得21世纪学校教育所培养的学生既有科学素养，又有人文精神；既有专业知识，又有健全人格。人文精神、人文素质不仅是大学生、成年人需要具备的，而且是中小学生应该具备的一种基本素质，是所有受教育的人都应该具备的一种精神潜质。

"在所有的艺术门类里，戏剧是离人最近的艺术，戏剧教育是最便捷、

最适当的人文素质教育。"的确,与音乐、舞蹈、美术、书法这些艺术相比,戏剧由于有故事、有冲突、有人物性格塑造,包含着更丰富的人文内容和知识,蕴含着更深刻的人文思想和精神。较之作为影像艺术的影视,戏剧也以其形式简单、随时能参与而体现了极大的便捷性、可操作性。无论是悲剧、喜剧、正剧还是各种小品,都是社会历史的缩影和人生内容的翻版,因而戏剧离人最近,所谓"人生如戏""戏即人生",就是对戏剧与人生、戏剧与人文关系之密切的形象说明。戏剧教育不是简单枯燥的道德宣教,它是借助形象,通过角色扮演和戏剧情境达到教育目的的。无论观剧还是参演,学生都能够通过剧中的故事和人物更好地理解生活、体悟人生、发展个性。戏剧教育不以戏剧知识和表演技能的学习为目的,而是注重通过戏剧的方式对学生进行认识社会、思考人生、选择生活及增强自身素质修养的培训,重视的是参与者的交际、表达、情感、想象力、集体意识等素质的养成和体悟,因而戏剧教育是最适当的人文素质教育方式之一,是实施人文素质教育的重要载体。

三、戏剧教育的终极目标是人格教育,而非才艺培养

学校的戏剧教育是非专业的戏剧教育,与专业戏剧教育以培养专业戏剧从业人员为主不同,它是面向全体学生的艺术教育,它的终极目标是人格教育,而非才艺培养。

人格心理学告诉我们,人格是一个人的品德、性格、气质、精神风貌、心理状态、行为方式、能力、兴趣、认知风格、自我调控等的总和,尤其侧重于人的道德品质。戏剧作为一种独特的教育形式,能以直观有效的方式使参演者和观看者产生感同身受的直接体验,从而对人的思想情感施以道德、审美等多方面的影响,同时也对人的自我认知、自我体验及自我控制能力的发展产生有效的促进作用。苏联教育家苏霍姆林斯基认为:"美感帮助学生认识个人的道德尊严,净化自己的灵魂,培养道德观念。"戏剧正是具有这种强大功能的关于美的艺术。英国著名戏剧教育家布莱恩·威认为:"没有两个人是相近的。教育是关怀着每个人,戏剧则是关怀着每个人的独特性及其人格的特质。"我国台湾戏剧教育家张晓华先生也明确指出,戏剧教育能使"对人格的培育,获得充分的发展空间"。的确,戏剧通过角色扮演、情景模拟这些独特的美的形式,为学生提供观照他人、反省自我的机会,让他

们明确道德行为准则和社会共处法则，引导他们热爱真善美，憎恨罪恶，发展和完善自我认知、自我调控能力，养成良好的性格和健全的人格。当然，学生经常参加戏剧活动，能够在才艺方面得到锻炼，但才艺培养并不是戏剧教育的主要目标，它的终极目标是人格教育。我国香港、台湾地区从20世纪80年代初开始学习西方所提倡的戏剧教育，三十多年来在有识之士的不断努力和大力推动下，至今已取得了很好的成绩。他们倡导、推广戏剧教育，目的并不是为了培养专门的戏剧理论和创作人才，而是为了培养人格健全的国民，使其具备一个公民应有的基本素质。

　　快乐戏剧教育从内容到形式都为现代教育开拓了广阔的空间，它既是促使人全面发展的良方，又是学科教学的有效方法。

国际理解课为学生开眼

鲁亚利

国际理解，理解国际，这话太大了，更准确地说应该是了解国际，但仅了解概念就失去了这门课程的指导性意义。国际不是用来了解的，无论是广外外校的育人理念，还是时代发展的大趋势，都要求学生放眼全球，纵览天下，与世界一同成长，逐步融入世界，进而了解和运用世界的游戏规则，在未来世界的多极化发展中认清方向，在"家事国事天下事，事事关心"的同时，立体、深入、客观地分析世界的现状与未来，能活得明白，并努力合着时代的节拍成就幸福的人生。

今天，我在微博里看到了一句话："与其在别人的生活中跑龙套，不如活出自己的精彩。""跑龙套"是一种任人（泛指一切客观条件）摆布的状态，"活出自己的精彩"则完全是一种主观能动的创造。后者就是活得明白的一种表现。

人一辈子都在思考三个哲学终极命题：你是谁？你要做什么？为什么？

放眼全球，这三个命题便成了：世界格局是什么样的？各国都在做什么？为什么？

本学期，我要讲的内容是联合国部分。由于特殊的历史原因和背景，联合国在2012年的国际舞台上扮演着格外引人注目的角色。我想，让学生更多地知道联合国框架下各国的外交政治博弈，把静态、历史的联合国基本知识转变为动态的联合国宪章、世界人权宣言以及世界贸易组织等规定条款，将之在现实环境下不断涌现出的各国争端以及世界焦点问题呈现在学生面前，会显得更有意义。同时，立足学生的实际生活，从已有的知识点延伸开去，使教立足于学，定位于指导和延伸，把基本知识活化为具体事件，从错综复杂、扑朔迷离的表面现象背后剥离出事件的真相，将更能激发起学生主动关心时事的热情和兴趣。

例如，在讲联合国与联合国的专门机构时，我首先问学生："你知道哪些和联合国有关的名词？"有的同学就提到了"安理会""教科文组织""联合国秘书长""世界银行"……这一环节的目的在于了解学情，有了认识基础才能有的放矢，决定教学重点。

联合国有6个主要机构、16个专门机构，再加上联合国成立的一些背景、各机构的职能等，如果——展开去讲，一节课的时间是远远不够的。因此，教学重点只能是那些和我们的生活关系最为密切的，在处理世界各国政治、经济、军事问题上最为活跃的机构。而这些内容的确定不是由教师说了算的，取决于实践，取决于其在现实生活中的出现频率，或者说取决于学生的兴趣度和关注点。只有立足于学生实际需求的教学才是有效的。

在讲到安理会时，势必要讲到大国利益一致的原则。而这一在特殊历史时期确定的有违联合国成立宗旨的原则，却在斡旋有争议的国际问题时发挥着指挥棒式的作用。当提到这个知识点时，自然要把利比亚和叙利亚问题拿来进行比较，从而使学生更清楚地认识到国际社会在处理这类问题时的态度，以及中国作为一个大国在当今世界的影响力。一次弃权，一次否决，中国的明确态度展现出了中国人民在追求和平、拥护和平和尊重他国主权方面的决心和努力。

当今社会有一种非常有意思的现象，每当政府出台一项举措或是在外交上进行一次对话时，民间便会出现两种声音，一种是肯定的，一种是否定的。现在资讯发达了，人们每天面对海量的信息难免会断章取义。而面对越来越复杂的国际事件，仅凭一种表象很难判断孰是孰非。如果只是一味地引导学生进行正误判断，那无疑会使他们走向简单和盲从。不去历史地看问题，不从哲学思辨的角度分析问题，是一个民族不成熟的表现。

教学首先应教会学生理性、客观地分析问题，这是做学问首先应该具备的品质。

那么，当美国不断在朝鲜问题、伊朗问题以及叙利亚问题上对中国发出责难的时候，我们又该如何引导学生看待这一现象呢？

面对这样的历史事件，当然要考虑美国战略重心的转移。在美国重返亚洲的背后有着怎样的利益驱动？世界上的各个事件，特别是国际事件无非是利来利往。这话说出来让人心寒，但纵观这么多年的中美关系史，特别是冷战以来美国与苏联就第一大国地位引发的各种争端，无不让人看到作为国家政权必须要为本国百姓谋福利这一铁的定律。当然，美国作为资本主义国家，作为全球第一大经济体，马克思早在200年前就对其发展有了精辟的概括："资本主义是建立在赤裸裸的剥削和压迫基础上的。"

自从2008年金融风暴席卷全球以来，由美国次贷危机所引发的金融海啸让作为世界第一强国的美国也陷入了经济萎缩的困局。针对如何破局这一问题，前美国将军威尔逊早就说过："未来谁拥有了石油，谁就掌握了世界。"这话一出口就像是打开了潘多拉魔盒一般。石油分布最多的地区当属中东。沙特、阿联酋、伊拉克、科威特……灾难伴着硝烟和炮火不期而至。伊拉克、阿富汗、利比亚、叙利亚、伊朗……这些国家或是因恐怖分子，或是因国内政治势力分化，或是因核武器的发展都一个个地被纳入了被打击、被消灭的范围。

只有把这些问题搞清楚，学生才能明白为什么美国对中东冲突那么上心。它真的只是为了和平吗？去年暑期，英国伦敦暴发了由于警察暴力执法而引起的暴动，但美国对此未置一词。由于经济危机，西班牙、希腊等国家的政府也都受到了民众的普遍质疑，国内时有暴力事件发生，美国对此同样没有发表任何看法。而当伊朗问题和叙利亚问题出现时，美国却再也坐不住了，它打着联合国的旗号，以维护世界和平的名义干涉这些国家的内政。美国为什么要这样做呢？美国的干涉无非是为了维护其自身的利益。

当美国再次把目光投向亚洲时，亚洲各国在干什么？它们都在纷纷武装自己，用媒体的话来说就是"武装到了牙齿"。作为经济实力增长最快的地区，亚洲如今又有了一顶新"桂冠"——军购老大。根据斯德哥尔摩国际和平研究所2012年3月19日的报告，亚洲在过去5年已成为全球最大的武器买家，世界排名前五的武器进口国都在亚洲。印度"当仁不让"地成为亚洲军购老大，过去5年的武器进口量占全球总进口量的10%。排名第二至第五的分别是韩国、巴基斯坦、中国和新加坡，武器进口量分别占全球总进口量的6%、5%、5%和4%。在国际媒体的炒作下，亚洲似乎正成为越来越危险的地区。在英国《金融时报》看来，亚洲正陷入典型军备竞赛的"泥潭"。

进入21世纪，世界格局正发生着历史性的变化，世界经济政治重心正在东移亚洲。但如今的亚洲却成了保留"冷战"遗产最多的地区：朝鲜半岛南北双方仍处于战争状态；朝鲜核问题的前景并不乐观；俄日之间存在着严重的领土纠纷；南海海域各国的主权和领海争端有激化的趋势；中印领土之争何时解决仍是未知数。在国际媒体的炒作下，亚洲的军事色彩变得越来越重，而中国目前正处在这个舆论的中心。

亚洲各国尚不能正确定位各自在当下的处境。此时，我们有必要让学生学会分析，学会观察，更要学会理解当下国家对外政治态度的变化，也要让他们明白我们所面临的地缘政治的危机。

其实说到底，我认为国际理解一定要立足于国际事务。基本知识点要讲，但更重要的是要让学生学着去分析各国的政治博弈，关注联合国框架下的各种调停和妥协，明白和平的重要性、和平过程的复杂性以及其中蕴含的政治智慧。

我们呼吸原始音乐

龙 燕

思考问题：
(1) 如何让学生参与课堂实践？如何使音乐鉴赏"动"起来？
(2) 怎样使学生通过参与各个环节的互动掌握非洲歌舞音乐的特点？
(3) 能否通过学习增强学生对非洲音乐文化的社会功能的认识？

一、俯瞰非洲

"非洲歌舞音乐"是人音版高中音乐教材《音乐鉴赏》中第五单元第十一节的内容，其教学目标是使学生了解源于非洲本土的传统歌舞的音乐特点。非洲有着众多的部族，并受到了其他地域文化的影响，非洲各地区的音乐差异明显，同时又存在着某些共同的特点。本节课除了要向学生介绍非洲歌舞音乐的一些特点，更重要的是要使学生了解非洲的传统文化艺术。我要让学生更深入地了解那片土地。这是我决定上"非洲歌舞音乐"时内心的想法。于是，我开始广泛地搜集资料：报刊、网络、电视节目……最终找到了美国国家地理学会推出的一个纪录片《飞越非洲》。当我随着丛林飞行员汤姆·柯莱特的飞行路线来到这片神奇而古老的土地时，我的内心一阵狂喜！终于接近你了——非洲大陆！辽阔的草原，沉默的群山，落日的余晖在慢慢隐退，古老的树底下传来的是梦呓般的、神秘而神圣的对生命的赞歌。成群的羚羊、斑马和长颈鹿在树丛里悠闲地穿行。静静地躺在岸边的鳄鱼、浮在河里懒洋洋地张着大嘴的河马、原始村落、浩瀚的森林、咖啡、可可、枣椰、油棕和香蕉……这就是真正的有着原始风情的非洲，是我梦想中的非洲。在领略到这片土地的神奇之后，我带着非洲留给我的深深的烙印和引领学生感受非洲之美的冲动，把与非洲相关的文化引入了课堂，我要和我的学生一同感受非洲的美！

二、走近非洲

当我决定在高一（3）班上示范课并且将这一消息告诉学生时，他们有的兴奋，有的开心，有的不置可否……当我要求所有学生去查找有关非洲的资料，亲手制作面具、服装、道具时，学生议论纷纷。

"啊？还要查资料，动手制作？这么麻烦？"

"老师，你看我们学习这么紧张，你就别上了！"

"老师，你换一个班上吧！"

我看着他们，只是笑了笑，说："照着老师吩咐的去做吧，老师相信你们。"

于是，我开始抓紧时间制作课件。过了一个多星期，我开始上课，并出示课件"非洲歌舞音乐"。

当我不无担心地说出开场白"说到非洲，你们首先会想到一些什么"时，学生们给了我一个意外的惊喜，这样的情景出现了：

学生：非洲是一片神秘、遥远的土地。那里有激情四射的歌舞，有蕴藏丰厚的自然资源，有多彩的文化和风俗，有苦难的历史和急需发展的现状，面临着机遇和挑战……非洲拥有3020万平方千米的土地，现有56个国家和地区，有7亿多人口，其中大多数为黑人，少数是白人和黄种人……（语言多么流畅）

学生：非洲有浩瀚的沙漠、茂密的雨林、无际的草原，有大猩猩、非洲象、犀牛、河马、长颈鹿、斑马、狮子等珍稀的野生动物，还有东非大裂谷、金字塔、原始部落、黄金、钻石……（不知查找了多少资料）

学生：非洲是人类文明的发祥地之一。这里曾出现过一些文明古国，有着绚丽多彩的民族文化艺术（歌舞、音乐、绘图、雕刻），非洲人能歌善舞，特别喜欢击鼓。（真棒！说出了老师本节课要讲的内容）

学生：还有不穿衣服的黑人！（哈哈哈哈……学生一阵大笑）

我真的差一点儿掉下了眼泪！并不是感动于学生的回答，而是感动于他们那么认真、投入地参与了这一过程！感动于他们认真地去查找了那么多资料！更让我感动的是，班上平时不太爱说话的学生居然说出了让大家都开怀大笑的一句话！

"那么，源于非洲本土的黑人传统歌舞音乐有些什么特点呢？"我的课就这样在大家朗朗的笑声中开始了。

三、聆听非洲

这个环节是本节课的重点,由于时间关系,我准备了两首歌曲片段,两个舞蹈片段,这一环节的教学目的是除了要使学生了解非洲歌舞音乐的一些主要特点之外,还要引导学生对非洲的传统文化艺术进行学习,促使他们认识非洲歌舞音乐的社会功能。

当视频画面上出现黑人歌手无拘无束、即兴表演歌舞音乐的情景时,全体学生的注意力都高度集中,所有人都在观看、思考,教室里很安静。当一段音乐播放结束时,我提问到:"非洲歌舞音乐有什么特点?"这时,这样的情景出现了:

学生:旋律起伏不大,并且不断重复。(不错)

学生:边歌边舞,节奏复杂,鼓很重要!(把握得真准确)

学生:老师,我认为在非洲无论男女老少都有着较强的乐感。无论在哪里,无论什么季节,无论什么时辰,也无论什么事情,只要听到鼓乐声,他们便会情不自禁地翩翩起舞。他们从小就在怀中听着妈妈的歌声,在母亲的背上参加庆典、祭祀和各种聚会,因此对音乐可以说是无师自通,而且节奏感和乐感极强,自幼就能伴着音乐和鼓点起舞。(多么独到的见解!他一直都喜欢音乐)

老师:这是非洲歌曲的一种特殊形式——呼应歌,常常是一人领唱,众人随和,而伴随着歌曲的还有即兴的舞蹈。舞蹈者有男有女,每个人都穿着用各种兽皮缝制的"小裙衣",头上插着白色羽毛,脚上用绳子绑着贝壳、龟甲片和小铃铛。他们随着变幻多端的鼓声频频扭动身躯,感情丰富,舞姿欢快激越。在这里,人们的心灵完全被音乐净化了,更重要的是,他们得到了金钱无法买到的欢乐。不论男女老少,只要兴致来了,都会旁若无人地边唱边舞,自娱自乐。而在婚丧嫁娶仪式或是庆典、宗教仪式上,传统的非洲歌舞更是必不可少的。音乐与舞蹈已成为非洲人生命的一部分,就如同空气与阳光一般,没有歌舞,他们也就没有了人间的欢乐。

紧接着,我给学生播放了一个舞蹈片段,同时提出了思考题:这个舞蹈场面表现出了一个什么主题?

观看完后,全体学生集体回答:"送行仪式!"此时此刻,我完全被学生认真投入的情绪所感染,也感觉到本节课的高潮即将到来。

我又播放了一个舞蹈片段——祈雨仪式。当看到虔诚的非洲部落人为了求雨、为了等候他们祖先的灵魂的到来而整夜击鼓跳舞时,学生都陷入了深深的思考之中,他们已经认识到非洲歌舞音乐不仅仅有娱乐功能,而且有社会功能。

"那么,不知同学们有没有注意到,他们的服饰、道具有什么特点呢?"我引领着学生进一步探索与非洲歌舞音乐相关的传统文化艺术。

四、触摸非洲

这一环节是本节课的高潮部分,也是前面部分内容的重点延伸。课前学生亲手制作的服装、道具、面具等都将在这一环节展示。我首先给大家介绍一种非洲妇女的服饰——Pange(帕妮耶),说:"这是每一个非洲妇女一生中都要收集的服饰,因为 Pange 的多少已经不仅仅关乎美丽与时尚,而且是一个非洲妇女财富与尊严的象征!那么,同学们制作了哪些服饰、面具、道具呢?"此时,这样的情景出现了:

学生(边展示边说):老师,我制作的是非洲黑人穿的衣服,这是一件背心,由于非洲气候炎热,他们穿得很少,所以这件背心我设计的一边是空的。(很漂亮!也挺有创意!说不定以后还可以发展为时装)

学生(边展示边说):老师,我设计的是非洲妇女脖子上的装饰品,因为我认为无论什么地方,女人都是爱美的!(好一个爱美的女孩子)

学生(边展示边说):老师,我设计的是部落首领的披风,我现在披上,您看像不像?(像!真的很像!同学们给予一阵热烈的掌声)

学生(边展示边说):你们看!我制作了一个面具,它可以用来避邪、除病。(虽然面具不够标准,但他的理解非常准确)

(学生一个个争先恐后地拿出自己的杰作进行展示)

老师:同学们制作的服装、道具非常好!而且也非常有创意!通过观察大家亲手制作的这些服装、道具,我们仿佛看到了遥远的非洲,那里有着古老的文化、悠久的历史、原始的村落、独特的语言……面具,其实早在公元前3世纪的岩石画中就已经存在了。在非洲原始部落,一个面具往往代表着一位神灵或祖先,有的面具还代表着一种权力,正是这样的一种权力长期维系着一个部落的生存与发展!"同学们,你们有没有注意到,在今天我们看到的歌舞表演中,有一件什么乐器是最重要的呢?"

学生（齐）：鼓！

老师：我们已经感受到了非洲鼓的神奇，那么请4位同学上来为我们击一段鼓乐吧！并请说出你想表达的"鼓语"。

学生（击鼓后）：我想告诉大家，这是部落集会的鼓语。

学生（击鼓后）：我击出的是狩猎的鼓语。

学生（击鼓后）：我这段仅仅是娱乐的鼓语。

学生（击鼓后）：祈雨的鼓语。

老师：请4位同学将你们的鼓语重叠起来，让同学们听一听，有什么特点呢？

学生：复杂多变！

学生：短小、丰富！

学生：有立体感！

学生感受到的正是非洲歌舞音乐的重要特点：节奏多变、多层次；乐句短小、重复。

五、热爱非洲

老师：同学们，我们今天学习了非洲歌舞音乐，感受到了非洲歌舞音乐的欢快、激越，更了解到鼓是非洲必不可少的重要乐器。下面请同学们拿出自己的伴奏乐器，随着节奏敲击，一起来唱一首非洲歌曲《哈利鲁》吧！

（学生自己准备的乐器有铃鼓、小鼓、手铃、竹竿……随着音乐的节奏，他们声情并茂地演唱着，整个教室充满了非洲原始村落欢歌的氛围）

老师：最后，请大家以"狩猎"为主题，根据今天所学的非洲歌舞音乐知识，分成几个小组，带上自己制作的面具，穿上自己制作的服装，准备好自己的乐器，一起来创编、表演一个非洲舞蹈吧！（老师的话一结束，学生便纷纷从自己的座位上站起来，大家分成3组，一组创编舞蹈，一组领鼓，一组伴随着领鼓敲击。真正的"狩猎"即将开始）

几分钟的商讨以后，"狩猎"舞蹈开始了，学生的击鼓声、喊叫声、欢呼声、双脚及竹竿敲击地面的嘟嘟声响彻整个教室。好一个绝妙的创意！此时此刻，我完全沉浸在一片欢乐的海洋中，完全忘了这是在上课。我和我的学生完全被非洲音乐的魅力所吸引，大家尽情地跳、尽情地喊。我们仿佛来到了那个遥远的原始国度，置身于充满着野性的世界……

我们感受到了真正的原始艺术！我们"呼吸"到了真正的原始音乐！

老师：其实，非洲音乐的重要性远远不止这些，它对世界其他形式的音乐，如爵士乐、摇滚乐等也产生了重要的影响，它的艺术魅力辐射到了全世界的每一个角落。遥远的非洲音乐，是那么纯朴、原始、野性……它充满着神奇的魅力，让人在听的时候仿佛置身于那一望无垠的非洲大草原，那美妙、那野性，久久不能散去。今天短暂的非洲探索之行就要结束了，我们将在以后的时间里再一同去领略非洲的风情、非洲的文化，再一同去呼吸非洲的原始音乐！今天的课就上到这里，谢谢大家！

如何让学生参与课堂实践，如何使音乐鉴赏"动"起来，是我拿到这本《音乐鉴赏》教材后所思考的问题。通览教材的内容，并不是所有课题都可以寻找到可以"动起来"的感觉。但是，只要有可能，我就会不失时机地设计一些可以让学生参与的环节。

本节课通过"歌""舞""鼓"3个知识点的学习，同时通过"作品展示""击鼓""狩猎"等表演环节，使学生基本掌握了非洲歌舞音乐的风格特点，并由歌舞音乐引申到对非洲相关传统文化艺术的学习，从而使学生了解了非洲歌舞音乐的社会功能，以及它对世界其他音乐形式的影响。我们感受到了非洲音乐的魅力。"脚步跟着鼓点跳跃，双手随着心翻摇，喊出无忧的歌声，跳起天然的舞蹈"，充分表现出非洲人的热情、乐观和无拘无束的生活状态。我们真正感受到了来自遥远的非洲的原始气息，触摸到了非洲音乐歌舞这一颗世界文化艺术领域里的璀璨明珠！

音乐鉴赏课究竟应该怎样上？怎样的课才算一节好课？我将带着这些问题，继续在音乐教育领域坚持不懈地探索、思考。

神秘的大陆、黑色的人群，美丽的森林、沙漠、草原，自然、原始、野性的呼唤，这是一个失落在人间的天堂，是地球最美丽的后花园。最后，我想起了一位歌手的歌《非洲梦》。我就用其中的一段歌词，来告别这一课吧。

我想去那遥远的非洲，
看一看那里的天和树，
亲耳听一听非洲的鼓声，
还有那歌声的真实倾诉。

像小孩学说话一样学"二外"

李鸿君

我是以40岁的"高龄"进广外外校任教的,在此之前我从来没有接触过中学生。转眼一年半过去了,我终于明白了被录取的当天负责招聘工作的吴玉爱副校长说的那句"大材小用"是什么意思。在这里,真正的日语几乎无用武之地,作为一名日语教师更多的是要考虑如何教育形形色色的青春期学生,让他们保持对日语的学习兴趣。

一、定位的困惑

广外外校的学生有点儿特殊,因为家庭条件的缘故,他们很早就有接触外语的机会。开设"二外"——日语,既是目前外语学校发展的大趋势,也是对学生强烈好奇心的一种满足。然而,其中最大的问题是我们没有现成的教学模式。

和国内一部分外语学校不同,广外外校没设立专门的日语班,进行常规教学是不可能的。学校在应考科目课时非常紧张的情况下,专门在初二每周抽出两个课时分给日语教学,初三一周也有一个课时,高一还有"二外"选修课,是非常有魄力的决策。这也让我们日语老师感到工资不好拿。与其他学科老师的升学压力、上课之外的额外付出相比,我们若交不出拿得出手的"成绩",实在是愧对众人。因此,每一位日语老师的内心都不轻松。

学校把"二外"日语的教学目标定为"开阔学生的视野"。可是,教什么才算开阔了学生的视野?会说日语算吗?让他们了解日本的风俗习惯、人情世故算吗?是教他们应该知道的,还是投他们所好,把他们普遍热爱的动漫搬到课堂上?是学过去的,还是学现代的?日语课是"传授知识"型的,还是"支持好奇心"型的?

除了对教什么的困惑外,我对怎么教心里也没谱。

刚进学校的时候,我很小心地和周围的老师保持"步调一致",人家都辛辛苦苦地上课,日语课教得"轻轻松松"当然不像话。于是编课本、教会话、让学生挨个儿张嘴练习，尽量不让学生在课堂上看视频，免得别人说我偷懒。总之一句话，怎么看着正经怎么来。

终于送走了一届学生。尽管考试前"突击"了一下，学生成绩大都还不错，但考完试后，再出现日语字，学生还是两眼一抹黑，校园内主动跟老师用日语打招呼的更是寥寥无几。

这是我们要的结果吗？

二、正确看待"二外"课的价值

和学生接触后，我发现，广外外校的学生喜欢日语，但不喜欢"费劲"地学日语。在应考的压力下，他们已经拿不出多余的时间，不能以与对待其他科目同样的心态来对待"二外"了。"二外"不是可有可无的，但"二外"的教学绝对不欢迎"正儿八经"。学生期待的是轻松的形式、鲜活不刻板的"现实内容"，否则，"二外"的教学课堂不是乱得像集市，就会安静得像讲座，让上课的老师沮丧不已。现在的学生开始用不买账、不领情来表示不满了。

我做过一次关于日语教学内容和教学形式的问卷调查，其中有一个学生写道："我们学也没学到，玩也没玩到。"这句话让我郁闷了好久，也让我思考良久。日语课的教学到底要达到什么目的？应考科目既然已经给学生加压了，我们日语还要凑这个热闹吗？

日语课既然开了，而且是为了"开阔眼界"这么有前瞻性的教学目标而设立的，那么它就应该是一门熏陶课，要让学生在耳濡目染中发现不同的世界、不同的文化，不知不觉地形成一种与众不同的气质。这门课看起来开设得有些"奢侈"，没法指望它在人人身上见效，但我们需要有耐心。要相信，"井底之蛙"和"见多识广"有着本质的不同，在学生的未来生活中，眼界决定高度。

三、重视视频教学，守住教师底线

作为外语专业出身的人，我们知道"听"和"看"的重要性，语感好的人在学习时会事半功倍。教外语的老师怎能因怕别人说闲话而丢掉"看视频"这么好、这么方便的学习手段呢？

因为学生没时间、没精力、没动力去系统地学习日语的基本句法，所以我把新学期的日语教学改成了"台词教学"。我相信有实用性就有持续力。

我会先选择几部适合中学生观看的日剧，分别播放一段给学生看，然后让学生自己决定看哪个，各班不强求一致。每个班的班风不一样，学生活泼的班级和学生内向安静的班级所作的选择会不同，只有自己选的，学起来才会心甘情愿。

但是，作为一名专业教师，在学生面前必须守住"底线"。

首先，视频只是一种教学手段，学生爱看什么就播什么是不行的。中学生差不多个个酷爱漫画，但漫画的语言零散、不规范，肢体动作、语调也很夸张，只能娱乐，并不适合作为视频教材。既然是一门课程，入门就要专业，路走歪了，南辕北辙，再回头就很难了。比起漫画，日本的热播剧更适合作为视频教材，学生通过观看这些热播剧既可以了解日本的现实问题，又可以对日本人的言行举止以及习惯、价值观有一个感性的认识。老师费半天口舌，恐怕也难抵一小段视频带来的教学效果明显，因为"百闻不如一见"嘛。

其次，要做到看后总结。这项工作琐碎、耗时，却非常重要。因为学生没有系统地学过日语语法，单词量也很有限，让他们"听出"知识，难度太大。因此，老师要把剧中出现的、日常生活中用得上的句子、单词以PPT的形式总结出来，让学生张嘴练习。这项工作非常不容易，没有看视频那么轻松，但是也要坚持，不经过大脑整理的东西永远不可能成为知识。

最后，要对日语课的效果评价标准作出相应的调整。以前，我们采取笔试的形式对学生进行考核，白纸黑字，对老师对学生来讲都有根据，但收效甚微，因为"高压"只能扼杀"喜爱"。让学生花大量时间去记忆的日语单词，即使是笔试成绩很好的学生，也会在两年时间里将其忘得一干二净。强调"会写"是时间和精力上的浪费，所以"笔试"应该改成"口试"，用考试方式的改变来引导学生将有限的精力放到"开口说日语"上。就像小孩子学说话一样，没学过语法有什么关系，在生活的各种情境中自然记下的语言，会被准确地用到生活当中，不"学"也学会了。

现在，我们每个日语老师都带了很多班级，虽然学习"二外"的班级中，学生的素质差异很大，众口难调，但里面总有学生素质差不多的班级。挑出这样的班，适当地引入日语的系统化内容，在小范围内进行教学，这样阻力会减小很多。我们在本学期已经启动了这项工作。

技术怎样改变未来
——谈谈文化专题课"云计算、物联网：深刻改变未来"

曹 勇

一、课程之于我的意义

我在大学里学的是信息管理，并非计算机科班出身，只是热爱计算机而已。我的几个同学在考研时都选择了计算机科学方向，一是因为信息管理的专业课程有很大一部分来源于计算机科学，二是因为从20世纪90年代起信息科技和产业技术一直都很热。也算是因缘际会吧，现在又开始了教育信息化，我也要经常与计算机打交道。在准备文化专题课"云计算、物联网：深刻改变未来"的过程中，有些关于计算机的纯技术方面的问题常常会困扰我。因为计算机科学属于理工学科，讲究理解、练习、实验以及直接动手应用，这样才能真正地掌握相关的知识。我希望自己能够把技术学得更为透彻，讲课不失为一种很好的方法。大量地恶补是为了输入，深入浅出地呈现是为了输出。这是开设此门课程的初衷，也是课程之于我的意义。我就这样"自私"地再次走上讲台，与我的学生共同学习前沿技术。

二、课程之于学生的预期

本课程的教学目的显然并不是要学生完全掌握计算机网络、网格计算、分布式计算、云计算、传感器等相关技术，这些均属于本科生、研究生、博士生的课程内容。这些学科知识、理论都具有相当的专业性，并且课程内容所涉及的学科跨度较大。但我个人以为，任何复杂的问题如果不能用两三点说清楚，就说明你还没想透，至少没有提纲挈领地归纳总结出其框架和基本原理。深奥的技术原理，我们应该从它的本质、原理、功能、成本、效益、价值等着眼了解。学生了解了相关的技术背景、原理以及意义，就可以对具体案例进行理解、剖析，甚至批判。在明白了这些技术的本质的基础上，如果有学生想成为技术达人，就可以自己多去钻研相关技术。

在正式上课前,我查阅了高中信息技术教材《信息技术基础、信息技术多媒体技术应用》。此教材设定的教学目标是信息技术普及化,但从它的整个结构上来讲,这只是一种基于简单应用的教学。高一的教学内容包括如何获取信息、文字处理加工、音视频图像加工、信息资源管理集成与交流;高二的教学内容包括多媒体、图片处理、声音动画视频与虚拟现实以及多媒体作品。如果学生今后不进计算机系学习或者不再主动学习相关知识,那么,他就只能接触到少数几门计算机课程,如计算机基础、科技文献检索、社科文献检索等。而这些普及化的课程主要是基于应用价值来设置的。换句话来说,高中、大学计算机信息技术普及化课程,实质上是在教授如何使用信息技术。而对于这些应用是如何生成的,比如,Word、Photoshop 这些软件是如何实现其功能的,计算机、计算机网络是如何工作的,前沿的信息技术及其发展方向是怎样的等问题的解决,对学生缺乏一定程度的引导。

学生选择学习这门课程,其预期可能也是"前沿信息技术导读",即通过 12 个课时的学习,激发兴趣,打开视界,增长见识。谷歌董事长及首席执行官埃里克·施密特在 MWC(Mobile World Congress 2012)的主题演讲中做出了诸多大胆的预言,其中有一条是:"未来社会将不再以财富多寡分级,而是由对新技术的吸收能力确立新秩序。"我想,对于新技术的吸收能力,以及独立思考和判断现代信息技术的价值的能力,是一个现代人所应具备的重要能力。徐志摩的诗或许可以用来表达学生对于该课程的预期:"我是天空的一片云,偶尔投影在你的波心。"计算机网络、云计算、物联网等对于绝大部分非专业人士来说,就是飘荡在天空的朵朵白云,遥不可及且神秘难测。对信息技术的从业人员来说,在能力所及的情况下,做些导读和科普工作,是具有强烈的现实意义的。

三、课程结构

课程结构是课程目标转化为教育成果的纽带,是课程实施活动顺利开展的依据。搭建本门课程的结构,需要在深入了解各专业学科知识的基础上,切实把握学生的"最近发展区"。教材的组织与编写,需要注重提高学生对资料的遴选能力及对重点、难点、问题本质的把握能力。要尽可能地使学生从实际出发,了解网络、云计算、物联网的基本概念。对于难度较大的概念及原理,要借助图片演示、短片剪辑、实验等方式,引导学生理解,从而使学生感受到云计算、物联网的价值。

课程目录如下：

1. 网络基础

(1) 结构与关系：浅谈网络基础知识。

(2) 形式与内容：服务器原理与计算机软件简介。

(3) 互联网基础知识。

(4) 如果你是 CIO：外校网络改造工程以及数字化校园建设。

2. 云计算

(1) 我是天空里的一片云：云计算的前世。

(2) 偶尔投影在你的波心：云计算基础原理及特点。

(3) 你不必惊讶：一切皆服务。

(4) 你可能喜欢：落地云的几个案例。

3. 物联网与云计算

(1) 你有你的方向，我有我的方向：物联网基础原理。

(2) 你我相逢在黑夜的海上：物联网与云计算基础原理。

(3) 交会是互放的光亮：物联网、云计算商业案例。

(4) 人是一种技术的存在。

四、课例：云计算的基础原理及特点

1. 学情分析

此前，学生已上了 7 节课，了解了网络、服务器以及互联网的基础知识。从学生的学习实况来看，由于学科知识跨度较大，学生虽然对相关知识点具有一定的理解力，但把握得并不一定准确。本节课需要强化学生对相关概念的掌握。在准备授课时，我预设了应用实例、提问及作业几个环节；对于技术概念或原理的讲授，我较多地采用了类比的方法，说出了个人的理解；课前印发了有助于让学生掌握重要知识点以及拓展知识面的资料。

2. 教学目标

(1) 搜集、整理相关资料，注重提高学生对资料的遴选能力，及对重点、难点、问题本质的理解能力。

(2) 使学生从实际应用出发，了解云计算的基本概念；采用图文并茂的方式，帮助学生了解云计算的核心技术。

(3)通过实际应用示例,引导学生感受云计算的价值。

(4)通过实践活动,激发学生自行探究的兴趣。

3. 教学要点

教学目标中的(2)(3)两点。

4. 教学流程

(1)让学生用5分钟时间快速阅读所印发的材料"云计算基础原理及特点",并用自己的语言表述云计算的概念及特点。

(2)从苹果云存储的应用实例出发,引入课程内容为什么使用云计算、云计算的特点,以及相关的技术概念。

(3)用PPT图片及动画辅助学生理解基本概念以及几项核心技术。

5. 课堂的部分讲义

(1)为什么使用云计算

不知道有没有同学用过苹果手机,或者是苹果手机的粉丝?用过苹果手机的同学可能都知道iCloud。我们存储下来的数据,云计算已经直接帮我们同步存储到了互联网上,我们可以在世界上任何一个能上网的地方,调阅自己的数据。

维基百科对"云计算"的解释为:云其实是互联网的一个比喻;云计算的字面意思是基于互联网的计算,即所有资源都可以通过远端进行计算和访问,无论我们是在学校、公园、家里,还是在办公室或者街上,都可以随时随地地使用互联网上的资源。

正版计算机软件比较贵,而且有些软件很耗内存空间,如果通过云计算的话,全部计算和资源都可以通过互联网来完成,那么本地要求就简单多了。这就像大家都在用电,插上电源插座以后,并不用管这个电是风电、火电,还是核电,也不用再管这个电是怎么传输过来的,需要哪些设备来完成发电、传输。

(2)云计算的特点

云计算的主要特点之一是基于虚拟化技术快速部署资源或获得服务。我这里有很多机器,有一个数据中心,要提供给成百上千个用户,每个用户的需求、负载都是不一样的,怎样才能满足本地的需求呢?在服务器端就可以通过虚拟化技术来实现。下节课,我们将要远程演练一下体会服务器的虚拟化,完成一个关于虚拟化的技术实验。

实现动态的、可伸缩的扩展是云计算的第二大特点。与网格计算不同,无论你需要多少内存、硬盘，云计算都可以动态地提供给你。这样，用户可以减少终端的处理负担，减少对 IT 专业知识的依赖，能更方便地参与各种网络活动，按需求使用资源，按使用量付费。

（3）云服务的三个层次

软件即服务（SAAS），一种完全创新的软件应用模式。有了这种软件应用模式，人们不用再买软件来安装了，只要通过网络下载软件，就可以直接使用；买软件的时候，也可以在网上直接体验软件的功能。有的软件比较大比较贵，你可以只买那部分需要的功能。比如 CRM 是一种客户关系软件，中小企业买一套可能会觉得太贵了，何况还要维护。这样的软件用云计算检验好了以后，再花几百块钱买下它的部分功能来使用就可以了。

平台即服务（PAAS），是指把软件研发的平台作为一种服务。

基础设施即服务（IAAS），消费者通过网络可以从完善的计算机设施获得服务。

（4）几个相关概念

①效用计算：一种提供服务的模型，在这个模型里服务提供商会根据某个应用，而不是仅仅按照速率收费。

②集群计算：有一组同构计算机，连接起来做同一件事，有一个中心进行调度。

③网格计算与云计算比较

	网格计算	云计算
资源类型	异构资源	同构资源
资金来源	不同机构	单一机构
环境	虚拟组织	虚拟机
资源节点	高性能计算机	服务器/PC
计算类型	紧耦合	松耦合
付费方式	免费	计费
标准化	有统一的国际标准	尚无标准
应用类型	科学计算为主，计算密集，用于科研领域	数据处理为主，数据密集，用于商业

④网格计算、高性能计算的区别：高性能计算主要面向科研领域的并行计算环境，对操作系统、计算节点的要求非常苛刻，要求操作系统一致，节

点一致，这样整个 HPC 系统看起来就像是单一资源，具有专有特性；而网格计算不需要专门组件、专有资源，基于标准的机器和操作系统，对环境没有严格控制，需要应用软件支持网格功能。

⑤私有云：私有云（Private Clouds）是为一个客户单独使用而构建的，因而提供对数据、安全性和服务质量的最有效控制。私有云可部署在企业数据中心的防火墙内，也可以部署在一个安全的主机托管场所。

（5）作业

①分析云计算与网格计算的共同点与区别。

②查阅资料，并回答 Google 云计算技术 GFS、BigTable 和 MapReduce 的具体内容是什么。

③课下阅读《云计算：深刻改变未来》。

最是书香能致远
——关于引导小学生课外阅读的一些做法

蒋国冰

"把一个信念播种下去，收获的将是一个行动；把一个行动播种下去，收获的将是一个习惯；把一个习惯播种下去，收获的将是一个性格；把一个性格播种下去，收获的将是一个命运。"

我们高语组深入持久地推进学生的课外阅读活动，也是一个播种的过程，收获的是知识的芬芳，酝酿的将是学生们美好的人生。

一、缘起与背景：读书活动势在必行

新课标施行初始，我们对学生的状况进行了讨论与分析，虽然广外外校的学生无论是在课内还是在课外都透出了一股灵性，但有时候他们缺少了一些内在的东西。他们在该潜心学习时，却不能凝神静思；该遵守规则时，却缺乏一些文化修养；该发表个人见解时，却缺少文学底蕴……

对此，我们进行了深入的探讨，一致认为，阅读是学生语文学习的核心环节。我国新一轮课程改革也把对学生阅读能力的培养放到了显著位置。因此，我们要不惜余力地开展读书活动！我们的努力方向是，让学生多读书、读好书、读整本书……我们要引导学生走出课本小天地，走进语文大课堂，拓宽学生的视野，提高他们的文化素养，使他们终身受益！

二、风雨兼程：读书，想说爱你不容易

我们首先利用多种渠道对学生进行熏陶、感染和引导，为学生营造读书的氛围，培养他们读书的兴趣。

1. 加大对读书活动的宣传力度

养成良好的阅读习惯，可以使学生终身受益。为了使学生爱上读书，我们力争营造书香校园，创设书香班级。在开展读书活动宣传时，各班的语文

老师、班主任及任课老师都要做好宣传，争取与学生达成共识，取得他们的支持与配合，确保读书活动的顺利开展，为创设浓郁的读书氛围奠定基础。

2. 创设读书的空间

充分发挥学校图书馆、阅览室的作用，大力提倡并积极鼓励学生去借阅图书，鼓励学生成为那里的常客。另外，组织学生在班级内组建图书角，使教室成为一个小型的图书馆、阅览室。

3. 营造学生乐读善读的环境

为了使每个学生都养成好读书的习惯，我们积极创造有利的阅读条件，创设书香班级。各班组建图书角，每个学生至少要带来5本以上的图书，并要定期更换；提倡同学间成为书友——学生可以互相借阅；让班上每个学生都有几本好书，可以交换阅读。

4. 为读书活动提供保障

结合新课程标准与我校学生学习的实际，我们规定了学生的课外阅读量。我们还与各学科的老师进行协调，将每周二、周四晚上6：40～7：25定为读书时间，每天下午没有第二课堂活动的学生由年级组统一管理，开展读书活动，保证读书时间。为了促进学生的课外阅读，我们结合"课外阅读及古诗文背诵情况统计表"的填写情况，适时进行检测、评价。

5. 有序地开展读书活动

为了使每个学生都养成好的读书习惯，更好地营造读书的氛围，我们有计划、有系统地开展了与学生阅读相关的工作。我们开设了阅读交流活动，如好书赏读交流会、图书大换购活动等；我们还开设了阅读欣赏活动，如"书海拾贝"演讲比赛、朗诵比赛、好诗诵读等，活动精彩纷呈。

各种活动开展之后，读书的氛围非常浓厚，确实也激发了相当一部分学生的读书兴趣。但欣喜之余，我们冷眼观效果，有些情况却出乎我们的意料——班级图书角创建起来后，很多学生没有去借阅；没有几个学生去阅览室如饥似渴地饱览群书，去图书馆借阅经典名著；曾经如火如荼的"图书大换购"活动热闹了"市场"，却冷却了读书的热情；一部分学生在寻找阅读方法时感到迷茫……

这些现象促使我们进行了深入思考：我们开展读书活动的目的到底是什么？我们开展的读书活动不是给领导看的，也不是方便学生进行图书交易的，更不是为了完成本组的活动任务，我们是要务实有效地开展工作！

如何使读书活动往前推进？如何更好地引导学生学会读书，让学生饶有兴趣地去品读经典，去享受读书带来的乐趣？我们可以为他们创设条件，为他们提供阅读的时间和空间，但对于读书学生还是"想说爱你不容易"！

三、思考与探索：仅仅给书目就够了吗

针对学生课外阅读中出现的问题，为了更好地引导学生进行课外阅读，我们重新反思了高语组组织的读书活动。我们在引导学生"读什么""怎么读"等方面开始了新的探索，我们要给学生以阅读指引。

根据学生的阅读兴趣，并结合本年级所学的课文内容和大纲要求，我们为学生推荐了一系列书籍，并制作了调查表，在学生中进行广泛的调查。根据学生反馈回来的"选择你喜欢的书"和"推荐你喜欢的书"的信息，我们做了相应的调整，分年级制订出了精读、必读、选读及推荐书目。

虽然我们给学生提供了一些阅读书目，但是仅仅给书目就够了吗？课外阅读不仅要有一定的量，而且要有一定的质。我们要教给他们掌握较为有效的阅读方法，为他们今后不断汲取新知识、获取新技能提供持续发展的可能性。

怎样对学生的阅读方法进行指导？我们又进行了下面的一些尝试。

1. 读法迁移：课内读法迁移，课外另辟课堂

我们在教研例会上专门提出了"课内读法迁移，课外另辟课堂"的思路，借助课本的作用，引领学生走进一个更为广阔的学习天地，让学生与作品之间产生心灵与心灵的碰撞，感情与感情的激荡，智慧对智慧的启迪，从而让学生获得一种对善与美的把握和领悟。

比如，叶老师在教授《秋天的怀念》一课时，采取了"由课外走进课内，再由课内走向课外"的方式，让学生不仅在文本内容中"走"了个来回，而且在史铁生的精神世界里"走"了一个来回。再如，张老师在教授《军神》一课时，为了让学生更好地感受将军的伟大形象，更加真切地感受刘伯承将军的钢铁意志，她适时地补充了一些关于刘伯承将军生平事迹的材料。

……

如此做法，定会使语文课堂大放光彩！也定能让阅读活动达到我们预期的效果。

2. 主题引领：打开一扇窗口，引进一方世界

如何更有效地引导学生进行阅读？在每次的教研会、备课组活动中，这

个话题总会成为焦点议题。我们要让学生有目的地去读书、思考、实践。因此，高语组便推出了由各位语文老师主讲的课外阅读专题讲座。2005年秋季刚开学，我们便制订出课外阅读指导专题计划，每个学生都可以根据自己的读书兴趣，自由地选择专题讲座进行学习。每逢单周周三的第二课堂时间，各班学生都会分期到小学阶梯教室，享受阅读大餐。

截至目前，课外阅读专题讲座已经成功举办了11期，并且还在继续进行。

3. 讲座牵引：渗透阅读方法，触摸名著经典

每一次读书讲座，都是一次智慧的启迪、心灵的碰撞，都能给予学生一定的读法指导。这一系列的阅读指导专题讲座在学生的阅读生活中起到了润物无声的效果。

傅老师在"《窗边的小豆豆》读书指导专题讲座"中深入浅出、循循善诱的叙述，使学生明白了读好书的道理，了解了读书的方法，进一步激发起了他们对课外阅读的兴趣。

衷老师在"《字之趣》专题讲座"中以亲切温和的态度、幽默风趣的开场白迅速抓住了学生们的注意，带领他们一同步入汉字的殿堂，徜徉在五彩缤纷的汉字世界里……

肖老师主讲的"在故事中成长——《成长的智慧》读书指导"虽然时间不长，但这次讲座的"余波"不会很快终了，"成长的智慧"会慢慢地渗入学生的心田。

余老师主讲的"《天才只是一种状态》读书讲座"，主要围绕如何培养"虔诚优雅的阅读态度"和"积极主动的阅读思维"两个方面展开，对学生的课外阅读起到了非常具体的指导作用。

曾老师主讲的"《鲁滨孙漂流记》读书讲座"使大家明白阅读的方式有很多种。她告诉学生："读书在于积累，一滴水不可能穿石，一日之功不可能砌好长城，唯有锲而不舍，方能金石可镂。"

张老师开办的"同沐书屋，共享阅读——《夏洛的网》读书讲座"，将其个人的读书体会与学生们进行了倾情交流：读喜欢的经典，心里会开满鲜花，哪怕将来遭遇再严酷的寒冬，那鲜花也不会凋零，心也不会变成荒野。

詹老师在"《漫游成语王国》读书专题讲座"中告诉大家："只要我们在今后的课外阅读中注重广泛积累成语，在以后的学习生活中，不断加强对成语的理解和运用，我们一定能让这颗璀璨的明珠焕发出更加迷人的光彩！"

黄老师"《草房子》读书专题讲座"让学生如临其境，如坐春风。学生收获的是对读书情趣的追寻……

彭老师给大家推荐的是《城南旧事》，并针对"爸爸的花儿落了"这一章节作了专题讲座。我们相信，当学生们走出阶梯教室，当学生们的目光再次越过经典时，呈现在他们脚下的将是一条更加精彩的阅读之路。

文老师开展的"为你打开一扇窗——简介《语文新天地》系列丛书讲座"深入浅出、言简意赅、情趣盎然，既有学生已熟悉的知识精点的回顾，又有学生未知领域的拓展，让学生从《语文新天地》中走近一个个伟大的作家，触摸一部部经典。

万老师在"《儿童诗欣赏》读书讲座"中诗情盎然地告诉学生："诗可以让你的心灵更加纯净，诗可以让你的生命更加绚丽多彩！在诗的世界里，天更蓝，水更绿，山更青，人更美。"

……

这些专题讲座的开设、读法的指导、智慧的积淀，将会对学生的课外阅读起到巨大推动作用！

如今，我们开展的读书活动已经初见成效：

在老师们的课例反思中，我们看到了这样的语言："要想把学生引入书的世界，教师首先要做到博览群书，因为学生无论在理论上懂得了多少读书的道理，也不如接触一位热爱读书的教师更能激发他们读书的欲望。"

家长成为陪读人！我们从一些家长的"担心"中听出了一些惊喜："书香不仅氤氲着我们的校园，更弥漫了我们的家。"他们担心如果自己再不读书，将和孩子没有共同语言了。

孩子才是受益人！一些家长反馈开学以来，他们家的书架上已经增加了好几排书，因为每个周末他们都会被孩子拽到书店去买书，回到家，还要被孩子"强迫"着一起读书。这样的"强迫"，让我们倍感欣慰。

四、边走边悟：怎样对孩子的终身发展负责

读书活动风雨兼程，一路走来。我们在欣慰之余，也进行了一些思索，重新思考我们开展读书活动的最初定位：走出课本小天地，走向语文大课堂，拓宽学生的视野。难道说，我们让学生多读课外书仅仅就是为了开阔学生的视野吗？

不，我们要为学生的终身发展负责，要围绕我校"培养走向世界的现代人"这一办学宗旨开展工作。怎样对学生的终身发展负责？我们要给学生一个怎样的人生底色？读书，才能开启智慧的大门，提升文化的品位。学生有了阅读能力，才具备可持续发展的能力。我们相信：最是书香能致远。有这种鼓励读书机制的广外外校必将书香氤氲，充满无穷的魅力。与好书相伴的学生也必将拥有前景美好的灿烂人生，必将成长为走向世界的现代人！

让数学好玩起来

马小强

一代数学大师陈省身为 2002 年召开的以"走进美妙的数学花园"为主题的中国少年数学论坛题词:"数学好玩。"作为数学老师,如何引导学生体会数学的好玩之处,是我一直在思索的问题。将好玩的数学引入课堂,成为我平时教学的一种尝试。

本学期,我参与了学校文化专题课的教学工作。面对高一的学生,我一直在思索:如何把好玩的数学问题引入高中课堂?如何让高中生体会到数学的好玩?考虑到高一学生正在学习立体几何部分的内容,于是我设计了"立体几何中好玩的数学问题"的教学专题。

问题 1:三根火柴可以拼成一个正三角形,6 根火柴可以拼成几个正三角形?

显然,用 6 根火柴能拼成一个正四面体(三棱锥),它的三个侧面和一个底面会构成 4 个正三角形。

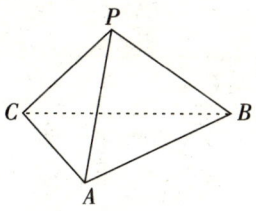

这道题目的设计意图是,为了帮助具备初中平面几何知识的学生把思考问题的范围由平面拓展到空间。思路由平面到空间的拓展,正是立体几何的精髓,也是新课标的基本要求。

本题的好玩之处就在于使学生的思考范围由平面到空间的拓展。学生的认知在深入,思路在拓宽。

问题 2:下图是一个长、宽、高分别是 4 米、2 米、1 米的长方体。现有一只小虫从顶点 A 出发沿长方体表面爬到对角顶点,问小虫爬行的最短路程是多少?

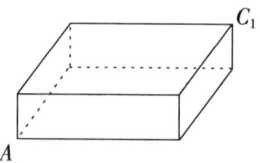

我们把这两点所在的两个面展开,置于一个平面内,根据展开面的不同分三种情况讨论,然后取三种情况中的最小值。

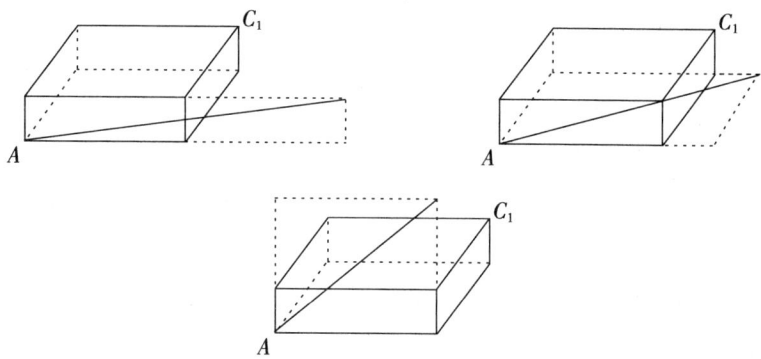

这个问题揭示了解决立体几何问题的基本思路:把空间问题变为平面问题。

提高高中生的数学思维能力,是数学教育的基本目标之一。人们在学习数学和运用数学知识解决问题时,不断地经历直观感知、观察发现、归纳类比、空间想象、抽象概括、符号表示、运算求解、数据处理、演绎证明、反思与建构等思维过程。这些过程是数学思维能力形成必经的过程,有助于学生对客观事物中蕴含的数学模式进行思考和作出判断。

以上两个问题有助于学生建立空间想象能力,同时揭示了立体几何问题的一般解决思路。而这些正是促进学生数学思维能力形成与提高的有效过程。

思考范围从平面发展到空间,解决问题却要由空间回归平面。这一个发展、一个回归正是立体几何解题思路的精髓,也是立体几何的好玩之处。

问题3:用一个平面去截一个正方体,所得到的截面可能是什么形状?

学生大胆猜想、积极在小组内讨论,得出用一个平面去截一个正方体,所得截面有可能的形状:三角形、正方形、长方形……

我提出问题:"若将所得的各种截面形状以边数来分类,则可分为哪几类?"

　　学生讨论之后得到如下结论：将所得的各种截面形状以边数分类可得到三角形、四边形、五边形、六边形。

　　我再次提出问题："截面形状可能为七边形吗?"

　　有学生回答："不可能，因为正方体只有六个表面，所以截面与正方体的表面最多只有六条交线，因此所得的多边形至多是六边形。"

　　我继续提出问题："如何去截正方体，能得到以上各类多边形？是否有特殊形状？如何截?"

　　在学生回答完问题后，我让他们思考：以上结论，各小组讨论后能否给出证明？所截出的三角形有可能是钝角或直角三角形吗？四边形可能为一般平行四边形或直角梯形吗？五边形……

　　学生分小组讨论，气氛热烈。在教师的指导下，解决了一些比较简单的问题。

　　这时，有一位学生提出："只需要做一个正方体的容器，向容器中注入水，不断变换正方体的摆放位置，同时观察水面的形状，就可以知道所有的截面形状。"

　　多么好的创意啊！我在全班同学面前表扬了这位学生，同时希望他能做好这样的正方体容器，以便下一节课展示他的成果。

　　学以致用并且可以在动手操作的过程中学习数学，这就是数学的好玩之处。

　　之后，我接着说："由于我们接触立体几何的时间较短，所学知识还相当有限，因此有些问题暂时还无法解决。不过，相信随着我们以后对立体几何学习的逐步深入，同学们一定可以将遗留的问题一个一个解决。前面老师提出了那么多与正方体截面有关的问题，下面请同学们自由发挥，提出更多与正方体截面有关的问题或者类比截面问题设计一些与此有关的问题。"

　　在小组讨论思考过后，有的小组提出如下问题：最大面积的截面三角形是怎样的？最大面积的截面四边形是怎样的？形状为五边形、六边形的截面中面积最大的是怎样的？如何求出它们的面积？最大面积的截面是什么形状的？还有的小组提出这样的问题：用一个平面截正方体，可以截得多少条棱？多少个角？也有小组提出这样的问题：用一个平面截正方体，所得两部分几何体是什么形状的？体积如何求？

　　以下是学生课后完成的正方体截面图示：

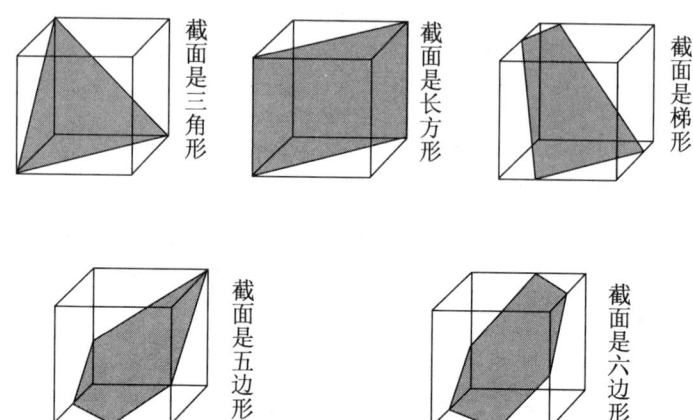

　　立体几何这个内容对于学生而言,是一个全新的内容,需要学生具有一定的空间想象能力和逻辑推理能力。对于新接触的内容,一方面,学生会有一种新奇感从而产生一定的探索欲望;另一方面,学生一旦遭遇挫折,很容易会产生畏难情绪。如果我们能根据教学进程,适时安插一些拓展内容,则可以激发学生的学习兴趣,同时更好地培养学生的探索精神。

　　在这节课中,通过让学生思考、讨论、交流,培养了学生自主探究、合作交流和分析解决问题的能力;通过让学生动手操作、仔细观察、亲身体验,给学生渗透了观察与体验、类比与联想的数学思想方法;通过让学生大胆猜想、提出问题,培养了学生的发散性思维和创新精神。

　　《全日制普通高中数学新课程标准》倡导积极主动、勇于探索的学习方式。学生的数学学习活动不应只限于接受、记忆、模仿和练习,高中数学课程还应倡导自主探索、动手实践、合作交流、阅读自学等学习数学的方式。这些方式有助于发挥学生学习的主动性,使学生的学习过程成为在教师引导下的"再创造"过程。同时,高中数学课程应设立"数学探究""数学建模"等学习活动,为学生形成积极主动的、多样的学习方式进一步创造有利的条件,以激发学生的数学学习兴趣,鼓励学生在学习过程中,养成独立思考、积极探索的习惯。高中数学课程应力求通过各种不同形式的自主学习、探究活动,让学生体验数学发现和创造的过程,发展他们的创新意识。

　　这节课通过对三个问题的思考、讨论使学生的思维得到了发展,他们不仅积极动脑思考,而且有了动手进行数学实验的冲动。这就是一种积极主动、勇于探索的学习方式。

　　数学好玩,玩好数学,这是数学的魅力所在。

世界视野与现代意识
校本课程开发的二元思维

第四辑
校本课程教学手记

校本课程开发为促进教师专业化成长、培养学者型教师提供了平台，在提升教师职业能力的同时，也将极大地丰富教师的生命体验，开阔教师的社会视野，从而帮助教师走上"全人"发展之路。本辑收录了广外外校教师的教学手记，从一个侧面展示了教师的独特魅力和风采。

筱燕秋：亲娘啊

——语文拓展课"新生代小说"教学手记

聂德森

筱燕秋在30岁生日那天头一回喝醉了，而且醉得不成样子。她把围裙剪成两块，当水袖挥舞着。筱燕秋挥舞着油迹斑斑的围裙，跌跌撞撞，油盐酱醋的罐子咣丁咣当的，碎了一厨房。她的手不知道被什么碎片刮破了，鲜红的血液流淌在水袖上，红白相间的围裙在半空中抛上去，又落下来，再抛上去，再落下来。她的丈夫面瓜冲进来抱着她。她愣愣地对着面瓜叫"亲娘"。筱燕秋用纯正的韵腔对着面瓜念起了道白："亲——娘——啊——啊！"面瓜用围裙堵住了她的嘴。她用腹部一遍又一遍地呼喊："亲、娘、啊、啊、啊、啊！"

说到底，时光对女人太残酷，对女人心太硬、手太狠，用手拽都拽不住，用指甲抠都抠不住。筱燕秋每天都站在镜子面前，亲眼目睹着自己一天一天老下去，无可奈何，又心惊肉跳。更要命的是，眼看着著名的"嫦娥"一天一天地死去，她无能为力。筱燕秋不只是失魂落魄、黯然神伤，简直是肝肠欲断了。

筱燕秋是一个美丽的女人，美丽的女人都有痛，而最大的痛叫做不甘。筱燕秋在戏校一待就是20年，自己不能大红大紫，连学生也没有显山露水的。心高气傲的筱燕秋已经40岁了。40岁，我的亲爹，我的亲娘！筱燕秋对自己是彻底死了心了，然而，又毕竟没有死透。

筱燕秋天生就是一个古典的怨妇，她的运眼、行腔、吐字、归音和甩动的水袖都弥漫着一股先天的悲剧性，作为青衣，筱燕秋就是最好的嫦娥。或者说，筱燕秋就是嫦娥，嫦娥就是筱燕秋。《奔月》成了全省戏剧舞台上最轰动的话题，和《奔月》一样蹿红的是当代嫦娥筱燕秋，那年，她19岁。

《奔月》公演以来，筱燕秋总是想着法子横在她的老师同时也是嫦娥B角的李雪芬的面前，她总说自己"年轻""吃得消的"。一直霸着毡毯，一场都没有让过。在一次坦克师慰问演出时，李雪芬总算找到了上场的机会，稀里哗啦一下子俘虏了整个师，一样成了嫦娥。筱燕秋嫉妒了，筱燕秋生气了，后果真的很严重。嫦娥筱燕秋把一杯开水浇到了另一个嫦娥李雪芬的脸上。结果，一个嫦娥躲在医院不出来，另一个被打下凡间——去了戏校任教。《奔月》从此熄火。

举手一怒为嫦娥，瞬间的冲动让筱燕秋付出了20年的代价。20年，一个女人有多少个20年？一个青衣有多少个20年？青衣是女人中的女人，是女人的极致境界。"千生万旦，难求一净"，老天爷创造出一个花脸不容易，老天爷创造出一个青衣同样不容易。19岁的筱燕秋心气太旺了，名利心、嫉妒心重了，出手也重了。然而，19岁，谁能说自己没做过傻事？为什么付出的代价却不尽相同？"人生真是古怪，真是变化无常啊。无论是害您或者救您，只消一点点小事。"（莫泊桑语）

不幸的女人都有一个标志——她们的婚姻都是突如其来的。离开了舞台的筱燕秋，成了一个冰美人，寒气森森。她铁定了心要把自己嫁出去。很快筱燕秋嫁给了交通警察面瓜。筱燕秋的恋爱是无意识的，婚姻是稀里糊涂的，庸常的日子一过就是20年。20年毫无激情的岁月，毫无新花样的婚姻，远离舒展身心的舞台，这些对于一般人来说也许没什么，可是，对心高气傲的筱燕秋，对每天顾影自怜的筱燕秋，对一个还没死心的嫦娥，是一种形式，一种依托，还是一种逃避，一种疗伤？也许，30岁生日那天的筱燕秋给了我们最好的回答。

谁能想到，太阳会从西边出，门前流水尚能西。就在筱燕秋40岁的时候，《奔月》再次上马。

在命运出现转机的时候，女人们总习惯于以减肥开启她们的崭新人生。筱燕秋热切而又痛楚地用自己的指甲一点一点地把体重往外抠、往外挖。筱燕秋一定要从自己的身上抠去10千克——那是她20年前的体重。筱燕秋坚信，只要减去10千克，生活就会回到20年前。

身上的肉少了，然而，皮肤却意外地多了出来。多出来的皮肤使筱燕秋的脸庞活脱脱地变成了一张寡妇脸。筱燕秋望着镜子里的自己，寡妇一样沮丧，寡妇一样绝望。

真正的绝望还在后头。头晕、乏力、心慌、恶心，总是犯困、贪睡，而且说话的气息也越来越细。这是营养不良的具体反应。《奔月》进入了艰苦的排练阶段，体力消耗逐渐加大，筱燕秋的声音就不那么有根、不那么稳了，有点儿飘。气息跟不上，筱燕秋只好在嗓子里头发力，声带收紧了，唱腔就越来越不像筱燕秋的了。

筱燕秋没心没肺地过了20年，锥心锥肺地苦了20年，不就是为了这一天吗？不吃苦，20年前的嫦娥能重回人间吗？难道要让观众去接受一个胖嫦娥不成？减肥吃点儿苦算不了什么，40岁也不算老。筱燕秋相信，20年前的曙光一定会把她的身影重新投射在大地上，颀长、婀娜、娉婷无双。

筱燕秋的眼里不再有人间烟火，她俨然是飘飘欲仙的嫦娥了。她把精力全部投入说戏、排练中，无私地、毫无保留地、贴心贴肺地指导嫦娥B角春来，就像当年的李雪芬指导筱燕秋。

春来是筱燕秋的学生，是另一个筱燕秋，也是筱燕秋的希望，是嫦娥能够活在这个世上最充分的理由。就在临近响排的时候，春来提出了辞职。

学生的釜底抽薪，让筱燕秋乱了方寸。她抬起双手，就是不知道要抓什么。为了留住春来，为了能让自己的烟火得以延续，筱燕秋让出了A角给春来。最后，还是组织上作了一次折中，一人演一半。

响排已经接近尾声，命运却跟筱燕秋开了一个不大不小的玩笑——她怀孕了，肚子成了筱燕秋的当务之急。筱燕秋按照医嘱吃下药，回到家里。她决定跳。筱燕秋脱了鞋，光着脚，"呼"地一下蹦起来，光着的脚后跟落在了楼板上，楼板"咚"地一下。再跳，楼板"咚"地又一下。楼板的轰隆声激励了筱燕秋，筱燕秋越跳越疼，越疼越跳，颠跳伴随着疼痛，疼痛伴随着颠跳。筱燕秋越跳越高，越跳越来劲了。筱燕秋扒掉了大衣，在自己的大衣上拼命地跳跃、拼命地扭动。筱燕秋痛快淋漓了，升腾起来了，飞起来了。她竭尽全力，直至耗尽了最后一丝体力。筱燕秋躺在地板上，眼窝里沁出了幸福的泪。

公演的大幕拉开了，红盖头掀起来了。筱燕秋撂开了两片水袖，新娘把自己嫁出去了。没有新郎，这个世界就是新郎，所有的人都是新郎。所有的新郎一起盯住了唯一的新娘。筱燕秋站在入口处，锣鼓响了起来。

她开始了抒发，开始了倾诉，她彻底忘记了自己，甚至，彻底忘记了嫦娥。她把满腔的块垒抽成了一根绵延的细长的丝，一点一点地吐了出来，缠绕了起来，挥洒了起来。她在世界的面前袒露出了自己，满世界都在为她喝彩。她越来越投入，越来越痴迷，越陷越深。

筱燕秋一口气演了4场，她不让。不要说是自己的学生，就是她亲娘老子来了她也不会让。这不是A角B角的事。她是嫦娥，她才是嫦娥。

几天后的一个下午，筱燕秋突然发起了高烧，而下身又见红了。高烧来得快，去得更快。筱燕秋计划好了，吊完水，好歹也不会耽搁晚上的演出。

利用吊水时间养神的筱燕秋，没想到自己睡着了，而且睡过了头。等她一口气跑到剧场的时候，春来已经上好了妆。上了妆的春来比天仙还要美。筱燕秋想告诉每一个人："我才是嫦娥，只有我才是嫦娥！"但是筱燕秋没有说。锣鼓响起来了，筱燕秋目送着春来走向了上场门。筱燕秋知道她的嫦娥这一回真的死了。

她望着自己，目光像秋夜的月光，汪汪地散了一地。她像一具走尸，拿起水衣给自己披上了，然后细致地、一丝不苟地给自己上妆。

筱燕秋穿着一身薄薄的戏装走进了风雪。她来到剧场的大门口，站在了路灯的下面。筱燕秋看了大雪中的马路一眼，自己给自己数起了板眼，同时舞动起手中的竹笛。雪花在飞舞，剧场的门口突然围上来许多人，突然堵了许多车。人越来越多，车越来越挤，但没有一点儿声音。筱燕秋旁若无人。剧场内爆发出又一阵喝彩声。筱燕秋边舞边唱，这时候有人发现了一些异样，他们从筱燕秋的裤管上看到了有液滴在往下淌。液滴在灯光下面是黑色的，它们落在了雪地上，变成了一个又一个黑色的窟窿。

一个个黑色的窟窿像失神的眼睛，述说着人生的微妙与复杂、生命的激越与沉重。

在那个风雪的夜晚，筱燕秋唱的是《奔月》的著名段子——二黄慢板转原板转流水转高腔。在这个著名的段子里，嫦娥想表达什么，我们不得而知，但我们分明听清筱燕秋一次地又一次的呼喊："亲——娘——啊——啊！"

有人说：生命原来是梦想的一架梯子，可以延伸到梦想成真的那一刻，只要你永不放弃。但为什么永不放弃、永不言败的筱燕秋的生命之梯就没有延伸到梦想成真的那一刻呢？

穿上墨子的草鞋
——语文拓展课《墨子》教学手记

扈永进

教授《墨子》的时候，我先是花了整整一星期时间通读了全书。然后，开始筛选。几经筛选之后，讲义定稿。或许，已经有"名家节选"在先，但我没遇到。再说，对有些"名家"，我也不放心。于是，我便自选定稿。我的《墨子》选读讲义，全部从12章中选出拼成。

（一）

墨子，名翟，与孔子一样同为鲁国人。齐鲁大地，在当时是中国文化最为发达的一片土地。

近年来，中国流行着一本长篇小说《狼图腾》。从反思农耕文明戕害人性活力的角度来看，有其独特的价值。但我感觉，对此的推崇，千万不能太过。如果整个人类，个个成了狼，每个人都把狼的生存哲学奉为至宝，估计这个世界也不会美妙到哪里去。

纵观历史，存在着这样一个悖论：一方面，总是秦这样的"虎狼之国"席卷宇内；另一方面，"虎狼之国"攫取天下之后，不是"其亡也忽焉"，就是被文明者同化。

仅这一点，就足以凸现《狼图腾》单向度思维的弊端。

（二）

中国人，惯于崇尚"动口不动手"的君子行为。而墨子，这位有着"君子情怀"的思想家兼社会活动家，却属例外——既动手也动口。

纵观中外，几乎所有的"全职"思想家、学问家、文学家，大都家境小康，甚至曾经"大康"。比如，孔丘、曹雪芹。只有"经济基础"过关，方可具有琢磨"上层建筑"的闲暇与需求。从"大康"乃至"小康"而至"末路"者，如鲁迅、曹雪芹，自身自然积攒了足够的心理落差与情感落差。大凡"落差"都是蕴蓄着巨大能量的，于是，曹鲁之辈，有这样的"好命"，加之"学习成绩"优秀、情感丰富、智力发达，不想成才都不行。

墨子"动手"能力不差，典籍里说他与鲁班齐名。他出身于社会下层，吃的是"藜藿之羹",穿的是"短褐之衣"。如果拿中国的象棋来做比,墨子的社会地位,在棋盘上可能属于"小卒"之类。每一次战争,最先牺牲、最没保障的就是他这种人。不像那些士相,兵临城下时才感到杀伐的残酷。也不像那些车马炮,既为杀伐利器,自然乐在其中。

于是,在"深谙民间疾苦"方面,墨子有着得天独厚的条件。孔子也反战,但他更多的是从理性角度予以判断,所谓"春秋无义战"是也。而在墨子那里,对战争的判断则异常感性,可能就掺和着迸溅的鲜血和野兽般的号叫。

我想,出身与社会阶层的印痕,也应该是我们解读墨子的一把钥匙。

(三)

如果,我们假设一个命题——先秦诸子对君王的态度分别为何?我印象中的答案,大致是这样的。

老子和庄子,属于绝望、放弃、划清界限一族。孔孟与韩非属于主动支招一族,只不过孔孟的招相对开明一些,而韩非尽支些阴招损招。只有墨子,不抱任何合作的态度,甚至可以说,他内心根本就不认可所谓的君权。

明太祖朱元璋曾经做出"废孟子而不祀"的决策。别看人家没文化,"对咱够不够殷勤"还是分辨得出来的。那个孟轲,一介狂生,说什么"民为贵,社稷次之,君为轻"之类的昏话,已经得罪了几乎所有的皇帝和君王。更严重的是,他居然要求一定意义上的"君臣权利对等",说什么"君视臣如土芥,则臣视君如寇仇",是可忍,孰不可忍!

于是,朱皇帝龙颜大怒,吹胡子瞪眼睛,发狠把孟轲从"亚圣"的位置上拽下来,打翻在地,一脚踢出孔庙,免得他再来蛊惑人心,离间皇帝和臣民的良好关系。

其实,孟轲先生是冤枉的。起码,是有限冤枉。他只不过是没有孔子那么语重心长罢了。他大概属于多血质类型吧,不会婉转地说话,其实,他心里最惦记的还是君王,一门心思想着教导他们"行王道以王天下"。换句话说,他所关注的,正好是君王和皇帝们的"根本利益和长远利益"。

难怪汉武帝刘彻先生慧眼识"古董",董仲舒这个老古董取得"独尊儒术"的法宝,实在不能说他自己多么厉害,实乃刘彻先生不得了也。"独尊儒术",同时"罢黜百家"。老庄学说,罢得并不彻底,因为他们远远瞧见皇权,便落荒而逃,没什么料。韩非的法家学派,不断得到实质性的加强,所谓"儒表法里"是也。

只有墨子及其学说，被皇帝老儿及其帮凶"恶意封杀"，从而，被历代中国主流读书人"有意遗忘"。而且遗忘得很彻底。

为什么会这样呢？其实很简单——儒法两家被大力弘扬的原因，就是墨家被大力遗忘的原因。

（四）

让我们走进《墨子》文本，仔细看看，他是怎么"自绝于君王"的。

《所染》篇中，墨子从"染丝"说起，所谓"染于苍则苍，染于黄则黄"。说染丝是假，说君王是真。墨子的话语中，丝毫没有透露出儒生们在君王面前的那种"诚惶诚恐"。他借"所染"说事，指出好君王无非是接触了一些好人能人，坏君王却结交了一批奸臣，故而，好君王得到"王天下，立为天下"的结局，而坏君王却落得"国残身死，为天下僇"的下场。墨子并不语重心长，只是说："就这样，您看着办吧！"

《法仪》篇中，他说："今天下无大小国，皆天之邑也。人无幼长贵贱，皆天之臣也。"颇有点儿基督教文化中"上帝面前人人平等"的意味。"天之邑"，自然不应该被谁吞并；"天之臣"，自然不能被谁奴役为"人臣"。墨子的依据很朴素，按照现代逻辑学的逻辑，明显存在"证据不足"的缺陷。他的依据是——人类社会须"以天为法"，而天对人的态度，正是"兼而爱之，兼而利之"。

《辞过》篇中，墨子从宫室的"本义"切入，指出"是故圣王作为宫室，便于生，不以为观乐也"。至于从古到今是否出现过这样的"圣王"，我表示深刻的怀疑。我的推想是，这大约是墨先生拿来对付"当今之主"的许多块砖头中的一块罢了。然后，批判锋芒直指君王："当今之主，其为宫室，则与此异矣。必厚作敛于百姓，暴夺民衣食之财，以为宫室，台榭曲直之望，青黄刻镂之饰。"

《尚贤》篇中，墨子公然对君王们最在乎的"血亲相传"的权力交接方式表示反对。他说："是故古之圣王之治天下也，其所富，其所贵，未必王公大人骨肉之亲、无故富贵、面目美好者也。"其后，还列举了尧舜之间的权力"和平移交"的故事，是以为证。他无非是要说明，舜先生并非尧先生的亲生骨肉，但尧先生出于"尚贤"，义无反顾地将其"立为天子"。众所周知，形形色色的"君王梦"里，最富诱惑的红利之一，就在于"子孙帝王"，就在于"万世之业"。这位脚穿草鞋的墨先生，居然对这点提出异议，天下君王，岂能容他传世？

《尚同》篇中，墨子继续着这些"异端邪说"。他说："明乎民之无正长以一同天下之义，而天下乱也，是故选择天下贤良、圣知、辩慧之人，立为天子，使从事乎一同天下之义。"在他看来，做"天子"的资格，是由人的素质与能力决定的，而且，他还超前无比地提到"选择"二字。至于由谁来选，他没指明。但有一点是明确的，他肯定不会认同"皇帝的儿子当然应该是皇帝"的说法。

（五）

历代皇帝中，国人骂得最上口的，当数秦始皇。他焚书坑儒，罪恶滔天。可是，国人却放过了另外一个强势的皇帝——汉武帝。

汉武帝的"独尊儒术"被教科书和电视剧所肯定，起码，没被认为是一桩罪。但从此以后，中国人便失去了独立思想的自由——起码，所有"儒术"以外的思想，不会被主流社会所承认。千万别小看这一点。

汉武帝很聪明，他懂得政权"机器"的用场，懂得如何利用这个机器来寻求自己——也就是统治者利益的最大化。后代各位英明的皇帝，均与刘彻"心有戚戚焉"。无论怎么改朝换代，"独尊儒术"的思想基本上没怎么更换。于是，先秦时代的"百家争鸣"消失了，多元共生的学术形态不复存在，封闭保守直至闭关锁国一直持续到近代。

科举制有它的好处，比如，一定意义上破除了权力阶层的世袭制——皇帝除外，有利于社会阶层的"合理"流动与更替等。如果柏拉图先生再世，大约也会喜闻乐见，因为他的政治理想似乎正在中国变为现实。于是，睿智如伏尔泰，都曾对此赞不绝口。但他们不知道的是，科举考试的内容是什么。

科举制从来就是思想自由的敌人，儒家经典历来都是统治者遴选所谓人才的命题依据。轮到一个没文化的朱元璋做皇帝，这方面的辖制更是登峰造极。他划定了"考试范围"，"四书五经"之外，不许越雷池半步。皇帝们的意图非常清晰：第一，不许独立思考；第二，独立思考的任何成果都不会被"社会"承认。

就这样，几千年来，墨子及其思想被统治者"有意遗忘"了。

谁给刺客们施了催眠术
——语文拓展课《史记·刺客列传》授课手记

扈永进

（一）

曹沫、专诸、豫让、聂政、荆轲，只曹沫一人全身而退。

严格地讲，曹沫并没完成行刺任务，仅是一个公然的威胁者。由于种种原因，齐桓公在威胁面前立即"服软"。如此而已。

曹沫运气好，然而运气不具有可复制性。

（二）

余下的四人都死了，全死在暗杀现场。死得很难看。

专诸算是死得最有"意义"的——阖闾封专诸之子为上卿。

荆轲之事，此前中学语文教材中多有节选，在此按下不表。

倒是豫让、聂政二人，其事迹心路大有琢磨的必要。

（三）

豫让曾事三家——范氏、中行氏、智伯。

智伯遇之甚厚。这构成了豫让"抛头颅，洒热血"的理由。

豫让执着一念，行刺赵襄子。

他付出了惨重的代价——变声，漆身，吞炭，行乞，最后付出生命。

面对赵襄子对他"尝事范、中行氏"为何单为智伯报仇的质疑，豫让答曰："范、中行氏皆众人遇我，我故众人报之。至于智伯，国士遇我，我故国士报之。"

"士为知己者死，女为悦己者容。"其名言流传后世。

（四）

与古代希腊城邦不同，中国古代没有"社会公权"概念。

"谁在乎我我就在乎谁，谁爱我我就嫁给谁。"无论以身相许还是以命相报，其理由只在个人之间，私私相授。

从"主体意识觉醒与否"的标准看，"士"这个阶层是否能自成一体很成问题。

从一开始，他们就处于依附者的位置，九死未悔！

关于豫让和智伯，从《史记》的文本中，未传出哪怕一则类似心心相印的通讯报道。豫让们的身份，叫我看来，充其量只相似或相近于手足、鹰犬、爪牙、武器之类，只此而已。

仅此一点点微不足道的青睐，竟足以使豫让们交出自己的整个人生与生命。可见，"士"阶层在中国受到礼遇的机遇是多么的寥寥。

现在，一块钻石足以让人亡命；当时，一点认同足以使士殒命。

市场原则：物以稀为贵！

（五）

谁都渴望得到重视，聂政亦然。

聂政得到重视的最大理由，在于他具备杀人的能耐。他本来就是一个杀过人的逃犯，从事屠夫工作，天天操练胆识手法，杀戮而不眨眼已成为本能。

伯乐来了，终于牵到这匹千里马的缰绳。

这位伯乐来自韩国，名叫严仲子。严仲子因和上司有私仇，便想除掉上司，所以将整个故事定位为一桩刑事案件，应不为过。

伯乐开始给马喂草料——"至门请，数反，然后具酒自觞聂政母前。酒酣，严仲子奉黄金百溢，前为聂政母寿。"

从出生以来就被社会忽略的聂政，彻底被感动了，感动得一塌糊涂。

被感动的时候，女子往往宽衣解带；士人呢，则无私奉献，效犬马之劳。

于是，聂政义无反顾去杀人，替严仲子除掉了政敌。

更为"可贵"的是，成功之后，自杀——"自屠出肠，遂以死"。

只有死，因死无对证，才能最大限度地保障伯乐的安全。为此，聂政死前用心良苦地为自己施行了一套颇为复杂的手术——"自皮面决眼"。

割破面皮，挖出眼珠，谁还知道我是谁？

（六）

传文最后，太史公感慨道："严仲子亦可谓知人，能得士矣！"

看不出司马迁本人对此事件究竟怎么评价。就我的感觉，只是觉得人心唯危，恐怖万端。

我在想，会有这样一个严仲子出现在我面前么？他是否会用感动对我实施催眠术，使我勇于放弃自我，为了他的那点儿并不光明正大的私仇，献上我的躯体和生命？

如果我是聂政的母亲，我在黄泉之下都难以安眠。祥林嫂喃喃道："俺那孩子傻，真傻，真正傻……"

聂政为了什么？请看《史记》原文。

聂政曰："嗟乎！政乃市井之人，鼓刀以屠；而严仲子乃诸侯之卿相也，不远千里，枉车骑而交臣……夫贤者以感忿睚眦之意而亲信穷僻之人，而政独安得默然而已乎！且前日邀政，政徒以老母！老母今以天年终，政将为知己者用。"

可怜的聂政！

我无言。

（七）

聂政有着强烈的自卑感——市井之人，鼓刀之徒。

严仲子有着显赫的身份——诸侯之卿相。

显赫者"屈尊"造访自卑者，聂政就这样被感动了，就这样被感动征服了。

其实，严仲子不过是前来寻访一把快刀而已！

一个人，以做一把刀而自豪。

这是怎样一个荒唐的世界！

（八）

无疑，聂政们还糟蹋了一个词：知己。

在我心目中，所谓知己，首先应该是双向的，也就是说，他们的权利和义务是绝对对等的；其次，应该富含精神层面的元素，如俞伯牙和钟子期之于《高山流水》；再次，应该能够超越现实功利，经得住人类终极价值的拷问。

而刺客和他的雇主们——无论豫让、聂政，还是智伯、严仲子，均在此列之外。

（九）

世纪之交，中国大地上流行过很多貌似新鲜的事物。比如，"实现自我价值"之类的喧嚣；又如，女研究生明码标价出售爱情，一定要对方身家多少千万才嫁；等等。

太史公记载了一段历史，描绘了国人灵魂的浮世绘片段，我等不能不为他的敏锐和深刻叫绝。

"实现自我价值"本身并不构成价值判断的标准，反倒在为所有形式的购买与出卖鸣锣开道。

读《刺客列传》。掩卷。只想说一句话：

让人成为自己！

皇帝的私情与帝国的命运

——语文拓展课《史记·佞幸列传》授课手记

扈永进

（一）

太史公的《史记·佞幸列传》中，共涉及了汉朝的五位皇帝。他们分别是高祖、惠帝、文帝、景帝和武帝。

其中有四位均宠爱佞幸——高祖宠籍孺；惠帝宠闳孺；文帝宠邓通、赵同、北宫伯子；武帝宠韩嫣、李延年。

四位皇帝的此种作为，均对帝国产生过负面影响，甚至带来过灾难。

景帝时，郎中令周仁好像受过一点儿宠，不过不严重。《佞幸列传》里只有三个字——"不甚笃"。景帝为什么"不甚笃"呢？这是一个问题。容后道来。

（二）

这些被司马迁归入佞幸一类的角色清一色为男性臣仆。列传开篇，司马迁就感叹——"昔以色幸者多矣！"

大家也可往电影《断背山》那儿联想，但二者很不一样。因为，这种关系虽然也属"同志"，但并无平等可言。

千百年来，正人君子大约都会大骂佞幸之狐媚误国，骂得非常过瘾。

但时，误国的主导力量从来就不在佞幸们，倒是这些男宠们欢颜背后的辛酸和蹂躏，需要我们加倍注意。

（三）

籍孺、闳孺二人，似未造成巨大的社会灾难。

但影响风俗还是有的。"孝惠时郎侍中皆冠鵔鸃贝带，傅脂粉，化闳、籍之属也。"男人敷粉的习俗，从宫廷而市井，到了东汉末年，士人也开始敷粉了。曹雪芹《红楼梦》中宝玉"面若敷粉"的美学趣味，没准就始于此时。

影响政治也是有的。"此两人非有才能，徒以婉佞贵幸，与上卧起，公卿皆因关说。"可见，当时公卿大臣们想给皇帝奏个什么本，都得先央求佞幸们预先吹个枕边风才保险。

男色佞幸之事，信而有证的，是从春秋战国开始的。以卫国的弥子瑕和宋国的公子朝为最。

(四)

邓通的际遇简直像一个奇迹。

文帝做了一个梦——"梦欲上天，不能，有一黄头郎从后推之上天。"梦醒之后，文帝到了未央宫渐台，在这里遇到了濯船郎邓通。文帝觉得，邓通就是梦中推自己上天的那位"黄头郎"。于是，邓通不想富贵都不行。

"文帝悦焉，尊幸之日异……赏赐通巨万以十数，官至上大夫……文帝时时如邓通家游戏。"看看，给钱，给官，还给面子。

想想，皇帝经常到你家后花园踢毽子、打麻将，那是何等的荣耀！

不止荣耀。煌煌大汉天下，谁敢小瞧邓通！

(五)

从宫中的一个撑船的苦力，一跃而成为整个国家的政治明星、金融大鳄，邓通先生倒是挺能保持本色——饮水思源，忠于皇帝不动摇。

"通亦愿谨，不好外交，虽赐洗沐，不欲出。"他很是忠于职守。

"不能有所荐士，独自谨其身以媚上而已。"他也不结党营私。

当皇帝问他："天下谁最爱我者乎？"邓通没说自己，而是老老实实地说："宜莫如太子。"并没利用这个机会来邀宠，来离间皇帝和太子的关系，说明他还非常本分。

当然，这句本分的话还是给他带来了灭顶之灾。这是后事，先按下不表。

皇帝得了毒疮，邓通满怀热爱、满怀感激，用自己的嘴唇吮出毒液。

皇帝也是人，自然会被感动。

(六)

应该说，邓通被宠，造成了一定的社会灾难。

《佞幸列传》载："上使善相者相通，曰'当贫饿死'。文帝曰：'能富通者在我也，何谓贫乎？'于是赐邓通蜀严道铜山，得自铸钱，'邓氏钱'布天下。其富如此。"

货币流通额的多寡及价值的轻重，与一国人口的多寡、生产消费的分量，均有关系。稍一不慎，国民经济即会受影响，故近代国家铸造货币的权柄，都操于国家，而不假私人之手。邓通以一娈童，乃开铜山，铸钱千万，富埒王侯。依货币原理,钱价愈轻,购买力愈下落,而物价愈昂贵。文帝号汉代贤君,这个罪恶,实在不小!

依中国大众的心理,习惯于把这笔账都算在邓通头上。

(七)

邓通败亡,与此无关。

当年,文帝患毒疮时,邓通曾为文帝吮吸毒液。并在文帝问及"谁最爱我"的时候,回答"太子"二字。

想想,邓通说得一点没错。皇帝从来不计划生育,文帝儿子不少。太子是拟定的帝国接班人,多大的一笔财产啊!所以,从利益层面来讲,太子的确应该对老爸的"偏爱"肝脑涂地才对。

估计文帝也是这么想的。于是,当太子近来"问病"的时候,"文帝使啮痈"。也就是说,文帝理直气壮地命令太子给自己吮吸毒液。

太子敢拒绝么?不敢。于是,只好俯下身来,强忍着巨大的恶心,动用自己的嘴唇"献爱心"。

"啮痈而色难之。"做是做了,但还是流露出为难的神色。正常。

皇太子可不像现在普通人家的儿子那么幸福,那么敢持有自我。当然,现在也没哪个老爸会想出如此变态的损招,也没哪个儿子会服服帖帖地接受如此变态的要求。

养尊处优的太子,哪儿受过这样的窝囊气?有气,总是要出的。

皇帝老子是第一责任人,但埋怨不得。于是,得找到一个代替品,找到一个出气筒。

"已而闻邓通常为帝啮吮之,心惭,由此怨通矣。"这就是邓通后来败亡的根由所在。

得罪了大汉无限责任公司未来的大老板,邓通或许还不自知。

(八)

景帝上台了,邓通倒霉了。

《佞幸列传》载:"及文帝崩,景帝立,邓通免,家居。居无何,人有告邓通盗出徼外铸钱。下吏验问,颇有之,遂竟案,尽没入邓通家,尚负责数巨万。长公主赐邓通,吏辄随没入之,一簪不得着身。于是长公主乃令假衣食。竟不得名一钱,寄死人家。"

应了文帝时相士"当贫饿死"的预言,居然!

邓通死的时候,是否悟出了此中蹊跷?

（九）

抛开帝国董事长的社会身份，单从个人私德来看，文帝大约还算厚道。因为，他对邓通，算是善始善终，并未满面长狗毛，动辄翻脸不认人。

武帝少年时，便与男宠韩嫣"学书相爱"。韩嫣可不像邓通那般老实本分，只守着皇帝的宠爱过日子。终于，张狂到头，得罪了实力派人物。最后，在太后的强力干预下，被赐死。

李延年的名字挺"长寿"，但人却短命。他作为宫廷音乐人而受宠，自有理由。"与上卧起，甚贵幸"，俨然韩嫣第二。不过，他的命运却比韩嫣还惨。

他因妹妹之色而贵，妹妹被封为李夫人，可这位夫人却短命早死。后来，武帝"爱弛"，李延年兄弟落得个被"擒诛"的下场。

帝国董事长群体中，武帝这样的人多，文帝那样的人少。

形形色色的宠臣，风光也罢，张狂也罢，得以善终还是很难的。

（十）

《佞幸列传》载景帝事，只一句："孝景帝时，中无宠臣，然独郎中令周仁，仁宠最过庸，乃不甚笃。"

不是景帝人格高尚，而是邓通一事给他的印象太深太差太惨痛。用嘴唇吮吸毒疮的经历，叫谁想起来都会恶心呕吐的。

我想，正是这种挥之不去的心理乃至生理上的厌恶，让他成了相对的例外。

或许如此。

（十一）

佞幸骄横，乃中国古代政治源远流长之传统也。从后往前数，清代的和珅，明代的魏忠贤、刘瑾，宋代的高俅，唐代的杨国忠、张易之，秦代的赵高，佞幸之辈流传不绝，败坏了人心风俗，也给社会带来了无尽的灾难和悲剧。

说司马迁是一个伟大的历史学家，因为他有着穿透历史迷雾的大见识、大智慧。看看，他早在2000年以前就关注到了这个问题，并为这些"人物"列了传。

中国历史上，多少英雄豪杰均倒毙于佞幸的中伤。学人中，不乏大骂佞幸的正人君子，但对造成佞幸横行的深层原因，大多数人语焉不详。

每个人都想别人对自己好，都会有几个朋友。按当代的社会规则看，这属于个人的交往自由，别人对你好，属于他的个人自由，无可厚非。

有句话可以移植为这样：皇帝也是人。

是的，皇帝也是人。但皇帝不是普通人，所谓"楚王好细腰，宫中多饿死"。在古代专制政体中，皇帝没有纯粹的私人空间，他们的一举一动、一颦一笑，都会对帝国政治产生重大影响，更别说他们的"私情"了。

这是皇帝的命运，也是帝国的命运。

给学生讲美国次贷危机
——经济与金融专题"美国次贷危机"教学手记

扈永进

20世纪80年代,很多理工科学生都"不务正业",痴迷于写诗,中文系学生及毕业生们,更是喜欢搞文学创作,煞有介事的样子。拒绝搞文学的人士之中,就有我的同事兼舍友W。同为中文系出身,他硬是对文学不来电,整天琢磨经济学。一天,我说起去银行存钱,W淡淡地说:"以后啊,存款也得挑选一下银行,不一定都安全哦!"当时,我觉着很诧异。在我的印象中,银行不都是国家的么,有什么不安全?我相信,或许直到现在,还是有一些人对此并无警觉。很久很久以后,我才明白,W说得对。

当时,在一般社会公众心目中,"市场经济"还仅是一个新名词。到了现在,童叟不论,无师自通。很简单,"市场经济"就意味着我们生活在一个全面市场化的社会里嘛!众所周知,计划经济时代有着太多的弊端,但这并不意味着市场经济时代就一定是天堂。国家从个人的社会经济生活大踏步撤退,给了大众前所未有的自由,这是好事。同时,亦将意味着每一个或许弱小而无知的"个人"都得为自己的生存和发展负起主要责任来。经济运作是每一个人得以立足社会的前提和基本条件,但是,我们的大众是否拥有这方面的基本知识呢?

这里面,并非只是存在着诸如消费者权益日之类的低端麻烦。像"银行靠得住靠不住"之类的重要命题,早已姗然而至。银行会破产,你的存款并非万无一失。保险公司如果经营不善,你的退休金当然存在缩水的可能。保险公司和你签了保单,并不意味着你的保金就一定会"升升不息"。这里面,存在着一个经营的问题。最近一段时间,不断听到投资基金的朋友们"巨亏"的噩耗。一些朋友很是想不通——我的钱可是"交给国家"了啊!其实,他们的钱,只是交给了商业投资公司,决定着他们的资产升值或贬值的,是基金经理的运作能力与责任心,与"民族""国家"等宏大的概念并无多少关系。

前些年,有选读文科的学生找我,咨询他们毕业后该选什么专业。给这种建议是有责任的，因而也是有风险的。于是，我说："如果是我，当首选金融。"为什么呢？我说："世界已经发展到了后资本主义即金融资本主义时代，发达国家缘何继续发达？不就是他们已经到了以钱赚钱的地步。而发展中国家发展得那么艰难，正是因为他们不得不以资源赚钱，以力气赚钱！"这叫不是建议的建议。说起来，这个结论是我的结论，并不是什么装模作样的说辞。直到今天，我还是这样认为。

于是，在文化专题课上，我便开设了"经济与金融"这个专题。还好，大约是因为金钱的魅力吧，报名者不少。俗话说："金钱不是万能的，而没钱，却是万万不能的。"我同意。关注金钱的背后，是社会大众对自己生存与发展的关注与负责。这和前些年的"全民写诗"运动相比，更让人感觉踏实一点。诗是应该存在的，但如果大家都只关注诗，那便只有一个结局——大家都喝西北风。恩格斯说过："人们首先必须吃、喝、住、穿，然后才能从事政治、科学、艺术、宗教等。"此言得之。

美国次贷危机是本期"经济与金融"讲座的第八讲。此前，我以"钱途无限"为题，开了一节课的准备讲座，普及了一些诸如"钱的产生、使用、存在价值"等常识。后来，便带领学生进行"索罗斯打败英格兰银行""亚洲金融风暴面面观""香港金融保卫战"等专题研究，以及"FDI（外商直接投资）对中国经济的影响"等课题的探讨。索罗斯居然撼动了英格兰银行，赚到了20亿美元，何止惊心动魄！除了经济学方面的讲座，我还开了3节的"新经济"讲座：分众传媒、携程网与阿里巴巴。课程广告词拟为"阿里巴巴，芝麻缘何开门"，不算故弄玄虚，因为知识新锐们不可思议的财富故事，本身就具备超强的传奇色彩，学生当然乐意探究传奇背后的因因果果，所以课堂效果都还不错。

2007年以来，美国爆发了房贷次债风暴，引发了美国乃至世界经济的动荡，余波至今未平。说起来，中国股市大跌，都与此有关。光用"资本主义周期性经济危机"来解释，未免失之简单。揣摩危机发生、发展的因因果果，推测种种可能的结局，不会没有意义，最棘手的问题在于如何将各种问题"简明化"。因时间有限，只有40分钟；背景空白，受众几近一无所知；而需要涉猎的，无不纷乱如麻。于是，如何找到学生的最近发展区便是一道坎儿。阅读了大量的材料之后，我的理解渐趋明朗，我授课的路径也渐渐清晰。

人们要买房么？要。买房的动机为何？住、炒。什么是炒房？低进高出。买房者的付款方式？一次性支付或按揭。按揭的好处是什么？买房者提前拿到房；地产商拿到利润；银行拿到贷款利息。银行有鼓励按揭的动机么？有，为了利润。怎样用拿支付力给贷款者分类？具备偿付能力的；不具备偿付能力的。贷款还不了会有什么后果？引发银行坏账、死账，造成不良资产。明明知道还不了为什么还敢贷款？因为房价上涨速度快（2002年开始，5年间美国房价上涨了一倍），大家都想着升值卖出。存在坏账的银行为什么还敢放款？原因同前，房价上升嘛。就这样往下演绎。我的想法是，即使没一点儿文化的文盲，也听得懂才是。

继续。银行难道没有一点儿危机意识吗？对了，这是一个好问题。银行乃金融专才汇聚之地，当然有人看得出来。停止放款么？不。为什么？资本逐利而行，向来刀口舐血。银行怎么办？转移风险。怎么转移？其一，成立对冲基金，与银行剥离；其二，让对冲基金产生赚钱效应，吸引大量基民投资；其三，基金公司有钱后，继续从银行收购此类风险贷款的所有权，银行风险不断剥离；其四，基金公司再以所抵押房产去贷款，可贷款数额为原资产的5至15倍，赚钱效应不断放大；其五，吸引到美国及其他国家的政府基金、养老基金、保险基金购买对冲基金；其六，给这笔债务投保，保险公司被拉下水。

问题推进，层层剥笋，至此，次级债中利益各方的动因及金融资本的操作伎俩，已经昭然若揭。下面的事儿，就好办了。泡沫是怎么被吹大的？房价疯长，赚钱效应显著，各方资金涌入房贷及其金融衍生市场，泡沫不断放大。是怎么破裂的？简单，房子像接力棒，总有人会接到最后一棒，当他发现无法以预想中的高价卖出的时候，资金链便开始断裂。银行与对冲基金面临什么局面？坏账死账激增，兑付不了。还有呢？基金被大量赎回，资金面捉襟见肘，支持不了多久。那岂不是要破产啦？对，破产了不少，参考资料中有提到。破产会造成什么后果？最终是养老基金、保险基金与政府基金做了冤大头。与普通人有关么？当然有关，以上三类基金的缩水，会直接影响最普通大众的生活质量与人生幸福。因此，次贷危机所伤害的，绝非仅仅几个金融资本家，它对美国及世界——包括中国的伤害，还正在发酵之中。

之前，我也选编了讲义。讲义上，汇集了我看着比较专业且简明的几篇文字。上课时如果这样讲，时间会很紧张。因此，下课前，我布置学生去看讲义。我想，他们会去看的。这种课，算是抛砖引玉，上课追求的是一种"简明阐释"，要解析清楚事件的因果及相关的逻辑联系。客观上，可引起学生下课后阅读参考资料的莫大兴趣。关于美国次级债,中外顶尖与不顶尖的经济学者,纷纷发表见解。学生们看的时候,自然会将自己的思维与那些学界大腕们连接起来。从这个意义上来看,这节课无非是一个引子,打开一扇窗户,让窗外的风景去诱惑学生的好奇心、求知欲和责任心。老师乐得退出,不带走半点云彩。

教育要讲爱国,讲仁者爱人,讲责任感。在我看来,把中国及世界的重大危机交与他们,"现在发生时"地交与他们,应该是培养此类崇高情愫的最佳选择之一。前车之鉴,发生于美国的灾难,不正是给中国人的活生生的"商业案例"么?而且,这种案例的可怕之处在于,非但与商界人士有关,普通公民的生活没准就会在某一位基金经理的贪婪与误判中,被拖入风暴。当然,次贷危机中还有很多其他问题,比如,标准普尔与穆迪等国际顶级的投资评级公司,与金融财团沆瀣一气欺骗大众,就扮演了一个"昧良心"的不光彩角色。这些都是非常耐人寻味的。

不可以被忘却的印第安人
——国际理解课"印第安人：美洲大陆本来的主人"教学手记

扈永进

今天上午，我上初二国际理解课。专题进展到了"印第安人：美洲大陆本来的主人"，这是我负责的四讲中的最后一讲。其他已经进行过的三讲分别是"明治维新：向西方学习""德国：反思二战，洗心革面"与"以色列：犹太人的2000年复国之路"。

浩瀚的历史往往让我们六神无主。胡子眉毛一把抓的结果，往往让我们在西瓜和芝麻面前，无所适从。哦，个个都滚瓜溜圆，个个都是西瓜。问题是，有限的时间，会让所有的西瓜沦为芝麻的！如此一来，对教材的取舍便显得至关重要。

关于印第安人，我编纂教材的初衷之一，就是想还他们一个公道。当今世界是被西方文明主导的，在一般人的印象中，像印第安人这类"落后民族"，其衰败与没落，简直属于咎由自取，很少有人会给予他们最基本的同情。一说起美洲，大家的第一感觉便是美国、加拿大、墨西哥、巴西等大国，没人会想起早已明日黄花的印第安人。

开始的时候，我不得不面对"从何而来"的问题。很简单，东北亚的蒙古人种是从白令海峡的冰桥上走过去的。当时的社会生产力水平，还不足以使谁能够造出漂洋过海的大船来。之后便到了玛雅文明。刀耕火种，二者的词序，应该火种在前，而刀耕在后才对。刀耕火种的玛雅人，其吃饭问题看来是难以根本解决的。他们后来的灭绝，是因为土壤肥力下降了呢，还是由于瘟疫的侵袭？

联想前几年的"非典"，一个喷嚏，足以让整个部落染病。可怕吧？当时可不像现在医学这样发达，所以玛雅文明被瘟疫灭绝不是没有可能的。还有一点，就是玛雅人相对成熟的历法计算。我说，研究的思路就是要"思忖现象背后的宏大背景"。这句话，很多孩子写在了他们的笔记上。

我说，时间之轴本来是没有任何"刻度"的，所有的记号都是"人为"

的。现在我们知道年月日，但我们得想想，这些大小不一的"刻度"，最早是依据什么刻上去的。地球自转一圈，月亮绕地球转一圈，地球绕太阳转一圈，计算这些，需要什么呢？对了，其后，矗立着天文学的巍巍高塔啊！看看，我们在玛雅人面前，还存在什么智力优越感么？

阿兹特克人，值得注意的有两点：其一，城市；其二，祭天。大家想想，当时的阿兹特克人已经有了 20 至 30 万人聚居的城市。这意味着什么呢？粮食。即使每人每天耗费 0.5 千克粮食，每天就是 15 万千克，真是天文数字啊！刀耕火种，恐怕不行。城市，不只需要食物，还需要燃料。这些都得从广袤的大地上获得，并且得运送过来才行。城市建筑、城市交通、自由市场，哪一样都是不可或缺的。即便是吃喝之外的拉撒问题处理不好，也足以让一座城市沦为一个大厕所。

至于印加文明，看上去，不文明的东西比比皆是。"印加人唯一的合法妻子就是他的姐妹。"难以理喻是吧？其实，人类就是这样艰难前行的。读《红楼梦》，我们会为宝黛的爱情悲剧难以释怀，但是，他们表兄妹俩真去登记，那是不合乎当今《婚姻法》的，属于近亲结婚，没准会生下来一个不会说话只会流口水的孩子。因此，即使没有后来西班牙人的入侵，印加文明的前景也注定是黯淡无光的。

"当初，印第安人使用着 2000 种截然不同的语言。"那我想问问同学们，你们说说，人类的语言种类，是越来越多呢，还是越来越少？越来越少，回答正确。语种少了，操持的人口多了，有利于沟通，能够避免因误会和不理解而造成的战争。但是，必须看到的是，语言的锐减，使得很多人类文明的初始元素大规模地流失了。这种流失，给我们留下难以恢复的遗憾。

解读了这个问题，就会理解语种消失背后蕴藏着的危险和缺憾。同样的意思，普通话里说"巴结"，我老家的陇东人民用"顺摸"来表述。因此，我郑重建议大家，要学好普通话，也要学好英语，但不可忘了母语，有空时，不妨琢磨琢磨方言。

讲义上有句话："玉米最初只是一种杂草，其穗还没有一个人的拇指甲大。印第安人将它培育成一种长棒子上长满一排排种子的作物。"大家别以为现在的农作物都是"天生的"，其实不是，更多的在于人类的培育。最初的玉米，与现在的玉米棒子，差距何其巨大！印第安人为我们培植了占到人类农作物一半左右的粮食作物，这是多么巨大的贡献啊！不必尽数，光是玉米、马铃薯、花生、南瓜、西红柿这几种，就足以说明问题。

　　正因如此，我才有心思和同学们一起钩沉历史，把印第安人的伟大贡献晒在太阳之下。起码，要让我们在座的同学知晓。在我看来，印第安人对人类文明的贡献，绝对不在瓦特和爱迪生之下。大家同意吗？没有电灯的日子，我们还可以做人。而没有食物的日子，估计，连动物都做不了。最后，让我们再次，铭记一个没落民族的伟大功绩，铭记他们留给我们的最朴素的礼物！

西南师范大学出版社
《名师工程》系列丛书目录

系列	序号	书　　名	主编	定价
名校系列	1	《人本与生本：管理与德育的双重根基》	广州市广外附设外语学校	30.00
	2	《生本与生成：高效教学的两轮驱动》	广州市广外附设外语学校	30.00
	3	《世界视野与现代意识：校本课程开发的二元思维》	广州市广外附设外语学校	30.00
	4	《让每个生命都精彩——生命教育校本实践策略》	王鹏飞	30.00
	5	《好学校，从关注每个学生开始——石梅小学优质教育多元感悟》	顾泳　张文质	30.00
思想者系列	6	《守护教育的本真》	陈道龙	30.00
	7	《教育，倾听心灵的声音》	李荣灿	30.00
	8	《心根课堂——让教育随学生心灵起舞》	刘云生	30.00
	9	《做一个纯粹的教师》	许丽芬	26.00
	10	《率性教书》	夏昆	26.00
	11	《为爱教书》	马一舜	26.00
	12	《课堂，诗意还在》	赵赵（赵克芳）	26.00
	13	《今日教育之民间立场》	子虚（扈永进）	30.00
	14	《教育，细节的深度反思》	许传利	30.00
	15	《追寻教育的真谛——许锡良教育思考录》	许锡良	30.00
高效课堂系列	16	《让作文教学更高效——王学东写作教学手记》	王学东	30.00
	17	《用什么提高课堂效率——有效数学课必须关注的10大要素》	赵红婷	30.00
	18	《让作文更轻松——小学作文高效教学36锦囊》	李素环	30.00
	19	《让研究性学习更高效——研究性学习施教指导策略》	欧阳仁宣	30.00
	20	《让母语融入学生心灵——提升学生语文素养的高效施教艺术》	黄桂林	30.00
创新班主任系列	21	《班主任专业化成长策略》	杨连山	30.00
	22	《班级活动创新与问题应对》	杨连山　杨照　张国良	30.00
	23	《班集体建设与创新人才培养》	李国汉	30.00
	24	《神奇的教育场——打造特色班级文化创新艺术》	李德善	30.00
优化教学系列	25	《高效教学组织的优化策略》	赵雪霞	30.00
	26	《高效教学方法的优化策略》	任辉	30.00
	27	《高效教学过程的优化策略》	韩锋	30.00
	28	《让教学更生动——激发兴趣让学生快乐认知》	朱良才	30.00
	29	《让教学更高效——策略创新让教学事半功倍》	孙朝仁	30.00
	30	《让教学更开放——拓展延伸让学生触类旁通》	焦祖卿　吕勤	30.00
	31	《让教学更生活——体验运用让学生内化知识》	强光峰	30.00
	32	《让知识更系统——整合与概括让学生建构体系》	杨向谊	30.00
	33	《让思维更创新——思辨与发散让学生思维活跃》	朱良才	30.00
教研提升系列	34	《校本教研的7个关键点》	孙瑞欣	30.00
	35	《教师怎样做小课题研究——高效助力教师专业化成长》	徐世贵　刘恒贺	30.00
	36	《今天我们应怎样评课》	张文质　陈海滨	30.00
	37	《今天我们应怎样进行教学反思》	张文质　刘永席	30.00
	38	《一节好课需要的教育智慧》	张文质　姚春杰	30.00

系列	序号	书　　名	主编	定价
创新语文教学系列	39	《曹洪彪新概念快速作文》	曹洪彪	30.00
	40	《小学语文：享受对话教学》	孙建锋	30.00
	41	《小学语文：名师教学目标落实艺术》	刘海涛　王林发	30.00
	42	《小学语文：名师魅力教学设计艺术》	刘海涛　王林发	30.00
	43	《小学语文：名师魅力课堂激趣艺术》	刘海涛　豆海湛	30.00
	44	《小学语文：单元整体教学构建艺术》	李怀源	30.00
	45	《小学作文：名师情趣课堂创设艺术》	张化万	30.00
教师成长系列	46	《做会研究的教师》	姚小明	30.00
	47	《学学名师那些事》	孙志毅	30.00
	48	《给新教师的建议》	李镇西	30.00
	49	《教师心灵读本：成为有思想的教师》	肖　川	30.00
	50	《教师心灵读本：教师，做反思的实践者》	肖　川	30.00
创新课堂系列	51	《个性化课堂教学艺术：小学语文》	商德远	30.00
	52	《如何实现三维目标——让学生与文本共鸣的诵读教学》	张连元	30.00
	53	《想说　会说　有话可说——突破作文瓶颈的三维教学法》	杨和平	30.00
	54	《综合课的整合创新教学》	周辉兵	30.00
	55	《如何打造学生喜欢的音乐课堂》	张　娟	30.00
	56	《理想课堂的构建与实施——一个教研员眼中的理想课堂》	张玉彬	30.00
	57	《小学语文：决定教学质量的关键策略》	李　楠	30.00
	58	《用〈论语〉思想提升数学教育智慧》	胡爱民	30.00
	59	《童化作文——浸润儿童心灵的作文教学》	吴　勇	30.00
名校长核心思想系列	60	《做一个智慧的校长》	孙世杰	30.00
	61	《成为有思想的校长》	赵艳然	30.00
幼师提升系列	62	《全国优秀幼儿健康教育活动课例评析》	教育部教育管理信息中心	30.00
	63	《全国优秀幼儿艺术教育活动课例评析》	教育部教育管理信息中心	30.00
	64	《全国优秀幼儿社会教育活动课例评析》	教育部教育管理信息中心	30.00
	65	《全国优秀幼儿语言教育活动课例评析》	教育部教育管理信息中心	30.00
	66	《全国优秀幼儿科学教育活动课例评析》	教育部教育管理信息中心	30.00
教师修炼系列	67	《班主任工作行为八项修炼》	杨连山	30.00
	68	《教师心理健康六项修炼》	李慧生	30.00
	69	《教师专业化五项修炼》	杨连山　田福安	30.00
	70	《课堂教学素养五项修炼》	刘金生　霍克林	30.00
	71	《高效教学技能十项修炼》	欧阳芬　诸葛彪	30.00
	72	《教师新师德六项修炼》	王毓珣　王　颖	30.00
教育心理系列	73	《做最好的心理导师——中学生心理健康咨询手册》	杨东	30.00
	74	《每天学点教育心理学》	石国兴　白晋荣	30.00
	75	《学生心理拓展训练与指导》	徐岳敏	30.00
	76	《好心态成就好学生——学生心理问题剖析与对症教育》	李韦遴	30.00
创新数学教学系列	77	《小学数学：名师教学目标落实艺术》	余文森	30.00
	78	《小学数学：名师高效教学设计艺术》	余文森	30.00
	79	《小学数学：名师易错问题针对教学》	余文森	30.00
	80	《小学数学：名师魅力课堂激趣艺术》	余文森	30.00
	81	《小学数学：名师同课异教》	林高明　陈燕香	30.00
	82	《小学数学：名师抽象问题艺术教学》	余文森	30.00

系列	序号	书　　名	主编	定价
名师名课系列	83	《名师如何炼就名课》（美术卷）	李力加	35.00
教育通识系列	84	《用心做教师——青年教师快速成长的十大定律》	王福强	30.00
	85	《做最受学生欢迎的老师》	赵馨　许俊仪	30.00
	86	《做有策略的校长——经典寓言与学校管理智慧》	宋运来	30.00
	87	《做有策略的教师——经典故事中的教育启示》	孙志毅	30.00
	88	《从学生那里学教书》	严育洪	30.00
	89	《突破平庸——提升教育质量的31个跳板》	严育洪	30.00
	90	《教育，诗意地栖居》	朱华忠	30.00
	91	《好班规打造好班级》	赵凯	30.00
	92	《做学生成长的引领者——学生终身成长的素质培养》	田祥珍	30.00
	93	《如何管出好班级——突破班级管理的四大瓶颈》	刘令军	30.00
	94	《青春期性教育教师实用手册》	闵乐夫	30.00
教育细节系列	95	《名师最具渲染力的口才细节》	高万祥	30.00
	96	《名师最有效的沟通细节》	李燕　徐波	30.00
	97	《名师最有效的激励细节》	张利　李波	30.00
	98	《名师培养学生好习惯的高效细节》	李文娟　郭香萍	30.00
	99	《名师人格教育的经典细节》	齐欣	30.00
	100	《名师营造课堂氛围的经典细节》	高帆　李秀华	30.00
	101	《名师最有效的赏识教育细节》	李慧军	30.00
	102	《名师最有效的批评细节》	沈旎	30.00
教育管理力系列	103	《名校激励管理促进力》	周兵	30.00
	104	《名校安全管理执行力》	袁先潋	30.00
	105	《名校师资团队建设力》	赵圣华	30.00
	106	《名校危机管理应对力》	李明汉	30.00
	107	《名校校本研究创新力》	李春华	30.00
	108	《学校文化力建设策略》	袁先潋	30.00
	109	《名校长核心教育力》	陶继新	30.00
	110	《名校长高绩效领导力》	周辉兵	30.00
	111	《名校行政管理细节力》	杨少春	30.00
	112	《名校教学管理提升力》	张韬　戴诗银	30.00
	113	《名校学生管理教导力》	田福安	30.00
	114	《名校校园文化构建力》	岳春峰	30.00
高中新课程系列	115	《高中新课程：教师角色转变细节》	缪水娟	30.00
	116	《高中新课程：班主任新兵法细节》	李国汉　杨连山	30.00
	117	《高中新课程：教学管理创新细节》	陈文	30.00
	118	《高中新课程：更有效的评价细节》	李淑华	30.00
大师讲坛系列	119	《大师谈教育心理》	肖川	30.00
	120	《大师谈教育激励》	肖川	30.00
	121	《大师谈教育沟通》	王斌兴　吴杰明	30.00
	122	《大师谈启蒙教育》	周宏	30.00
	123	《大师谈教育管理》	樊雁	30.00
	124	《大师谈儿童人格塑造》	齐欣	30.00
	125	《大师谈儿童习惯培养》	唐西胜	30.00
	126	《大师谈儿童能力培养》	张启福	30.00
	127	《大师谈早恋与性教育》	闵乐夫	30.00
	128	《大师谈儿童情感教育》	张光林　张静	30.00

系列	序号	书　名	主编	定价
教学新突破系列	129	《把教学目标落实到位——名师优质课堂的效率管理》	冯增俊	30.00
	130	《拿什么调动学生——名师生态课堂的情绪管理》	胡　涛	30.00
	131	《零距离施教——名师和谐师生关系的构建艺术》	贺　斌	30.00
	132	《一个都不能落——名师提升学困生的针对教学》	侯一波	30.00
	133	《让学习变得更轻松——名师最能吸引学生的情境设计》	施建平	30.00
	134	《让知识变得更易学——名师改造难学知识的优化艺术》	周维强	30.00
教学提升系列	135	《方法总比问题多——名师转变棘手学生的施教艺术》	杨志军	30.00
	136	《用特色吸引学生——名师最受欢迎的特色教学艺术》	卞金祥	30.00
	137	《让学生爱上课堂——名师高效课堂的引导艺术》	邓　涛	30.00
	138	《拿什么打开思路——名师最吸引学生的课堂切入点》	马友文	30.00
	139	《没有记不牢的知识——名师最能提升学生记忆效果的秘诀》	谢定兰	30.00
	140	《让学生的思维活起来——名师最激发潜能的课堂提问艺术》	严永金	30.00
名师讲述系列	141	《施教先施爱——名师讲述班主任的核心教导力》	杨连山　魏永田	30.00
	142	《在欢乐中成长——名师讲述最具活力的课堂愉快教学》	王斌兴	30.00
	143	《让学生做自己的老师——名师讲述如何提升学生自主学习能力》	徐学福　房慧	30.00
	144	《引领学生高效学习——名师讲述如何提高学生课堂学习效率》	刘世斌	30.00
	145	《教育从心灵开始——名师讲述最能感动学生的心灵教育》	张文质	30.00